汉语功能语法研究

张伯江 方 梅 著

2016 年·北京

图书在版编目（CIP）数据

汉语功能语法研究 / 张伯江，方梅著. —北京：商务印书馆，2014（2016.11 重印）
ISBN 978-7-100-09798-7

Ⅰ.①汉… Ⅱ.①张… ②方… Ⅲ.①汉语—功能（结构主义语法）—研究 Ⅳ.①H146

中国版本图书馆CIP数据核字（2013）第027202号

所有权利保留。
未经许可，不得以任何方式使用。

汉语功能语法研究

张伯江　方　梅　著

商 务 印 书 馆 出 版
（北京王府井大街36号　邮政编码100710）
商 务 印 书 馆 发 行
北京市松源印刷有限公司印刷
ISBN 978-7-100-09798-7

2014年1月第1版　　开本 850×1168 1/32
2016年11月北京第2次印刷　　印张 11 7/8
定价：39.00元

序

　　张伯江和方梅同志多年来从事汉语语法研究，我对他们的研究比较熟悉，我自己近些年的研究跟他们的研究范围和路数也比较接近。因此作为"知情人"和"同道人"借此机会对他们工作的出发点或追求的目标做一点介绍。

　　如今有个时髦提法叫作"跟国际接轨"，好像没有遭到多大的非议，但是如果有人提出对汉语语法的研究方法也可以跟国际接轨，一定会有许多人不以为然，甚至反对。即使不说"我们汉语是一种十分特殊的语言"，也会强调汉语有汉语自己的特点，应当创立我们自己的语法理论和语法体系，遵循国外的理论和方法只会使我们的研究误入歧途。应该承认，不顾汉语的实际，盲目地搬用国外的东西，这样的"接轨"必然是要翻车的。但是如果我们能够紧密结合汉语的实际，又能适当借鉴国外的新理论新方法，改变一下我们原来走惯了的老路子，这样的"接轨"就不仅是可取的而且是必要的。读者现在看到的这本书很有点这种接轨的味道。书名中"功能语法"就译自 Functional Grammar，内容上的"主位"和"述位","焦点结构","语法化","语法等级","典型理论"等等,几乎都是当今国外语言学常用的术语和理论。然而这些术语和理论在本书中又是跟汉语的实际相结合的,至少可以看出作者在努力实现这种结合。

对待国外语言理论采取什么样的态度,这跟我们怎样看待一种语言的特点或个性和语言的普遍现象或共性有关系。本书的作者和我都认为,研究汉语只有把汉语置于世界语言变异的范围内来考察,才能对汉语有更深刻的了解。世界上的语言千变万化,但是"万变不离其宗",也就是说,语言的变异是有一定范围、受一定限制的。某些看上去是汉语特点的东西其实是语言共性在汉语里的具体反映。我曾举过一个例子,这里不嫌重复再来说一下。"张三跟王五一起把礼物送给李四"这句话里,"张三"是主语,"礼物"是直接宾语,"李四"是间接宾语,"王五"是旁语。可以分别提取这些名词作为一个名词短语的中心语,从而变换成:(a)跟王五一起把礼物送给李四的那个人(提取主语),(b)张三跟王五一起送给李四的那件礼物(提取直接宾语),(c)张三跟王五一起把礼物送给他的那个人(提取间接宾语),(d)张三跟他一起把礼物送给李四的那个人(提取旁语)。值得注意的是,在提取间接宾语和旁语时前头必须要有一个代词"他"来复指提取的名词,缺了"他"就不合语法,这就是说提取间接宾语和旁语要受一定的语法限制。汉语语法中的这一现象早就有人注意到,如果只限于考察汉语,或只是将汉语跟一种外语(如英语)做一比较,人们很可能认为这是汉语语法的一个个性。那么在其他语言里情形如何呢？英语跟汉语不一样，类似（c）和（d）的变换不受限制（不加复指的代词），泰米尔语只有类似（d）的变换受限制，波斯语的情形跟汉语一样，（c）和（d）的变换受限制，Toba Batak 语则只有（a）的变换不受限制。世界上的语言都不外乎这四种类型，由此可以归纳出一条普遍规律或共性，即上述变换遵循一个语法等级，就是"主语＞直接宾语＞间接宾语＞旁语"，意思是说，对所有语言而言，如果提取等级上的某一项不受限制，那么提取该项左边的各项也不受限制。比如说，如果发现一种语言提取间接宾语不受限制，那么提取直接宾语和主语也不会受限制。不可能有一种语言，提取间接宾语不受限制，提取直接宾语或主语反而受限制。可见各种语言都遵循上面的语法等级，差异只是在那个等级上的截止点不同而已。通过普遍的语言调查发现这样的语言共性正是当今国外功能主义语法和语言类型学取得的重要成果。毋庸讳言，我们国家在这方面的研究是落后了。除了国力的原因，我们对世界上其他的语言不像人家那么关心。我们不要老是从汉语出发来看别的语言，也应从世界语言来反观汉语，这样做不是要忽视汉语的特点，恰恰相反是为了对汉语的特点有更深刻的了解。老老实实地借鉴国外先进的理论和方法及其已经取得的成果，我们的研究就会有更大的收获，不然的话，"要创立我们自己的语法理论和语法体系"恐怕只是一句空话。

在借鉴国外的理论和方法时要注意防止另一种倾向。吕叔湘先生把这种倾向归纳为"空谈语言学，不结合中国实际，有时候引些中国实例，也不怎么恰当"。本书的作者不想沾染这样的毛病，他们通过调查北京话口语收集了丰富而生动的实例，书中引用的只是一部分而已。

语法研究的目标可以是描写语法现象，也可以是解释语法现象。吕叔湘先生在给《英汉对比研究论文集》的题词中说："指明事物的异同所在不难，追究它们何以有此异同就不那么容易了。而这恰恰是对比研究的最终目的。"对语法现象做出解释应该也是语法研究的"最终目的"。本书的作者不满足于仅仅描写语法现象，而是想把描写跟解释结合起来。

解释语言现象是当今形式主义学派和功能主义学派共同追求的目标。两者的差别在于前者主张从语言结构的内部去寻找解释，后者主张从语言结构的外部去寻找解释。所谓从语言结构内部去寻找解释，其实就是认为语言的普遍现象是天赋的，是人类天生的语言能力。从功能主义的立场看，这只是一种空洞的假设，因为它无法用独立的证据来验证。功能主义从语言结构的外部寻找解释，这个"外部"大致包括三个方面。一是语言的功能。世界语言的功能都是一样的，主要是实现人与人之间的信息交流，语言的结构就是为信息交流的具体需要而不断自我调适的结果。本书用"主位结构"和"焦点结构"来解释一些语法现象就是出于这样一种考虑。二是从认知上来解释。功能主义认为人的语言能力也属于人的一般认知能力，各种语言在结构上的异同实际上是各民族在认知方式上的异同的反映。譬如上面说明的那个主语、宾语、旁语的语法等级反映了不同的语法成分在认知心理的"显著度"（引起注意的程度，大脑储存和处理的难易程度）不同。

本书对词类和句法功能的研究就是出于这样一种考虑。三是从语言的历时演变来解释语言的共时结构。语言演变是无休止的，语言的共时结构只不过是历时演变长河中的一个阶段而已。语言结构演变的原因有的是为了适应新环境中信息交流的需要，有的是人在认知上不断通过联想、类推等方式创造性地使用语言。本书专有一部分是关于"语法化"的研究就是出于这样一种考虑。总之，本书在描写和解释的结合上做了一些尝试和探索，使汉语语法研究更加深入，应该说是一个进步。

我国对国外各种功能主义学派的介绍已经不少，但是我们更需要的是结合汉语的实际研究，本书正好适应这种需要。作者在借鉴国外理论的时候没有拘泥于一家之言，而是博采众长，凡是对汉语语法适用的就不妨拿来用上，这样做可以避免汉语事实受某一理论体系的束缚，可也一定程度上减弱了本书撰写的系统性。既博采众长，又系统性强，这当然最好，但在两者还不可兼得的时候，要是我也是宁要前者而暂时放弃后者的。

沈家煊
1995年11月

目录

绪论　材料与方法

第一章　汉语句法的功能透视 ⋯⋯⋯⋯⋯⋯⋯⋯⋯⋯⋯ 3
第二章　北京口语的研究价值 ⋯⋯⋯⋯⋯⋯⋯⋯⋯⋯⋯ 16

第一部分　主位结构研究

第三章　北京口语的主位结构 ⋯⋯⋯⋯⋯⋯⋯⋯⋯⋯⋯ 25
第四章　叙述语体的主位标记：句中语气词分析 ⋯⋯⋯⋯ 47
第五章　对话语体的主位形式：易位现象分析 ⋯⋯⋯⋯⋯ 70

第二部分　焦点结构研究

第六章　对比焦点的表现手段 ⋯⋯⋯⋯⋯⋯⋯⋯⋯⋯⋯ 101

第七章　常规焦点考察之一：宾语和趋向成分的语序……126
第八章　常规焦点考察之二：宾语和动量成分的语序……156
第九章　焦点的强化：反问和否定……180

第三部分　语法化研究

第十章　尝试范畴的语法化历程……193
第十一章　指代范畴的语法化之一：
　　　　　现代汉语里的阶段性发展……216
第十二章　指代范畴的语法化之二：
　　　　　共时系统内的变异及其语法化倾向……244

第四部分　词类功能与句法功能研究

第十三章　有指与无指：领属结构的分析……269

第十四章　空间和时间：词类的认知基础与功能游移 ········ 283
第十五章　性质形容词的范围和层次 ·············· 302

附录：汉语词类归属的理据 ········ James D. McCawley　317

参考文献 ························· 345

术语索引 ························· 358

后记 ····························· 362

补后记 ··························· 364

Contents

A. Introduction: Corpus and approach

1. A functional perspective on Chinese syntax 3
2. The value of study on the spoken Beijing Mandarin 16

B. Thematic structure

3. The thematic structure of Mandarin 25
4. The thematic structure in narratives: Thematic marker 47
5. The thematic structure in conversation:
   'Inverted sentences' 70

C. Focus structure

6. Devices for expressing contrastive focus 101
7. Normal focus study I: The word order between the verb,
   the directional complement, and the object 126

8. Normal focus study Ⅱ : The word order between the object
   noun and measure words for verbs of action ·································· 156
9. Focus reinforcement : The scale of negative strenth ················ 180

D. Grammaticalization

10. Grammaticalization of the tentative category ···························· 193
11. Pronouns and demonstratives : Stages of development
    in contemporary Chinese ·· 216
12. Variation of the pronouns and demonstratives and
    the tendency grammaticalization ·· 244

E. Parts-of-speech and syntactic functions

13. Referential and nonreferential :
    The possessive construction ·· 269

14. Word class shifting: Spatial and temporal features,
    cognitive basis of part-of-speech ·······283
15. The scope and stratification of adjectives ·······302

Appendix: Justifying part-of-speech assignments
    in Mandarin Chinese ·······James D. McCawley 317
References ·······345
Index·······358
Postscript·······362
Addendum to postscript·······364

绪 论

材料与方法

第一章 汉语句法的功能透视

十五年来的现代汉语语法研究,最为引人注目的成果集中在句法结构的形式分析上面。自 20 世纪 80 年代后期起,汉语语法研究开始引入功能主义的语法分析,功能主义的方法显示出强大的生命力。主要的研究成果有:名词性成分的指称性质对汉语语法结构的决定作用研究,篇章中的回指现象及省略现象的追踪研究,与预设有关的句法语义现象研究等。这些研究显示了如下特点:1)突破了形式研究中只以内省的句式为研究对象的做法,更多地注意了各种与语言行为有关的因素对话语组织的影响;2)突破了形式研究中只把注意力集中于类型的异同的做法,而较多地注意实例的多寡所反映出的倾向性的规律;3)突破了形式研究中把对象看成一个静态的成品的做法,而较多地当作一个动态过程看待,研究听说双方的语言认知策略;4)突破了形式语法孤立地看待句子(甚至只是一个结构)的做法,而十分重视联系语境进行分析。

应该说,这些研究都还只是初步的,因此其主旨和操作方法与传统的结构形式分析之间的重大分歧还没有充分显示出来,国外形式主义和功能主义（即极端形式主义者所强调的句法结构的自主性、独立性和极端功能主义者所强调的语言结构对功能因素的绝对依赖性）之间的争论迟早会在汉语语法学者中间展开。因为一方面，汉语语法研究中较重视结构形式的一些学者已经发现功能因素对他们的一些干扰，而纯用形式描写已开始捉襟见肘；另一方面，注重功能的学者基本是在传统形式语法的框架基础上进行功能分析的，往往不加分析地接受了形式分析的若干研究成果而做进一步研究。这两个方面说明了我们的语法研究还不很成熟，国内外一些有识之士所指出的"应看到他们的研究之间的互补性"更应引起我们的重视。具体地说，面对一个或一组语言现象，可否考虑先分析出哪些是功能因素，再确认哪些是句法结构形式自主的事实，以免只从一端分析难以贯彻到底？遗憾的是，过去的语法研究很少进行这方面的辨析，造成了某些混乱局面。这里以一些近年来语法分析中的热点问题为例，说明区分功能因素和句法因素将对我们认清语法事实有所帮助。

1.1 语体制约和语义制约

不同语体的语料混合在一起没有同质性，因此也得不出可靠的语法规律，这一点朱德熙先生和胡明扬先生都有过很好的论述。他们一再强调了书面语和口语语体区分的重要性，其实，从更严格的视点来看，书面语和口语的区别仅是最基本的一种，

第一章 汉语句法的功能透视

语言成品常常是不同语体不同程度地糅合的结果，语言研究者的任务首先是辨析清楚各种语体，然后分别研究其中的规律。例如首先可以分出独白语体和对话语体，独白里又可分为叙述体、论证体、说明体、劝告体等，对话里还有日常对话和特殊对话的区别。廖秋忠的《篇章中的论证结构》(《语言教学与研究》1988年第1期)是论证文体的研究，徐赳赳的《叙述文中"他"的话语分析》(《中国语文》1990年第5期)是叙述文体的研究，沈家煊的《不加说明的话题》(《中国语文》1989年第5期)是对话语体的研究。值得注意的是，沈文还着眼于对话语体和独白语体的联系，特意进行了对比研究，显示出区分不同语体进行研究的深刻解释力。

然而，在以往的语法研究中，语法事实所受到的语体制约常常被当作语义制约来看待。例如有些著作研究受事主语句时，注意到了被字句和非被字句的区别是叙述句和说明句的区别，而讨论非被字句有时不能变换为被字句的原因时，却往往归因于是否需要突出被动关系以及是否表示愉快的事情。其实，以"信写好了→*信被写好了"而言，在某些方言口语里后一句未必不能说，即便是北京话里也有相应的"信给写好了"的说法。箭头前后两句的区别仅仅是语体表达功能的差异，而不是语义制约的结果。这一个小小实例的分析足应引起我们的高度重视，因为它将启发我们对汉语基本句式的描写研究进行反思：我们此前对于汉语里主动句与被动句、施事主语句与非施事主语句、把字句和被字句与一般叙述句之间的对比分析，有哪一项研究是在严格进行了语体分析的前提下进行的？当然我们并不认为语体分别是这些句式功能语义差异的全部原因，但是，对语体制约没有清醒的认识，是否已经在我们的研究中造成了某些混乱呢？

国外学者对语体问题的重视程度远远比我们高，他们的做法有十分严格的标准和可操作性。我国过去在作文教学和修辞研究中对语体有过许多探讨，但语法学兴起以后却没有充分重视语体对语法的影响，我们应该学习国外学者的科学态度和系统思想，从汉语实际出发，对汉语语体进行系统研究，进而写出一些针对不同语体的语法研究报告来。

1.2 篇章单位与句法单位

应该承认，篇章结构和句法结构分属不同的系统，篇章单位与句法单位虽然时有对应（如句法上的主语有时就是篇章里的话题，句法上的宾语有时就是篇章里的焦点等），但它们在各自系统中的功能不同，也就不能等量齐观。过去的语法研究中，常有简单地把篇章单位的某种功能赋予句法单位的倾向，也造成了一些解释上的混乱。

比如我们发现，领属结构做主语的句子和所谓主谓谓语句、重动句之间有着惊人的功能联系，而这几种句式在过去的句法分析中常常被看作是渺不相涉的。有一部译制片《情人》中有一句台词，同时出现的配音和字幕小有差异：

第一章 汉语句法的功能透视

a. 中国人的婚姻皆由父母做主（字幕）
b. 中国人哪，婚姻都是由父母做主的（配音）

两句话做句法分析，结构不一样，第一层次的主语分别是"中国人的婚姻"（a）与"中国人"（b），然而从篇章角度看，二者的话题成分都是"中国人"，因为其后续句仍是就"中国人"展开评论的。

以前人们讨论话题成分时，总是把注意力集中在那些从句法上可以切分出来的成分上，如主语、状语或全句修饰语等，却往往不能承认这种定语成分作为话题对全句的支配作用。从篇章功能来分析，下面四句几乎是等价的：

a. 我这舞跳得也够灰心的
b. 我的舞跳得也够灰心的
c. 我跳舞跳得也够灰心的
d. 我舞跳得也够灰心的

```
        S
       / \
      T₁  C₁
         / \
        T₂  C₂
```

$T_1 =$ 我，$T_2 =$ 舞 / 这舞 / 跳舞

这个现象说明了两个事实，一是篇章单位与句法单位的不一致性，二是篇章结构与句法结构的不一致性。

面对一个或一组句子，看来首先应该进行功能分析，划清篇章层次，再看哪些是可以进行句法分析的，哪些不必。"王冕死了父亲"在语法论著里成了经典例句，可要是把这六个字说给一个没学过一点儿语法的人听，人家会问："死了父亲怎么啦？"可见，这六个字是否成句大可怀疑。我们不妨找来其原始出处略做分析：

  元朝末年，也曾出了一个嵚崎磊落的人。这人姓王名冕，在诸暨县乡村里住。七岁上死了父亲，他母亲做些针指，供给他到村学堂里去读书。（《儒林外史》第一回）

从篇章角度分析，一段话总是先交代出参照点，这种参照点可以是时间/空间的，也可以是人物/事物的，下面的话总是在其制约下展开评述的。"元朝末年"是第一个参照成分，交代了时间；"这人"作为一个角色参照成分，支配着下面五个句段，①表明五句段所说的都是与这个人物有关的事情；"七岁上"作为又一个时间参照成分，支配着下面三个句段，表明三句段说的都是这个时候发生的事。

主观地把一个较大的参照成分安到某个句段的句首是很危险的，比如最后一个句段，说成"母亲供给他到村学堂里去读书"似乎也成话，但联系上文一看则发现语义不仅如此，因为"做些针指"与"供给"间的语义关系被割掉了。把"王冕"安到"死了父亲"前边也存在同样的逻辑错误。做句法分析可以研究"死"跟"父亲"间的结构关系,却不必关心"王冕"与"死""死了父亲"之间的关系,因为其间原本不存在句法关系。

1.3 篇章功能与句法功能

过去人们注意到了句法结构跟某些与言语行为有关的因素的联系,如停顿、轻重音、句中语气词的运用等,用以判断某种句法性质。其中较有影响的一种说法是主谓结构之间常常可以加上句中语气词"啊、吧、呀、呢"等把主语和谓语隔开,即便是看到了这种特征与主谓结构的分布并不完全对应的学者,也还认为它是主谓结构的典型特征,而把二者的不相重合之处解释为范畴的模糊性。[②]我们通过考察发现,句中语气词所隔开成分的复杂程度是超出我们想象的,如:

a. 人家呀,说咱们这招牌跌份!
   人家说呀,咱们这招牌跌份!
   人家说咱们这招牌呀,跌份!
b. 我吧,从小就羡慕一种职业……
   我从小吧,就羡慕一种职业……
   从小吧,我就羡慕一种职业……
   从小我吧,就羡慕一种职业……

我从小就啊，羡慕一种职业……

我们赞成在认知语言范畴中引入原型范畴理论，但诚如其主张者所指出的，如果某一范畴体现出的多种功能之间存在不平等性，我们可以取其优势分布作为基本确认框架。但据我们考察，首先，语气词出现在主语成分之后的并不占绝对优势；其次，出现在语气词之前的不仅有名词性成分，还有副词、连词、动词等，因此也不足以据此把主谓结构与其他结构区分开。但语气词在句中的分布并不是随意的，它不会在焦点信息所在的最小结构里。我们的认识是，句中语气词实际上是说话人对句子信息结构心理切分的手段，并不与句法成分相干，它们只体现篇章功能，而不体现句法功能。

　　句法分析的结果有时不能反映篇章功能，比如指示词"这／那"直接加在一个名词性成分的前边，句法上只断言它们是同位结构，就不再管其他了。但我们注意到在以下三种说法里：

　　a. 这老王，嘴简直跟城门似的。
　　b. 这人哪，就是不能太善。
　　c. 我这舞跳得也够灰心的。

a 句"这"读为 zhèi，重读；b 句"这"读为 zhe，轻读；c 句"这"读为 zhei，轻读。三句里"这"的指别作用都已很弱，它们共同的性质是作为话题标记，读音的不同反映的是话题成分指称性质的不同：a 句是定指成分的标志，b 句是通指成分的标志，c 句是无指成分的标志。

当功能原则跟句法原则相冲突时，一般也应尽量从功能角度解释才能维护句法规则的一致性。我们来看一个较为特殊的例子。副词"分别"前后出现数目相同的主体和客体的时候，有一条强制性的要求，即：一个对应一个，多项主体和多项客体的次序必须相同。如"老周和老陈分别当了主任和副主任"，只能理解为"老周是主任，老陈是副主任"而不能相反。[3]而我们却看到下面这个例子：

> 我和德熙兄是 1952 年分别从清华大学和燕京大学调到北大中文系工作时才认识的，那时他正忙于准备去保加利亚讲学，虽然住得很近，但来往不多。（林焘《哭德熙兄》）

熟悉情况的读者都知道，林先生来自燕京大学，朱先生来自清华大学，事实与"分别"的表述正相反。这时副词"分别"后的客体表述顺序并没有遵从前面"我和德熙兄"的排列，而是遵从大主题先行的原则了，看下文"那时他正忙于……""他"所指为朱而不是林也证明了这一点。

再如传统句法研究者十分重视的"把"字句，近年来越来越受到功能派学者的重视。有人认为"把"字式的运用受到对比意味的制约，也有人认为"把"字的作用是为了表示动词前宾语的有定性。不管这些结论是否全面，但至少表明"把"字式运用中篇章因素的作用不亚于句法制约。

我们还注意到这样一个事实,即"把"字式常规下不作为始发句出现,往往是出现在后续小句里,试比较:

a. 一只足球蹦过草地,滚到我脚下,我停住球,接着飞起一脚把球踢走。
b. ?有一天我把这只足球踢出去,穿海魂衫的弟兄们急急忙忙跑起来追球。

当然,问题的全部并不这么简单,"把"字式能不能做真正的始发句还和"把"字宾语的指称性质及动词的时态特征等因素有关。但据我们观察,"把"字式出现在始发句的可能性还是很小的。这个事实反映出"把"字式强烈的承前性和极弱的启后性。

1.4 功能分类和语义分类

汉语语法学者现在越来越愿意以计算机适用不适用来证明自己语法体系的合理性。形式分析的成果远不够用,就赋予了更多的语义解释,这的确是计算机理解和生成汉语的基本需求。这里我们想要指出的是,功能分析的某些结果也必须引起足够的重视,因为这也是计算机合理地生成汉语的必要因素。

拿动宾组合的分类来说,现在一般是以宾语和动词之间的语义关系为纲来分类的。如把宾语的语义成分分成施事、受事、

第一章　汉语句法的功能透视

与事、工具、原因、结果、处所、时间等。如果我们换一个角度，着眼于名词性宾语自身的功能属性，则可以得到不同指称性质的若干类别：

a. 无定宾语：开了一个饭馆　找个替身　想起来一个人　打两场球
b. 有定宾语：找着她了　逛颐和园　来这儿　碰见刚才说话那人
c. 无指宾语：说话　办事儿　睡行军床　教数学　当司仪

这只是举几种典型类别，并非穷举。仅以此三种而论，它们在篇章中的表现就有所不同。

a 类无定成分做宾语的句子，有很强的启后性，很少有承前性，一般来讲这样的句子后面总是随有后续小句的，不大可能光秃秃地结句。例如：

（1）潘佑军的朋友在稻香湖开了一个马场，潘佑军几次提出去那儿玩一趟，找找绅士的感觉。
（2）我先进去的那间摆着一张大床，摆着几只樟木箱，床头还有一幅梳着50年代发式的年轻男女的合影，显然这是男女主人的卧室。

b 类有定成分做宾语的句子有较强的承前性，例如：

（3）我看到卫宁穿着拖鞋从家门内出来,急忙叫住他。
（4）我在院门口等米兰时,朋友们毫不怀疑我是用通常的方式控制住了这个"圈子"。

但同时,有定宾语句也有一定的启后性,例如:

（5）杜梅不答应,我只好带她去,车来了一瞧,潘佑军也带了老婆。

这是因为宾语位置的信息度往往较高。信息度最低的事物一般总是放在主语或"把"字后面,这一例的"她"既有承前（回指"杜梅"）性质,又有启后（对比"潘佑军的老婆"）性质。这是有定宾语句的一种常见功能。

c类则与前二者不同,无指成分由于不指称话语中任何实体,所以所在句子的情状意义十分模糊。典型的无指宾语句往往只是一种说明,而不是叙事,例如:

（6）我是售票员。
（7）她唱女中音。
（8）马走日字,象走田字。

这几种句式的实际表现还有一些复杂情况,这里不能细说。但总的来说的确存在这样一种倾向性,这无疑对计算机理解和生成汉语篇章组织方式有一定的帮助。

如果承认语言是人类交际工具的话，就得承认交际的需要对语言结构的决定性是第一位的。对语言系统可以进行纯形式的结构分析，也可以进行系统的语义研究，但对形成这种形式／语义表现背后的功能因素却是不能不加以注意的。本章不是系统地讨论语言功能对句法结构的作用，而仅仅是想通过分析一些实例，说明一些句法现象背后的功能制约，其中有些问题在海外学者的研究中早已不是新鲜课题。汉语语法学者也有一些不为外人所知的独到研究成果，目前更需要的是加强理论意识，把传统汉语研究中好的传统和海外学者优于我们的一些新的视角结合起来，推进汉语语法研究。

附 注

① 关于句段的概念，请参看范继淹（1985）中的介绍。
② 见袁毓林（1995）。
③ 这个规律在廖秋忠（1992a）中被概括为"对应的原则"。

第二章 北京口语的研究价值

2.1 北京口语和汉语语法研究

北京口语语法的研究，在朱德熙先生看来，"是现代汉语语法研究的基础"。朱先生十分强调研究北京口语语法，他谈过三个方面的原因：1）北京话是现代标准汉语的基础方言；2）北京话是几百万人口里说的活生生的具体的语言，它基本上是稳定的、均匀的；3）研究北京口语语法，有利于我们去发现现代汉语里最根本的语法事实，例如基本句型的确认，最重要的语法成分的功能，语音节律跟语法的关系等等。朱先生强调北京口语的稳定性和均匀性，这是极有见地的。纵观我国语法学史上几部有影响的语法专著，如王力《中国现代语法》、吕叔湘主编《现代汉语八百词》、朱德熙《语法讲义》等，无一不是以描写北京口语为基础的，赵元任先生成书于20世纪中叶的《北京口语语法》和《中国话的文法》两部著作，更明确提出了把北京方言的语法当作汉语口语语法的主张，这两部著作

第二章 北京口语的研究价值

在语料的可信程度和分析的细密公允方面都达到了前所未有的高度。我国40年来的语法研究，基本上继承了前辈学者在审慎对待语料方面的良好传统，但同时，也有一些混乱现象出现，朱德熙先生（1987）一文即是就此而发的议论。令人遗憾的是，朱先生的提醒并没有引起足够的重视，至今还时可看见一些讨论语法问题的文章由于甄别语料方面功夫不够，直接影响了结论的可靠程度。赵元任先生有句名言是：Do not express an opinion before you are ready with "for examples". 作为语法研究的晚辈，谨记前辈的忠告，才有可能避免因语料欠妥而结论荒谬，从而在加深对语言事实的认识方面得到些益处。

不仅如此，朱先生提出的研究北京口语语法有利于发现现代汉语里最根本的语法事实这一看法，也是极具启发意义的。从世界语言学发展的总的趋势来看，形式主义一统天下的局面已不复存在，而以口头的活的语言为研究重点的功能主义方法越来越受到广泛的重视。尤其是20世纪70年代以来，不管是形式主义者还是功能主义者，都开始有意识地摒弃脱离语境以内省式的孤句为唯一分析材料的语言研究方法，转而研究自然素材中的实际用语，以发现那些在以往的形式研究中被剪裁掉的、可能反映了语言使用的重要决定因素的现象，进而概括出实质性的语言事实。北京口语语法研究近十几年来有了一定的发展，但在学者们的评述中，还只是被看作一个语法研究中比较活跃的分支，其重要意义尚未完全揭示。近年来国外功能学派的一些学者对汉语语法进行研究时，已开始有意识地重点分析北京口语，发现了很多重要事实，得出了对汉语语法全新的认识。从这点看来，朱先生的提法可以说是一种远见卓识。而目前国内对北京口语语法研究重视不够和国外对北京口语现象准确性的把握先天不足这两方面的事实，使得着手进行全面系统的北京口语研究更具有迫切性。我们说，关于超乎口语的普通话规范语法的说明要靠从其基础方言——北京口语的研究中去概括；方言语法的研究要靠和北京口语语法（而不是普通话）现象相参照；汉外对比要靠北京口语的系统描写去检验普遍语言理论的适用性；历时的语言研究要靠当代北京口语材料去和古代口语材料相比较。而皮之不存，毛将焉附，北京口语的语法研究作为一项有本体意义的基础性研究，改变其薄弱的现状，还需做出更多的努力。

2.2 北京口语的层次

朱先生提出的课题有许多方面是需要我们做深入细致的进一步探究的。朱先生在强调北京口语的可靠性时，只是笼统地说它是相对稳定和均匀的，而当我们全面系统地进行北京口语研究时，首先遇到的问题就是如何看待和处理北京口语内部的历时变异和共时差异问题。笔者在北京大学就读期

第二章 北京口语的研究价值

间,曾先后随林焘先生进行过几期北京话的语音、词汇社会调查,从林先生已发表的若干研究成果来看,北京话语音、词汇上的内部差异是有清晰的倾向性规律的。但考察语法事实的差异却不像语音、词汇那样容易确定相关参数,或许语法本身在变化上就不像语音和词汇那么清晰,有迹可循。凭我们作为活材料(informant)身份的体察,感到北京口语在语法上,共时的社会差异(如文化程度、身份地位、性别等方面的不同)虽然有,但不明显,较为显著的是近半个世纪以来的历时变异。老舍的小说、侯宝林的相声,代表了半个世纪以前一个时期里北京话的风貌,现在的北京人听来,会众口一词地说"那是老北京味儿了"。当代北京口语形成之初(20世纪80年代中期)曾被讥为油滑和故作调侃,而进入90年代以来,王朔的小说、梁左的相声、冯小刚的影视剧本所代表的北京口语,不仅流传在社会各阶层人士的口中,且堂而皇之地登上了首都各大报纸的版面,并逐步掺入其他方言,可以说,80年代以后的北京话在很多方面已不同于老舍时代了。

老作家林斤澜发表在《南方周末》上的一篇题为《北京语言不共同》的文章里写道:"老舍写北京,王朔也写北京。老舍写北京市井市民,王朔也写北京市井市民。两个人'写'的'字',都是出色的北京语言。老舍把北京语言写到家了,王朔的北京语言也独创一格。两个人的锤字炼句,又仿佛南辕北辙。其实都是'北京人、北京事、北京话',偏偏二位没有'共同语言'。"

王朔本人在自述里也说："老北京的方言我并不太懂。""我作品中的语言主要从口语中借鉴。写小说要说人话，好让后人知道这会儿的人是怎么说话的。"

如果我们把眼光再放远些，看看成书于一个世纪以前的代表当时北京口语的《儿女英雄传》，就会发现，那不仅距今天的北京话差距甚远，而且和半个世纪前老舍时代的北京口语也有不同，把"文康——老舍——王朔"当作北京口语百年来发展的三个阶段的代表，考察现代北京话的阶段性发展，将是十分有意义的事。太田辰夫先生认为现代北京话形成于18世纪末，他提出七项主要特点作为标准：1）第一人称代词的包括式和排除式用"咱们""我们"区别，不用"俺""咱"等；2）有介词"给"；3）用助词"来着"；4）不用助词"哩"而用"呢"；5）有禁止副词"别"；6）程度副词"很"用于状语；7）"～多了"置于形容词之后，表示"……得多""……得远"的意思。（见太田辰夫1988）清末的北京口语发展到老舍时代有了一定变化是大家公认的，但迄今我们未见有谁像太田先生这样提出若干标准来说明那半个世纪的发展情况。如果我们的研究能够从当代回溯，先总结出当代北京口语若干有特色的语法现象，再拿着跟老舍作品进行比较，寻求出一些能作为标志的东西，那将是十分理想的事。如果再从老舍作品继续做回溯工作，就可以对北京口语一个世纪以来的发展有一个全面客观的了解。

百年间北京作为政治文化中心的社会变迁是促使口语

变化的主要原因，五四新文化运动和"文化大革命"给不同时期的北京口语留下了鲜明印记，这种影响表现在词汇和修辞上是显而易见的，而语法的细微变化却不易察觉。老舍和王朔文学取向和社会评价各不相同，但表现口语语法形式的时代性却同样真实。尤其是王朔，他的作品毁誉不一，语言成就却为世所公认，他作品里对当代北京口语各种现象自然不加剪裁地客观反映，为我们的功能分析提供了很大的便利。

2.3 关于本书的用例

本书例句大多取自北京口语。材料来源有两种：一是书面材料，主要是北京作家的文学作品；二是录音材料，其中又分为两类，一类是电视剧录音，一类是自然口语录音。书面材料较多地使用的是老舍和王朔的作品，我们侧重考察作品中对话的部分，避开叙述描写性语句，以期降低书面语体的影响。电视剧录音选取的是同期录音的电视剧，这类材料比较贴近自然口语，而录音语料与原剧本的对比更有利于加深我们对口语特征的认识。自然口语录音，材料大部分来自北京大学林焘先生指导下的三期（1982～1984年）北京话系统调查。这次具有社会方言学意义的调查对北京城区和郊区的25个点的449人，分不同的年龄、性别、文化程度、民族等，进行了一次全面的考察。作为当年的参加者，我们从实际调查中对北京话的方方面面有了更深的体察,同时,也更进一步认识到语料的分析甄别对研究工作的深刻影响。而这份从多角度反映北京口语面貌的材料,对我们今天的研究更是帮助匪浅。

本书的引例,凡论及一般语法现象的,均不注明出处;而那些对所论语法规律有证明性作用的例子,则一一注明。

第一部分

主位结构研究

第三章 北京口语的主位结构

3.1 主位结构概说

3.1.1 语序和信息结构

每种语言都有自己成系统的句法结构规则，这是决定语序规律的一个因素；另一方面，语言作为人类最重要的交际工具，人们使用语言时出于交际的需要，又必须从信息传递功能的角度去安排语序，这一点在各种语言间是共同的。本章着重研究汉语口语的信息结构，以探讨制约汉语语序的功能因素。

长期以来，汉语语法学者习惯于用"主语—谓语"的框架说明汉语的信息结构，如吕叔湘（1946）说："由'熟'而及'生'是我们说话的一般的趋势。……已知的先浮现，新知的跟着来。"并认为据此来分析主语和谓语"不能说是纯粹机械主义，实在也同时遵从某一种语言心理的指示。"20世纪70年代以来，更多的学者倾向于把已知信息和新知信息分别赋予"话题—说明"（topic-comment）这一组概念，如 Li & Thompson（1981）指出："话题总是表示听者已知的事物，话题为说明的展开提供了一个特定的框架。"这种说法可以说是比较符合汉语事实的。但是如果我们全面考察汉语句子的信息结构就会发现，有许多情况是"主语—谓语"或"话题—说明"所不能涵盖的。其中最为明显的事实是，无论"主语"还是"话题"，它们都是句首指称实体（entity）信息的成分，而位于它们前后的一些非实体性成分，如情态成分、篇章连接成分等，同样在信息结构中扮演了各不相同的角色，却往往不能得到说明。因此我们考虑或许可以用"主位—述位"（theme-rheme）这组概念来描写汉语口语的信息结构。

3.1.2 主位结构和信息结构

把句子分成主位和述位的方法最早由布拉格学派的Mathesius提出，他指出，这种切分不同于从语法要素角度研究句子成分的形式切分，而是为了研究句子以何种方式与上下文语境发生联系，他同时认为句子正是在这种具体语境的基础上形成的。主位和述位的基本含义是表述出发点（即在该语境中已知的或至少容易得知的东西,说话者由此出发）和表述核心（即说话者关于表述出发点所述说的内容）。一望而知，这种分析法是从信息传递功能着眼的。虽然后来的语言学家们对主位、述位的界定各不相同，但总是本着反映信息结构这一基本精神的。

他们的某些见解对我们的研究具有重要的启发意义，比如Halliday（1985）在分析英语句子时指出，主位部分可以包含三个方面的成分，即：意念（ideational）成分、人际（interpersonal）

成分和篇章（textual）成分。意念成分是那些在句子的及物性结构中担任角色的成分，人际成分包括表示语气、态度的成分和呼语性成分,篇章成分包括各种连接成分和关系成分。在英语里，主位成分和述位成分可以根据语调形式判断，例如对一个英语句子可以做如下分析：

（1）<u>On the other hand</u> <u>may be</u> <u>on a weekday</u> <u>it would be less crowded.</u>
　　　篇章成分　　　人际成分　　意念成分　　　述位

这种分析使句子里的次要信息在主位部分里各得其所，焦点信息在述位部分里得以突出。三种主位成分的分别和靠句重音辨识焦点信息的方法在汉语信息结构的分析中都是可资借鉴的。

汉语里固然存在一些用以突出焦点信息的句法手段（参看第六、七、八章），但超越句法格式的现象也是大量存在的。以下几个例子的语音节律和轻重音模式都不能在传统的句法切分中得到反映：

（2）说实话我们厂的产品，我第一个不买。
（3）我代表我们全厂三十多位职工和四十多位退休老工人，给您道谢了。
（4）你们俩在里边，是不是都晕菜了？
（5）我就纳闷这王家，有爹有妈姑姑舅舅一大堆，一个孩子非让个外人领走。

这几个句子中的逗号都真实地反映了说话人最明显的语音停顿，然而却都不是句法分析第一个切分点之所在。更为重要的是，逗号前面的整部分里虽然可以分析出不同的句法成分，但说话人总是一气呵成说出来的，且整部分里没有全句重音，全句重音往往是落在每句的最后一个整部分里，如例（2）的"我第一个不买"，例（3）的"给您道谢了"，例（4）的"都晕菜了"，例（5）的"非让个外人领走"。语音形式反映了各句里的"主位—述位"结构。

由于说话人在说话现场是根据表达需要来决定表达形式的，所以，同样内容的句子往往可以有不同的"主位—述位"切分。我们简单分析一个例子，只对句子第一层主位和述位用斜线分开，而不做下位分析。例如：

（6）这伙人／没事总爱在胡同口大槐树底下玩台球。
（7）这伙人没事／总爱在胡同口大槐树底下玩台球。
（8）这伙人没事总爱／在胡同口大槐树底下玩台球。
（9）这伙人没事总爱在胡同口大槐树底下／玩台球。

"主位—述位"分析法的长处在细致地分析出了句子的信息结构，用 Halliday 的话说，它反映了句子的元功能（metafunction）。但其中的问题也是显而易见的，如果我们拿来任何一个句子仅是凭着对它的轻重音和韵律模式的感觉来分析的话，就显得随意性太大，主位、述位就成了几乎是毫无意义的概念。陈平（1987c）在评论 Halliday 的功能语法时也有同样的看法，认为问题的关键在于确定信息结构的客观判断标准。在汉语里，虽然可以像处理（6）~（9）句那样对句子主位结构做出分析，但我们认为，一种概念和一种分析手段的确立，必须有充分的形式依据，本章将介绍汉语口语里两种典型的主位结构表现方式。

3.1.3 信息单位和句法单位

前面提到，信息切分与句法切分有时并不一致，这说明信息单位与句法单位不一定对应。在英语里，一个主位结构以一个含有调重音的调群为界限；在汉语里，则以主位标志和其后的焦点信息为界限。因为口语句子的线性铺排首先反映的是说话人对句子信息结构的分析，而并不一定直接反映句法—语义结构，所以汉语的主位结构可以大至所谓的复句，也可以在所谓的分句或短语内部，这一点我们在下文的实例分析之后将进一步讨论。

3.2 叙述语体里的主位结构

3.2.1 主位成分和主位标志

口语里，主位成分常常是有形式标志的，这个标志就是句中语气词，包括"啊、吧、哪"等。这些语气词过去曾被看作主语的标志或话题的标志，但事实上，语气词所标示的成分就其性质来讲远远不止是主语成分和话题成分。我们看下面这段话：

（10）她不想拆散老师的家庭，而且不想让她爱的人哪陷入苦恼，所以她一直啊没有把这一片痴情啊告诉老师，但又无法从心灵深处呢抹掉这个人。

可以清楚地看出语气词前的成分既不是主语也不全是话题。语气词后的"陷入苦恼""告诉老师""抹掉这个人"分别是三个信息结构里的重要信息所在，也是重音所在，语气词的位置恰恰是主位和述位的分界处。

汉语口语的主位结构也可以分为意念成分、人际成分和篇章成分三类，我们分别称为话题主位、人际主位和篇章主位。

3.2.2 篇章主位

汉语口语里充当篇章主位的最常见的是那些在篇章中连接句与句之间语义转承关系的词语和分句，这些成分总是居于句首，是较为常见的一种主位成分。其主要功能在于连接语句，引出其后的内容，这种成分一般不参与构成句子作为一个命题的基本语义，语气词标在其后，造成一个明显的停顿，有提示听者注意后面内容的作用。例如：

（11）其实吧，你也就是一般人。
（12）所以呀他说这么重大的演出一定得有你。
（13）一上这小楼啊就特别地兴奋。

篇章主位的形式和功能都比较单纯，不多举例。

3.2.3 人际主位

人际主位是说话人把话语单元作为一个交际单位时表明态度的部分。从语义上看，表明了说话人的能愿、评议、情态等方面的态度。例如：

（14）我建议啊，从现在起咱们谁也不要使这个电话了。
（15）我觉得吧，你特有才气哎！
（16）要我说啊，都不是东西！
（17）最好啊，谁也别欠谁的情儿。
（18）起码啊，比斯特里普年轻。
（19）不如哇，就改成知音姥姥，让咱牛大姐负责。
（20）一不留神哪，说不定混出一反派大腕儿来。

可以看出，我们从交际角度所确定的人际主位和传统句法分析的结果有一些不相对应之处，这些成分过去有的看作状语，有的看作述语，也有不成句法成分的。语气词在这里为我们提供了功能分析的依据。

3.2.4 话题主位

话题主位是句中作为陈述对象的实体性的行为参与成分，它为其后的部分确立了基本的陈述框架，所以是有定的。充当话题主位的成分有：一般的名词性成分（包括时间成分和处所成分）、介词短语、事物化的动词性短语等。例如：

（21）我们啊不打算马上结婚，喜糖啊还得等一阵子才吃呢。
（22）我们女人哪就是㑇，我年轻那会儿啊也有这种情况。
（23）我头几年呀也蹉跎了那么一阵子岁月。
（24）平常啊老同志说你们一句，你们有八句在那儿等着！
（25）自幼哇，家境贫寒。
（26）跟聪明人啊我也不抖机灵儿了。
（27）装扮成哪种类型的智能人啊无所谓。
（28）我那儿有一条被子吧，面儿稍微旧了点儿。

3.2.5 多项主位的次序

当上述主位成分两个以上同时出现时，先后的次序是有一定之规的，总的来说是：篇章主位＞人际主位＞话题主位。多项主位并现时，并不一定每个主位成分都带有语气词标志，我们的处理办法是，凡语气词之前的成分都看作主位成分，到目前的观察为止，我们只能指出三种主位成分有上述排序规律，还找不到更多的形式标志对三种成分做进一步区分。以下分析一些实例，用 tex. 代表篇章主位（textual theme），用 int. 代表

第三章 北京口语的主位结构

人际主位（interpersonal theme），用 top. 代表话题主位（topical theme）。这里只做第一层主位结构分析，下位层次规律将在下一章详细讨论。

（29）要 别的省遭灾吧，绝对不会麻烦你，安徽是你老家呀！
　　　tex. top.

（30）可是 咱们国家吧，又没有去那儿的飞机。
　　　　tex.　top.

（31）过去我真是错看小余，光觉着 这个人啊混得可以，没想到……
　　　　　　　　　　　　int.　top.

（32）一上这小楼啊就特别地兴奋，觉着 上班啊，还真有个乐儿。
　　　　　　　　　　　　int.　top.

（33）而且 不想 让她爱的人哪陷入苦恼。
　　　　tex. int.　top.

（34）所以 她一直啊没有把这一片痴情啊告诉老师。
　　　　tex.　int.　　　　top.

篇章主位处于句首是没有疑义的。人际成分和话题成分的次序还值得进一步讨论。看下面这个例子：

（35）篇幅我觉得太长，是不是请作者压缩一下？
　　→我吧，觉得篇幅太长了，……

→我觉得吧，篇幅太长了，……
→我觉得篇幅吧，太长了，……
→篇幅吧，我觉得太长了，……
→*篇幅我吧，觉得太长了，……
→*篇幅我觉得吧，太长了，……

这个例子说明在一个主位成分内部人际主位不能位于话题主位之后，同一平面上它们的相对位置是固定的。

3.2.6 主位标志概说

如果说任何一个抽象的句子，每个分析者根据自己的理解进行"主位—述位"切分往往会言人人殊的话，那么，当说话人使用了语气词则提供了一个可供分析使用的形式标志。拿前面例（6）~（9）来说，不同的分析者可能会产生争议，我们所做出的几种可能的切分就是以能否加上语气词或较大的停顿为依据的。传统的语法分析中，研究对象往往被当作一个静态的成品（static product）来看待，也就是说，不管是从书面上还是从口语中选取的用例，照例都要进行一番剪裁和加工，把那些属于所谓语言行为（performance）的因素尽量排除在外。面对一个句子，所需要考虑的只是它的基本构成成分和基本语义关系，（6）~（9）那样的句子就只能有唯一的分析结果。从功能角度分析句子，则把研究对象当作一个动态过程（dynamic process）来认识，从说话人的认知策略和心理过程的角度，全

第三章 北京口语的主位结构

面地把握言语行为的意图、手段、程序、效果等。这样看来，任何反映这些动态过程的语言现象都是不容忽视的，说话人为了突出所要传达的重要信息，往往采用延缓、停顿、加强语调、附加语气词等手段，这些形式表现都是推断说话人语言心理过程的重要依据。除上面所分析的句中语气词外，像下面这样的例子都应看作是有明显的主位标志的：

（36）高强，你觉得……方波怎么样？
（37）你觉得他这人，怎么说呢——可靠么？
（38）这孩子看上去，啧，总是不太朴实。

其中省略号和破折号以及插入成分"怎么说呢""啧"所反映出的停顿现象，都不是传统句法切分的第一层切分点所在。可见，如果不结合这些表现形式，就难以真实地揭示话语的组织和展开过程。

主位标志既然是次要信息和重要信息的分界线，它就绝不会出现在焦点成分里：

（6'）*这伙人没事总爱在胡同口大槐树底下玩儿啊台球。
（11'）*其实你也就是啊一般人。
（14'）*咱们谁也不要使啊这个电话了。
（17'）*最好谁也别欠啊谁的情儿。

（30'）*咱们国家又没有啊去那儿的飞机。

进一步看这个问题，与其说主位标志是标示主位的，不如说是标示述位的，也就是说，句中语气词固然标志着次要信息的结束，更标志着重要信息的开始。语气词可以说就是个信号，说话人利用它引起听话人对下文（重要信息）的重视。如果说语气词可以出现在什么什么的后面有时还颇难决定的话，那么换一种说法，说语气词往往出现在焦点成分的前头，就变成一条容易把握的原则了。

3.3 对话语体里的主位结构

这一节我们着重讨论口语里主位结构的另一种典型表现形式：主位后置现象。

3.3.1 主位结构与语体特征和句类特征

我们认为，一般叙述语体（narratives）里主位在前、述位在后的语序，是体现了语用学的可处理原则（processibility principle），先从听话人熟悉的情况说起，再引出新的、重要的信息，这是在有比较从容的谈话环境时最符合听话人心理认知过程的、最合理的信息结构处理方式。但是在简短紧凑的对话语体里，要求说话人在最短的时间里，把最重要的信息明确传达给对方，这个时候，简练原则（economy principle）和清楚原

第三章 北京口语的主位结构

则（clarity principle）就显得特别重要，重要的信息成为说话人急于说出来的内容，而次要的信息就放到了不显要的位置上。这样就出现了后置主位现象，如：

（39）别打岔，到底去不去你？
（40）怎么都不说话？好看么倒是？

西方学者倾向于认为主位成分不能后置,我们认为"主位—述位"这对概念的实质是次要信息和重要信息的对比,分析本节例句可以看出,后置成分总是轻读的,甚至常常是可以省略的。本章3.4关于历史语法的简短讨论还将说明，后置主位是有汉语特点的一种语序表现。

心理学的实验研究表明，在一般对话里最容易引起听话人注意的首先是句首成分，因此，对话语体里，在有限的时间内把最重要的信息放在句首，既是说话人心理的直接反映，也是引起听话人注意的便捷手段。在我们所考察的语料里，有96%以上的主位后置句出现在对话里，可以说明，主位后置是对话语体的特有现象。从主位后置现象所出现的句类来看，其分布也有一些特点。下面是我们对所搜集到的后置主位现象在陈述句、疑问句、感叹句、祈使句和否定句里的分布统计：

句类	陈述句	疑问句	感叹句	祈使句	否定句
数目	33	92	35	19	14
百分比	17.10%	47.67%	18.14%	9.84%	7.25%

以下分类举例。先看陈述句中的主位后置现象:

(41) 我这么小心注意着成天价,就因为实在不是个圣人。
(42) 她骂了我一顿,为你。

再看疑问句中的主位后置现象:

(43) 对不对嘛我说的?
(44) 我干什么了究竟?

感叹句中的主位后置现象:

(45) 这还没结婚呢他们!
(46) 多不容易呀,能凑到一起。

祈使句中的主位后置现象:

(47) 快出去吧你,帮不上忙还净添乱。
(48) 要离就真离,别光说——你要有志气。

否定句中的主位后置现象：

（49）不关自己的事反正。
（50）不嫌寒碜都。

从统计可以看出，疑问句所占比例最大，有近半数之多，感叹句、祈使句和否定句三者相加也有三分之一强。这四类句式一般称为非常规句（marked sentence），它们在功能上的共同点在于，都含有对焦点信息加以强化的要求，即强化句类所要突出的疑问点、感叹信息、祈使信息和否定对象等。而常规句（unmarked sentence）仅占总数的17%，这和一般情况很不相同（主位在前、述位在后的句子里，常规句占绝大多数），原因也正在于主位后置的功能是使述位部分得到强调，这种突出述位的语序成为非常规句焦点信息的强化手段。

3.3.2 后置主位的功能类型

分析后置成分的类型只能从功能角度入手。前人曾对这种现象给予注意，往往是从句法角度着眼的，做法是逐一考察汉语几种主要句法结构哪些可以调换位置，哪些不能。这种做法存在以下几方面的问题：一是只以常见句法结构为依据进行测试，可能会遗漏某些重要的现象；二是不能以句法类型说明"易位"现象带有一致性的规律；三是不能使哪些可以"易位"哪些不能"易位"得到合理的解释。我们认为，主位后置是一种功能表达手段，以功能为纲，可以揭示其本质规律。以下我们分别考察意念成分、人际成分和篇章成分的后置现象。

3.3.2.1 话题主位后置现象

主位成分是句子讨论的出发点，可以说是为其后的评述提供了一个最基本的参考点。话语中最典型的参照成分是时间和空间参考点，表示时间和空间的成分从形式上看可以是普通时间词和方位词，也可以是表示时间或空间的介词结构，这些成分的后置现象，例如：

（51）对不起，周华，我是太急了点儿刚才。
（52）我不想结婚现在。
（53）有录音机没有这儿？
（54）"别听我瞎说啊，我这是喝了酒胡说，我难受，这儿。"范建平指指心窝。
（55）可大街你随便敲人家门去，问问可有一个乐意拉着你们满北京兜风的——在这夜深人静的时候。
（56）我也看见了你，在望远镜里。

除时间空间成分外，表示人和事物的话题主位也常后置，例如：

（57）周华，你得管管你们方波，太自私了他！
（58）怪不得瞅着您眼熟。幸会幸会！那戏我可是哭了，整整教育了一代人哪您！

（59）启森啊，那女孩子，是谁？……是谁啊，那女孩子？

（60）那您处理吧这稿子，没准儿是我看太多遍陷进去了。

（61）哎哟，想死我了这事！

人和事物也常可以用介词结构引入：

（62）看见林蓓了么？她也来了和那个宝康。

（63）毛主席保证我不认识姓刘的——除了他。

（64）没吵架，和方波？

话题主位不仅可以由体词性成分充当，也可以是动词性成分，例如：

（65）干嘛呢站在街上？打算去哪儿？

（66）够累的，一天老得站着。

（67）"咳，有莉莉盯着，有我没我无所谓。"

"太有所谓了有你没你。你的戏多好啊，要是你能排，宋导准保省劲儿多了。"

（68）我这是跟谁呀？使这么大劲。

3.3.2.2 人际主位后置现象

人际主位的后置可以分两种类型来谈。最常见的一种是系动词和一些心理动词（"说""想""看"等）、能愿动词等前面

加上指示代词和人称代词,这种组合也不是句法切分成分,但经常凝固在一起充当人际主位。例如:

(69)干嘛呢这是?这么热闹。
(70)"什么呀这是?"
　　"面膜,白给的,一个洋白菜的,一个柿子椒的。"
(71)何必呢你说,到底有多少是不可调和的敌我矛盾呢?
(72)我一定跟她说。会谈通的我想。
(73)还可以呀我看,再大就该招灰了。
(74)我就是这么表现的,我认为。

这一类主位成分如果复位的话都是居于句首的第一层主位成分。另外一类后置的人际主位并不是原来的句首成分,例如:

(75)这房子也是我们单位刚分的我,过去没家都。
(76)就是别那么吹,太吹了也!
(77)老范,我认为你就应该评二级——至少!
(78)往往多数婚姻都没爱情呢——还!

我们把这些现象看成人际主位后置的依据是,它们复位以后都可以加上主位标志,如:"过去都哇没个家""你至少啊应该评二级""往往多数婚姻都呀没爱情呢"。因此,我们把(75)~(78)看成是如下说法的变体:"没家过去都/过去没家我都""太吹了他也""我认为就应该评二级你至少""往往没爱情呢多数婚姻还"。

这两种类型形式上的区别在于第一类后置主位是由一个体词性成分加一个谓词性成分组成的，第二类前头没有一个体词性成分，但都可以补上。下面这种情况与前两种不同，前面的体词性成分可以出现也可以不出现，但整个后置部分都可以移至句首。它们既可以看成是临时性的后置，也可以看成是稳定的句末用法。例如：

（79）别来劲啊，给你脸了是不是？
（80）若有所动鼻子一酸心头一热也没准。
（81）没准将来艾滋病被你治了也说不定。
（82）兄弟搞了一生现代派还没入门——不瞒您说。
（83）离你就下决心离，要么就不离，离了也别再娶，天下乌鸦一般黑我还告诉你！

3.3.2.3 篇章主位后置现象

篇章主位的后置有一个特点，即不是单个的篇章连接词的后置，往往是一个起连接作用的表原因、目的、条件的介词结构或小句后置。例如：

（84）许童童这么说着脸却红了，由于兴奋。
（85）不饿也得吃，为了工作。

(86) 怎么样，心情好点儿了吧？听到别人倒霉？

(87) 我们有办法叫他开口——只要到了我们那儿。

3.3.2.4 多项主位的后置现象

两个以上的后置主位如果属于相同性质，后置时二者的先后次序是随意的，如：

(88) 我还用跟她来这个？我要能演，搁过去。

→我还用跟她来这个？搁过去，我要能演。

(89) 夸我呢是吧，刚才你们？

→夸我呢是吧，你们刚才？

例（88）二者都是篇章主位，例（89）二者都是话题主位。而不同性质的主位成分不可能同时后移。看下面这个例子：

(90) a. 什么呀，都是，他们那两个条件？

b. 什么呀，他们那两个条件都是？

a 句是两次移位的结果，人际主位"都是"和话题主位"他们那两个条件"原不在一个层次上，第一层的话题主位首先移位，成为"都是什么呀他们那两个条件"，第二步是人际主位"都是"的后移，成为 a 句的语序；而 b 句则不宜这样分析，应该看成"他们那两个条件都是"整体作为一个人际主位的一次性后移。

这两种不同的分析可以从 a 句和 b 句不同的音段模式得到证明，a 句中有两处明显的停顿，b 句中只有一处停顿，分别由文字上的逗号标明。

多项主位共现现象在叙述语体里比较常见，因为那是在有比较从容的说话场合时对信息结构的一种合理的有序安排，但在对话的时候，说话人的心理过程比较简单，说话环境也不允许有那么复杂的铺排，因此对话语体里并不常见。

3.4 余论

本章的讨论试图通过实例说明，信息结构跟句法结构有时并不一致。但问题未必可以就此结束，因为我们知道，绝大多数句法规则都是历史上语用原则固定化的结果，研究共时平面上语用功能的倾向性表现，有助于我们观察句法规则的变化方向。历史语法学者有一种看法认为，主题标记从古汉语中消失，促成了从 SVO 向 SOV 的转变。上古汉语主题标记的表现例如：

（91）今也，每食无余。（《诗经》）
（92）十亩之间兮，桑者闲闲兮。（《诗经》）

例（91）和本章描写的主位标志现象依稀仿佛，例（92）屈承熹的解释是："两个'兮'皆为主题标记……缺的只是述题。这正是诗的本意。诗的弦外音是：假若情况如此，诗人希望提出某种看法，但不便说出口，只以主题标志暗示之。"同时屈承熹指出上古汉语还存在一种主题后置的颠倒语序：

（93）贤哉回也。（《论语》）

这又与本章描写的主位后置现象遥相呼应。

  迄今我们还没有见到关于上古汉语主题标记消失过程及其对汉语主题化如何影响的详细描写，反观现代汉语，信息结构和句法结构也不都是铁板一块，新近日益明显的句中语气词专职化倾向以及易位现象的规律化倾向十分值得注意。

第四章 叙述语体的主位标记：
句中语气词分析

　　北京话里，语气词可以用在句子的当中，（例如："他啊，最喜欢吃糖葫芦。"）这一现象已有不少前辈语言学者讨论过。对句中语气词的性质和作用一般有以下两方面的共识：1）句中语气词是停顿标记；2）句中语气词有引起听话人注意的作用，同时表示某种语气。作为一种停顿标记，句中语气词常常被看作认识口语句子结构的手段。朱德熙先生在《语法讲义》里谈到主谓结构时指出，主语与谓语之间结构松散是汉语跟印欧语比较起来较为突出的特点。这种松散性主要表现在两个方面：1）主语和谓语之间往往有停顿，而且主语后头可以加上"啊、呢、吧、么"等语气词跟主语隔开。2）只要不引起误解，主语往往可以省去不说。曹逢甫（1979）在讨论主语跟话题（topic，曹文称作"主题"）的时候认为，可以用语气词把话题跟同一句中的其他成分隔开，并把这一特点视为话题不同于主语的一个特征。可见，句中语气词在句子分析中扮演了一个非常重要的角色。然而，我们对句中语气词的使用情况做了较为详尽的考察之后发现，上述结论并不能全面、准确地概括句中语气词的用法和功能，不管各家对话题和主语的定义有多少不同，像朱先生《语法讲义》里举过的"他最喜欢啊,吃冰糖葫芦"和吕叔湘先生《中国文法要略》里举过的"所以呀，你得请我们""总共啊，哥还是脸皮儿薄，拉不下脸来磕这个头"（17.87）等例子还是不能包括在上述说法里面。本章将对句中语气词的功能做全面考察。

4.1 语气词前的句首成分的性质

4.1.1 语气词前面的句首成分的种类

语气词前面的成分大致有五类。

（一）语气词前的成分既是主语又是话题。例如：

（1）我吧，就是特爱钻研。对什么都感兴趣，不管社会上刮什么风我都跟着凑热闹。①

（二）语气词前的成分是句子的话题，但它的主语身份是有争议的。例如：

（2）他这把年纪吧，办收养手续也是难了点儿。
（3）袖子里头啊，湿得什么似的。
（4）拍马屁啊，也得会拍，拍得不是地方倒坏了事。

这三个例子如果按赵元任（1968）和朱德熙（1982）的体系分析，

语气词前的成分是话题，也是主语。但按 Li & Thompson（1981）观点看，这种语气词前的成分只是话题，不是主语。

（三）语气词前的成分是话题，不是主语。例如：

（5）跟聪明人啊，我也不抖机灵儿了。
（6）打小吧，我也以为自己是文曲星下凡，……

这两例里，语气词前面都是介词结构，而句首介词结构一般是不看作主语的，但可以看作话题。胡裕树（1982）、陆俭明（1986）曾对此有过较为明确的说明。

（四）语气词前面是连词、副词、介词或起篇章连接作用的短语。例如：

（7）反正呀，待会儿再买半斤怎么也够了。
（8）一直啊，我这心里就不踏实，总觉得要出事。
（9）比如吧，胖子就比一般人爱出汗，还动不动就喘。
（10）说到底啊，你没有我就是办不成事。

以上这些句首成分既不是主语也不是话题，有些论著里把它们看作是全句的状语或插入语等。

（五）语气词前是非切分语段，即从句法上看，语气词隔开的两个语段不是句子的直接组成成分。例如：

（11）我从小吧，就特羡慕革命烈士，江姐呵，赵一曼呵，当然还有洪常青。打心眼儿里敬佩他们。

（12）我这次生病吧，发现好多人都特别好。

（13）咱们得给灾区人民哪，出个好主意。

（14）我一天到晚忙得吧，根本就没时间打扮自己。

（15）我知道就是大伙儿吧，平时都挺不待见我的。

这几个例子如果做直接成分分析，句法结构的第一层应该是：我｜从小吧，……；我｜这次生病吧，……；咱们｜得给灾区人民哪……；我｜一天到晚忙得吧……。其中例（15）语气词的位置已经深入到句法结构的第三层上。这些用竖线隔开的地方在说话人的实际读音里没有任何停顿的迹象，整个语气词前的片段是一个十分紧凑的整体，这是我们把它们看作句首成分的依据之一。因此，像"他啊，最喜欢啊，吃糖葫芦"和"他，最喜欢啊，吃糖葫芦"里的"他最喜欢"均不能看作是句首成分。

从上面五种类型的用例可以看出，句中语气词所隔开的两个语段之间的关系，很难用句法—语义关系来说明。这就启发我们从表达角度寻求解释。

4.1.2 重要信息与次要信息

从前面所举的例子看，句中语气词似乎可以无处不在，语气词前的语段也不受什么限制。但我们对大量的用例进行考察

第四章 叙述语体的主位标记:句中语气词分析

后发现,语气词总是出现在句子表达重要信息的核心成分之前,而一定不出现在焦点成分里。例如:

(16) 最好啊,谁也别欠谁的情儿。
　　　最好谁啊,也别欠谁的情儿。
　　　最好谁也啊,别欠谁的情儿。
　　　?最好谁也别啊,欠谁的情儿。
　　　*最好谁也别欠啊,谁的情儿。

从(16)可以看出,越是靠近句末焦点的地方就越是不可能插进语气词。②而在某些具有强调意味的句式里,语气词的位置比例(16)还要靠前一些。

(17) 一看啊,你就透着书卷气。
　　　一看你啊,就透着书卷气。……
　　　*一看你就啊,透着书卷气。

例(16)语气词在述—宾之间根本不能说,在修饰性成分与述宾之间是一个勉强可以说的句子。而(17)是带有"一……就"的强调式的句子,语气词在"就"之前能说,放到"就"后面就不能说了。而对于那些已经采用位移的手段把句末焦点成分移至句首的句子,句中语气词根本无从置入。也就是说,凡是刻意强调的内容是不放在句中语气词之前的。例如:

（18）*一次生鱼啊，也没吃过。

*连饺子啊，都不爱吃了。

*是瓦特啊，发明的蒸汽机。

可见，句中语气词实际上是说话人划分句子重要信息跟次要信息心理过程的外部表现，语气词前的内容是说话人认为不那么重要的内容，语气词之后才是重要信息，是需要听话人特别留意的。因此，语气词的位置有时跟句子的句法切分层次不相吻合也就是可以理解的了。也正是由于句子以语气词为分割点，从左到右是从次要信息引出重要信息的过程，语气词前的成分才说得轻而紧凑。我们把句中语气词所在的位置看作是次要信息与重要信息的分界点还有另一方面的证明。上述现象总是出现在语气比较舒缓、谈话相对从容的叙述语体(narratives)，尤其是独白里。相应地，在对话里常常表现为一种"易位"的形式。[3]例如：

（19）快出去吧你！

（20）几点呀现在？

（21）搁哪儿了我给？

（22）造福人类吧你就！

（23）夸我呢是吧，你们刚才？

第四章 叙述语体的主位标记：句中语气词分析

据我们观察，前文 4.1.1 里列举的所有五类情形，语气词前的成分都可以被甩到句末。而这种"易位"在一般称为非常规句的疑问句、否定句、祈使句、感叹句里发生的比例远比在陈述句里要高得多（疑问句占 48%，感叹句占 18%，祈使句占 10%，否定句占 7%，即非常规句占 83%）。非常规句由于突出重要信息而将句内焦点成分前置，被甩到后面的则是句子里传达次要信息的部分。这个事实说明，用"易位"强调焦点信息和用语气词弱化次要信息分别是对话语体和叙述语体、非常规句和常规句里说话人对句子信息结构进行处理的相应的表达方式。"易位"现象从另一个角度证明了我们对句中语气词与句子信息结构关系的说明。

4.1.3 主位和主位标记

汉语语法分析中，还没有过对句子信息结构做出分析的，"主语—谓语""话题—说明"虽然跟一般的"旧信息—新信息"有一定的对应关系，却不能准确反映句子的信息结构。从上文的讨论可以看到，句中语气词前的语段远比主语或话题涵盖的范围要大得多（见 4.1.1），而从表达的角度看，句中语气词前的部分不是句子的重要信息（见 4.1.2），而仅仅是说话人选择的谈话的起点。名词性成分、动词性成分、介词结构、具有篇章连接作用的虚词、非切分语段所传达的内容都可以作为说话的起点，所以句中语气词前面的部分实际是句子的主位（theme），句中语气词后面的部分实际是句子的述位（rheme），[④]句中语气词则是口语里特有的标示主位的标记。

Halliday（1985）指出，英语里的主位跟述位的区分主要是靠句子轻重音的分配、句中停顿等韵律手段体现的；而日语里则是用一个特定的"は"附在主位之后，把主位跟述位分开。我们对北京话的观察表明，北京话里的主位既有类似英语那样的韵律特征，同时也有更为形式化的标志——句中语气词。与日语不同的是，北京话里作为主位标志的句中语气词还没有像日语里的"は"那样语法化，成为句子里的必有成分；也没有固定成某个特定的语言形式，它还带有暂时性。除了"啊、吧"以外，其他句中语气词仍带有一定的语气作用。尽管如此，我们对句子主位的判断毕竟有了一个较为显著的形式标志，远比仅仅依赖停顿、延迟、轻重音等韵律特征的手段来分析句子的信息结构前进了一步。

4.1.4　主位标记与语气意义

在过去的语法论著里，常常见到关于句中语气词表示语气意义的种种说明，例如表假设、表例举、表提示等等。那么，这些语气词和本文指出的主位标志作用是什么关系呢？也就是说，是不是句中语气词总是主位标记呢？那些所谓语气意义是不是总伴随在语气词出现的每一个场合呢？下面对句中语气词的功能做全面的考察和分析。

第四章 叙述语体的主位标记：句中语气词分析

4.2 句中语气词的功能类

4.2.1 分类的韵律依据

语气词用于句中的情形依据语气词前语段的韵律特征大致可以分成三类：

（一）句重音[5]在语气词之后，全句的轻重音模式是前轻后重，语气词前的语段不伴随上升语调。

（二）句重音在语气词之前，全句的轻重音模式是前重后轻，语气词前的语段不伴随上升语调。

（三）语气词前的语段既带有对比重音，又伴有上升语调。

（一）类的例子在 4.1.1 里已经列举了不少（如例 1~15），这类句子里的句中语气词已经很少带有语气意义，可以看作是纯粹的主位标记。

比较典型的（二）类的用例，如：

（24）<u>孩子嘛</u>，哪有不淘气的。
（25）<u>男人嘛</u>，就是得靠自己。
（26）<u>你呀</u>，还是幼稚。

这类用例的特点是全句的重音在语气词前，语气词后语段的意思有时是不言而喻的，在一定语境下可以不说出来。例如：

(27)"这孩子真是气死人了,回家用不了一个钟头能把你所有的东西从抽屉里翻出来,扔个一地。"
"唉,孩子嘛。"

因此,从表达的角度看,这类用例里语气词前的语段的功能相当于一个分句,而且语义负载远远超过语气词前的语段。这类用例里的句中语气词带有明显的语气意义,不是主位标记。第(三)类用例很像是自问自答,虽然书面记载下来的语句不一定总在语气词后面用一个问号,但口语里语气词跟它前面的语段明显伴有上扬的语调。例如:

(28) a. 爸爸呢,他干脆就不理你。
b. 老王呢,他来不来都没关系,有你在就行。

这类用例的前半句是唤起听话人的注意,后半句是对前半句的说明。把前后两部分拆开,就成了一问一答两个句子。

(29) a. "爸爸呢?"
"他干脆就不理你。"
b. "老王呢?"
"他来不来都没关系,有你在就行。"

"啊、吧、嚜(嘛)、呢"是语法著作里常举的句中语气词,

第四章　叙述语体的主位标记：句中语气词分析

但这几个词的功能分布很不相同。其中"啊、吧"一般只用于上述第（一）类情形，即作为主位标记使用，基本没有语气意义。而"嚜、嘛、呢"还有较明显的语气意义，常用在（二）、（三）类里，有时也用在（一）类里，做主位标记。

这里需要对"呀"和"啦"两个句中语气词说明一下。这两个语气词以往的语法论著里大都是作为"啊"的变体描写的，"呀"是"啊"受前音节的 -i 韵尾影响产生的变体，"啦"则是"了"跟"啊"的合音。总之都是"啊"在语流中产生音变的结果，功能上跟"啊"没有什么区别。但是，我们的考察表明，"呀""啦"在口语里已经渐渐从语音变体的身份独立出来，与"啊"在功能上有不同的分工。这两个句中语气词，将在 4.2.4 详细分析。

4.2.2　主位标记：啊、吧

"啊、吧"用作句中语气词时，已经不带语气意义，而仅仅是个主位标记。"啊"包括六个语音变体：a, na, nga, ra, ya, wa，"啊""吧"的功能相近，二者的不同之处在于，"啊"是被普遍接受的说法，"吧"则是 40 岁以下的北京人较多使用的形式。作为主位标记，"吧"可以看作是"啊"的社会变体。

有不少语法论著都认为"吧"有举例的意思，常举的例子是"譬如……吧／拿……来说吧"但稍加对比就不难发现，举例的意思并不是由"吧"带来的。说话人在阐明观点的时候，"啊、吧、呢、嚜"都可以用在表示举例的篇章连接成分之后：

（30）拿老张来说吧／啊／呢／嘛，家里生活是最困难的。

另一方面，如果保留篇章连接成分而去掉其后的语气词，句子仍有举例的意思。

（31）拿老张来说，家里生活是最困难的。

而把表示举例的篇章连接成分去掉，只留下"……吧，……"，句子是不是表示例举就看它所处的语境了。如果"吧"前面的句子是一大段话的主题句（topic sentence），"……吧，"有可能就是针对主题句所做的具体化说明，全句篇章中具有例举的意义，但这种意义是由它所处的位置决定的，而不是由"吧"决定的。例如：

（32）厂子生产不景气，职工普遍生活水平下降了，人人都有情绪。老张吧，家里上有老下有小，是最困难的。
（33）今天早上我特别倒霉，梳头吧把卡子弄掉了，跪在地上摸卡子又把头给磕了。

如果把例（32）里面的"厂子……人人都有情绪"删去，把例（33）里的"今天早上我特别倒霉"删掉，"老张吧，……"和"梳头吧……"根本看不出有举例的意思。可见，认为"吧"有举例的意思是个误解。我们认为，把语气词自身的意义跟篇章位置

第四章　叙述语体的主位标记：句中语气词分析

赋予一个语段的意义区分开来，在句中语气词的辨析中具有重要意义，这一点在以往对句中语气词的讨论中没有引起足够的重视。

跟其他几个语气词相比，"啊／吧"在句子中的位置是最灵活的，可以用于各类主位成分之后。

（一）可用于各类口语篇章连接成分之后，[6]例如：

（34）<u>原先吧</u>，我跟他根本就不认识。（先后时间）
（35）<u>其次啊</u>，就是你们怎么相处的问题了。（逻辑序列）
（36）<u>要不是这样啊</u>，我们恐怕下午还到不了呢。（条件）
（37）<u>可见啊</u>，他这人一点儿也靠不住。（推论）
（38）<u>顺便说几句啊</u>，凡是没交钱的赶快把钱交上来。（题外）

（二）用于话题成分之后：

（39）<u>对于作者啊</u>，得说得委婉点儿。
（40）<u>这个唱歌吧</u>，起源于劳动。
（41）<u>我那儿有条被子吧</u>，面儿稍微旧了点儿。

（三）用于表明说话人的能愿、态度、评议等的情态成分之后：

（42）<u>我觉得</u>吧，你特有才气哎。
（43）<u>我建议</u>啊，从现在起咱们谁也不要使这个电话了。

篇章连接成分、话题成分、情态成分（本书第三章分析口语主位结构时将它们分别称作篇章主位、话题主位和人际主位，详见 3.2.2 至 3.2.5）有时在句子里同时出现，有时出现两个，其次序是：篇章连接成分＞情态成分＞话题成分。当一个句子里含有两种或两种以上主位成分时，篇章连接成分和话题成分后附主位标记的频度高些。例如（下角 a 代表篇章连接成分，b 代表情态成分，c 代表话题成分）：

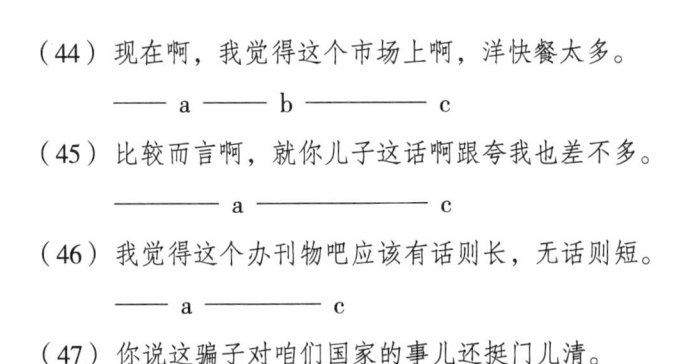

（44）现在啊，我觉得这个市场上啊，洋快餐太多。
　　　—— a —— b —————— c
（45）比较而言啊，就你儿子这话啊跟夸我也差不多。
　　　———— a ———— c
（46）我觉得这个办刊物吧应该有话则长，无话则短。
　　　—— a ———— c
（47）你说这骗子对咱们国家的事儿还挺门儿清。
　　　— a — c_1 ———————— c_2

4.2.3　准主位标记：嘞、嘛、呢

"嘞、嘛、呢"与其前面的语段具备（一）类韵律特征时，语气词自身的语气意义很轻，功能跟"啊、吧"相近。当它们

具备（二）类或（三）类韵律特征时，语气词自身的语气意义就很强，功能也与具备（一）类韵律特征时不同。由于"嚜、嘛、呢"功能和意义上具有这种游移性，我们把它们称作准主位标记。

4.2.3.1　嚜（么）、嘛

"嚜（么）"在北京口语里用得很少，[⑦]在我们收集的近150个句中语气词的用例里，只有一例用"么"的。[⑧]在前辈学者描写的用"嚜"的地方，当代北京话里往往是用"嘛"。胡明扬（1981）认为"嘛"是"嚜"跟"啊"连用的结果，我们对"嘛"的考察表明，用在句中的语气词"嘛"在功能和意义上兼有"嚜"和"啊"的特点。

（一）"嘛"可以作为主位标记，基本不带语气意义。例如：

（48）<u>这药</u>嘛，有效多吃，没效少吃，有效没效您都别来了。再来两趟，可就当面儿抽我的嘴巴了。

这个用例是从有声材料里记录下来的，"嘛"前的"这药"说得很轻，没有对比重音。说话人在讲这句话之前没有谈论其他的药，也没有谈及用药以外的其他治疗手段。这句话是在他写完药方之后，把药方交给患者时说的第一句话。这里的"嘛"的功能跟"啊"没有什么区别，也不带语气意义，仅仅是个主位标记。

（二）"嘛"用于转换一个新话题的时候，有时带有对比重音，有时不带对比重音。例如：

(49) 我是个农村姑娘，从小生活在山沟里，有些卫生习惯可能跟你们城里人不大一样。有时候可能俩月仨月也不洗一回澡，<u>衣服</u>嘛，半年一换，你们嫌不嫌？

(50) "最后开给你多少钱吧？"

"五千。他愣把大头给扣啦！"

"对别的演员呢？"

"都扣！……男演员都动手儿啦！"

"京油子把脸都丢到洞庭湖里去啦！后来呢？"

"……吴胖子私下里跟我说，他先回来，派车到北京站接我，酬金的事儿，<u>对我</u>嘛，单独商量……"

这两例"嘛"前的成分都是新话题，二者稍有不同的是(49)里换衣服一般被人们看作是洗澡后的连带行为，从信息传递的角度看不是全新的（brand new），而是半新半旧的（inferable），所以"衣服"可以不带对比重音。(50)例里的"对我"是跟上文"对别的演员"对比而言的，是全新的信息，所以带对比重音。

(51) 我一向不赞成婚事大操大办。<u>结个婚</u>嘛，无非是两个人搬到一起住，从此不太平。哭一场倒在情理之中，有什么可庆祝的？

这一例里"结个婚"不是某个确定的人的确定的行为，而是泛指这一类行为。

第四章 叙述语体的主位标记：句中语气词分析

（52）这就对喽。男人嘛，就是得靠自己。

这一例里的"男人嘛"实际上是一个陈述，因此"男人"重读，"嘛"带的语气跟句末语气词"嘛"相同，表示说话人自己所说的话事理明显，无须多言。（52）跟（50）的区别在于，（52）里的"嘛"语气较重，"男人嘛"后的半句在一定语境下可以省略。（50）里的"嘛"语气很轻，"对我嘛"后面的半句一般不能省去。

从例（48）到例（52）可以看出"嘛"在功能和意义上的渐变轨迹。（48）里"嘛"是个纯主位标记，（52）里的"嘛"实际上是个句末语气词，虽然是用在单个词之后。

4.2.3.2　呢

跟"嘛"不同，"呢"一般不在始发句里使用。在一段较长的叙述里，"呢"常常出现在后续小句或后续句里。而且往往是转换一个新话题，或新的谈话角度。例如：

（53）那四位写了多少字，才给群众留下个印象。您呢，一句话就流传甚广。
（54）他说他能拿着那儿的签证儿了，可是咱们国家吧又没有去那儿的飞机，别的国家呢又不让持那种签证的人过境。

这两例"呢"前的成分都带有对比重音,（53）里"您"对前面的"那四位"而言是个新话题;（54）里"别的国家"对前文"咱们国家"

而言是新话题。以往论著在举这类例子的时候，多半认为"呢"有"至于……""说到……"的意思。我们认为这类用例里"至于""说到"的意思是新话题跟原话题两相对比产生的。"呢"仅仅是话题转移的一个标志，它用在叙述语句里，"呢"前的话题是句内话题，如（53）里的"您"，（54）里的"别的国家"；而在对话里，"……呢"往往意味着篇章话题（textual topic）的改变。试比较：

（55）什么都没改变，老师还是从前的老师，连错别字都跟从前错的是同一个字。……学生呢，也是一点没学聪明。

这个例子里"什么都没改变"是一个主题句（topic sentence），下面的句子都是对主题句的说明，"老师"和"学生"是两个下位的话题成分，从第一个话题"老师"转到第二个话题"学生"用了"呢"。这里的话题转移是句话题的转移，就主题句"什么都没改变"而言，"学生"这个新的句话题的出现并没有改变主题句所关涉的议论范围。下面是"呢"用于对话的例子：

（56）大立：你来了，找我？
　　　金枝：刚才忙什么哪，逮耗子？
　　　大立：没有没有，瞎忙。

第四章　叙述语体的主位标记：句中语气词分析

金枝：我看也是，瞎忙！愣着干什么，坐下呀！这酒吧嘛，忙活得不坏，<u>可别的事</u>呢，真是，瞎忙！

大立：没错儿。

金枝：比如说吧，那天晚上，在我们家门口，你祝贺我什么？又献花又动感情的。……

这个例子里"呢"前面的"别的事"一方面是句话题，对前面"这酒吧"而言，这里的"别的事"改变的是句话题。另一方面，它又引出了下面整个话串（sequence）的话题。下文的"比如说吧，……"就是对"别的事"在这一篇章话题下的具体说明。这里"别的事"有对比重音，但"……呢"不伴有上升语调。

在对话里，如果"……呢"出现在第一个话对里，它往往伴有上升语调，"呢"前的语段带对比重音。比如一个人推门以后说，"怎么，就你们俩，其他人呢？"这时的"呢"是句末语气词。这跟例（28a）"爸爸呢，干脆就不理你"类同，都是第（三）类情形，只不过前者是要求对方回答，后者是自问自答。

4.2.4　不标志主位的句中语气词

除了准主位标记语气词具备（二）（三）类韵律特征时不标志主位以外，还有两个语气词——"呀、啦"，不论它前面的语段是不是带有对比重音，它们都是纯语气词，不标志主位，一般用在并列项之后，例如：

（57）我们那儿什么都产，桃呀、李子、柿子呀，都有。
（58）大伙儿说呀、笑呀，整整热闹了一夜。

"啦"在（57）里可以替换"呀"，但（58）里却不能做这样的替换。

（58'）*大伙儿说啦、笑啦，整整热闹了一夜。

但"VP啦"在主语位置上是可以说的：

（59）写（字）啦，画（山水）啦，他都在行。

这个对比显示，"啦"要求它前面的成分是具备遍指意义的，而"呀"对它前面的成分却没有这种限制。

另一点值得注意的是，不用作主位标记的"呀"不是 -i 韵尾字跟"啊"的合音，如例（57）；而"啦"要求它前面的成分具有遍指意义，所以也不可能是"了+啊"的合音。

在过去的语法书中，这类语气词的用法一般解释为语气词，表示列举。但我们认为，语气词用在并列项之后只是给话语增添了轻松的语气，而列举意义是由并列的格式带来的，跟语气词没有关系。试比较：

（60）a. 吃、喝、嫖、赌、抽，你都占全了！
　　　b.*吃呀、喝呀、嫖呀、赌呀、抽呀，你都占全了！

第四章　叙述语体的主位标记：句中语气词分析

（61）吃呀、住呀，这些事你就别操心了，我全包了。

说话人在强调事情严重而且态度强硬的时候，倾向于不用语气词，如（60a）。当说话人用了语气词的时候，显得语气轻松，有时甚至可以把大事往小里说，如例（61）。

综上所述，北京话常见的句中语气词可以分作三类：

1）主位标记："啊（及其变体）、吧"。这类句中语气词用在停顿处已经不带有语气意义，只起标示主位的作用。

2）准主位标记："嘛、呢"。这类句中语气词在不同的上下文里功能和意义有所不同。在某些语境下几乎不带语气意义，功能跟"啊、吧"相同。在某些语境下语气意义较强，能明显地看出它从句末语气词脱胎而来的痕迹。

3）非主位标记："啦、呀"。这两个语气词不是"啊"的音变，其出现环境是相对封闭的（例如用于多项并列成分之后）。

4.3　余论

从历史来源上看，现代口语里的句中语气词都是由句末语气词发展而来的。在这个过程中，它们原来在句末所具有的明显的疑问语气、感叹语气都不同程度地减弱了。同时，在句首成分后的停顿位置上，又产生了一些新的语气意义。而总的看来，这种新的语义大致是向着标示话题、标示主位的方向发展的。我们在本章里指出的作为主位标志的语气词现象表明，在当代北京口语里,某些语气词(如"啊、吧")其原有的表示测度、疑问、感叹等意义已经丧失,其功能已经有了明显的专职化趋势。这一方面表明语气词的发展呈现出了多样化的演变趋势,另一方面说明,当代北京口语中的功能表现形式正趋于定型化、完备化。

近年来,学者们对疑问语气词在多大程度上表示疑问语气发生争议。关于口语语气词的数目,多者认为有四个,少者认为有一个,也有认为是两个半的。我们不想对此做出评论,只想指出,以往讨论这个问题时,似乎有一种把语气词所处的语言片段限制过短的倾向。这就容易导致不易分清句末语气词与句中语气词的问题。在这里,我们想重复赵元任先生(1968)的说法。即,句子有一种主语作为问话、谓语作为答话的性质。赵先生进一步指出:"零句之中有的是指出事物的存在或唤起对它的注意,有的是有较多的话,更近于一种说明。把这两种零句放在一起,恰好构成一个整句。这样,我们得出一个令人惊讶而明明白白的结论:一个整句是一个由两个零句组成的复杂句。"赵先生的话发人深思。在实际口语里,哪些句子之间的内在逻辑联系表明它们可以构成一个广义的整句,是需要仔细辨析的。这也就是我们在本章中研究语气词的意义时总是放在较大的语言片段——篇章中的缘故。我们结合一个话串中信息结构、话题结构、轻重音模式的分析,来辨析语气词的各种表义功能,得出了较为系统的认识。这或许能对全面认识句末语气词的表义功能有所帮助。

第四章 叙述语体的主位标记：句中语气词分析

附 注

① 本章例句中语气词的写法均依原出处所用汉字，不做更改。

② 余霭芹（1971）曾发现汉语动词与宾语之间不能插进语气词。

③④ 有关汉语里主位、述位和语体特征问题在本书第三、五两章里有详细的讨论。

⑤ 这里所说的重音指的是不带任何对比意义的正常重音。

⑥ 作者参照了廖秋忠（1986c）一文对篇章连接成分的分类，并对句中语气词在各类篇章连接成分之后的使用情况做了考察，发现几乎所有的口语篇章连接成分之后都可以用"啊、吧"，而"呢、嚜、嘛"的使用范围要小一些。

⑦ 吕叔湘《中国文法要略》就曾指出，"嚜（么）"在南方官话地区用得较多，北方地区少用。

⑧ 这一例如果换成"嘛"语感上更像北京话。照录如下：

李东宝："别生他气，张老师，他是一粗人。"

余德利："对，我是一粗人。这俩细人跟你说了半天细话，咱说会儿粗话如何？"

张明高："还得等会儿，我还拐不过这弯儿呢。本来么，刚听点儿好话儿听得有几分舒畅，冷丁换上你来，要是你能接受得了么？将心比心。"

第五章　对话语体的主位形式：易位现象分析

5.1　易位现象的基础：信息结构和语体特征

正如我们在第三章里曾经指出的，Mathesius 提出的以信息传递功能为着眼点，把句子分成主位（theme）和述位（theme）两部分的分析方法，是具有普遍意义的。我们感兴趣的是，这种方法用来分析汉语口语，可以使一系列看似"特殊"的现象获得一致的解释。

前人曾对汉语语序赋予过某种功能角度的解释。如赵元任（1968）、朱德熙（1982）都认为汉语的主语就是话题，谓语就是陈述，但是诚如吕叔湘先生指出的，"前天有人从太原来""一会儿又下起雨来"两句话里"前天""一会儿"就不像个话题。（吕叔湘 1979）可见，"话题—陈述"（topic-comment）不能概括汉语语序的一般规律，而"主位""述位"用于汉语好像比较合适。汉语里主位不是话题的现象是大量存在的，例如：

（1）<u>我觉得吧</u>，这一男一女能撞上而且有戏，不在他们多

第五章 对话语体的主位形式：易位现象分析

出众多有钱，……主要看缘分。（4-498）①
（2）<u>我从小吧</u>，就特羡慕革命烈士，江姐呵，赵一曼呵，当然还有洪常青。打心眼儿里敬佩他们。（4-172）
（3）<u>其实吧</u>，你也就是一般人儿。（电视剧《编辑部的故事·娶个什么好》）

我们曾在三、四两章里详细讨论过这个问题，认为北京口语里这种用语气词标示出的句首成分，不管是体词性的还是谓词性的，或是意义不很实在的副词一类成分，尽管未必都是话题，却都可以看作是主位。语气词前的成分的确是全句待传信息的出发点，从表达的角度看，口语的句内语序，基本是以主位在前，述位在后为原则的。②

本章我们分析一种异常现象，即主位后置的易位现象，如：

（4）别打岔，到底去不去你？（A-470）
（5）怎么都不说话？好看么倒是？（3-67）

我们说这种句子是主位后置的表现，主要理由是：1）后置成分总是轻读，重读部分总是在它的前面，这和主位轻读、述位重读的语音模式相符；2）后置成分总是全句最次要的信息，有的曾出现于上文语境，有的存在于说话现场，也有存在于听说双方共知的意念中的。（详见下文）而它前面的部分一般总是由它引发出的评述。

主位后置首先是对话语体的特有现象。我们说，一般叙述语体里主位在前述位在后的语序，体现了语用学的可处理原则（processibility principle），即先从听话人熟悉的情况说起，再引出新的信息，这是在相对从容的谈话环境里最符合听话人心理认知过程的最合理的信息处理结构方式。但是在简短紧凑的对话里，要求说话人在最短的时间里把最重要的信息明确传达给对方，这个时候简练原则（economy principle）就显得特别重要，重要的信息成为说话人急于说出来的内容，而次要的信息就放到了不显要的位置上。心理学的实验研究表明，最容易引起听话人注意的首先是句首成分，因此，对话语体里在有限的说话时间内把最重要的信息放在句首的处理方法，既是说话人直接的心理反应，也是引起听话人注意的便捷手段。在我们所搜集到的材料里，96%以上的易位句是出现在对话里的。

其次，易位现象还多出现于疑问句、祈使句、感叹句和否定句里。从功能角度看，这些句类都是含有强化焦点手段的非常规句（参看 3.3.1）。这个现象进一步说明主位后置是为了使述位部分得到强调。我们的材料同样支持了这个论断。

5.2 后置成分的语义类型

主位是句子讨论的出发点，说话人选作出发点的，可以是时间/处所成分，可以是行为者，可以是一般事物，也可以是一个行为，还可以是与行为或事件有关的方式、条件、原因、

第五章　对话语体的主位形式：易位现象分析

目的等。以下逐一列举这几类成分的后置现象。

5.2.1　表示时间和空间的后置成分

从形式上看，有的是普通时间词和方位词，有的是表示时间或空间的介词结构。例如：

（6）对不起，周华，我是太急了点刚才。（A-38）
（7）"……别听我瞎说呵，我这是喝了酒胡说，我难受，这儿。"范建平指指心口窝。（A-64）
（8）可大街你随便敲人家门去，问问可有一个乐意拉着你们满北京兜风的——在这夜深人静的时候。（4-299）
（9）我也看见了你，在望远镜里。（1-2）

这几个例子里的时间/处所成分即使移到句首也很难说是话题，同时它们也不是动作行为的直接参与者，它们的作用是为全句提供一个时间/空间上的参考点，有了这个参考点，一句话的内容就有了较为明确的时间/空间界限。这种参考点用在句首时一般是不能省去不说的，因为那会使全句时空不明，而后置的时空参考点就没有句首的那么重要了，一般是在上文或现场语境里已经有了参照，这里无须特别点明，但如果不说也可能引起误会，这显示了易位句特有的功能价值。让我们分析一下下边两个例子：

（10）"周华，我们结婚吧。……这不是我们一直说好的事情吗？"

"不是一直，是曾经。"

"对于我来说，是'一直'。"

"但结婚是双方的事情。"

"你什么意思？"

"我不想结婚，现在。"（A-391）

说话人周华说"不是一直，是曾经"已经表明同意结婚一事不属于现在这个时间范围内了，但对方再次强调"是一直"，她再次强调"我不想结婚"时为不致使对方误会是一直不想结婚，而补充说了"现在"。再看一个后置成分表示空间的例子：

（11）范建平来了，拎一尼龙兜东西……打开兜，开掏……取出两盒磁带，细细检查，完好，满意道："还好还好，两盒磁带尚存。有录音机没有这里？"（A-294）

这句虽然说话人的"这里"指的就是说话现场，但如果删去"这里"，"有录音机没有"也不排除有其他理解的可能。

第五章　对话语体的主位形式：易位现象分析

5.2.2　表示人或事物的后置成分

这些成分的词汇形式有：人称代词，指示词 + 名词，领属性定语 + 名词，光杆普通名词，都是定指性名词的典型表现形式，而没有无定形式的，说明它们都表现的是旧信息。从以下例子里可以看出，后置成分所表示的事物往往在上文出现过，后置者只是对其先行词的回指。例句中加着重号的是回指形式。

（12）周华，你得管管你们方波，太自私了他！（A-45）

（13）怪不得瞅着您眼熟。幸会幸会！那戏我可是哭了，整整教育了一代人哪您！（A-22）

（14）安启森放下电话，安夫人用一种漫不经心的口吻问："启森啊，那女孩子，是谁？"

"妈，那花经得住您这么个浇法么？都要发大水成灾区了！"安夫人放下水壶："是谁啊，那女孩子？"（A-397）

（15）"说他那稿子呢？那稿子我看过，不是挺好吗？"

"那您处理吧这稿子，没准是我看太多遍陷进去了。"（4-516）

（16）"回家管管你儿子去，你不回家他不睡，这么晚了。"

"孩子睡觉分工你管。……分析分析原因，为什么没我不行没你可以——孩子？"（A-22）

有时先行的回指对象不是个简单的词汇形式：

（17）其实我本意不是想当一流氓头儿……我想当将军。统帅大军，冲锋陷阵，驰骋疆场，直到把敌人全歼。保卫祖国，打击侵略者，维护世界和平，凯旋！会师！总攻——哎哟，想死我了这事！（4-174）

这些例子里的后置成分都是述位里动作行为的直接参与者，有的是施事，有的是受事，都是述位的陈述对象。作为一句话的信息起点，按说是应该首要提出的，但由于都在上文不远处出现过，因此退居比句首话题次要的句末位置。但如果省去不说也有歧解的可能。如例（12）如果删去"他"就可能理解为"周华太自私了"；例（13）删去"您"就可能理解为"那戏教育了一代人"；例（16）如果不说出"孩子"句子简直不知所云；例（17）如果不说"这事"，按一般理解，"想死我了"常是指人的，而不倾向于指事。

5.2.3 表示非直接参与者的后置成分

这一类通常表现为一个介词结构。说话人用介词把一个参与者引进，这个参与者不是句子里动作行为的最直接参与者，也就是说，不是能从动词本身的语义里推导出来的，但却是说这句话的时候语境里必须存在的。从这个意义上说，这种成分也是语境里这句话的出发点，因为不从这个成分说起，句子的意义也难以确定。请看例子：

第五章　对话语体的主位形式：易位现象分析

（18）"好小说和坏小说用什么标准来区分？"

"以我画线。"丁小鲁说，"我喜欢的就是千古佳作，我不喜欢的那就是狗屁不通。"

"就这么直接说——对作者？"（4-147）

（19）后来呢？后来方波走了她就睡了。后来呢？没有后来了。没吵架，和方波？没吵。也许因为没吵她心里才觉堵得慌。（A-120）

（20）但我发觉她有轻微的抗拒，如果不属于厌恶的话——对我的一些习惯动作。（2-479）

（21）我是科班毕业，杨冠华是野路子出身，论导的戏我比他还多一部，他一级我二级凭什么？（A-221）

这些例子里的介词宾语并不都是上文出现过的，但都是听说双方背景知识里存在的旧信息：有小说就有作者，有一个惯常的行为就有习惯动作，有一件不公平的事就有不公平的评判标准。这几个成分在上下文语境里是首次提出，不能不说，但其信息地位并不重要，因而后置。

5.2.4　表示原因、目的、方式、条件的后置成分

这一类大多是动词性成分，语义上是从属于述位成分的，语用上表现的是一个较旧的信息。例如：

（22）"嗨，有莉莉盯着，有我没我无所谓。"

"太有所谓了有你没你。你的戏多好啊，要是你能排，宋导准保省劲多了。"（A-125）

（23）"童童，赶明儿给我张票我也开开眼。"

"就那么回事，看不看的。不喜欢坐那也是受罪。"（A-20）

（24）"周华怎么样了？"

"挺好的看着。可能没什么事吧。"（A-50）

（25）许童童这么说着脸却红了，由于兴奋。（A-25）

（26）肚子一点不觉饿，不饿也得吃，为了工作。（A-469）

（27）怎么样，心情好点了吧？听到别人倒霉？（A-93）

（28）干吗呢站在街上？打算去哪儿？（4-15）

（29）我们有办法叫他开口——只要到了我们那儿。（4-110）

（30）我们全跟你学坏了——本来挺好。（4-103）

（31）不容易呵，又能聚在一起。（1-355）

这些后置成分在常规语序里可能被分析成主语、状语或连谓结构的前一成分，都不是新信息的表现形式。另外，像(24)(25)(27)(28)(29)(30)这几个例子还明显表现出与信息结构有关的时间顺序原则——主位所表示的行为发生在述位行为之前。

动词性结构没有指称性质，但其旧信息性质仍然能从语境中表现出来，像例（22）上文就有同形表现形式，其他例子上

第五章　对话语体的主位形式：易位现象分析

文或有同义形式，或可以从上文意会出来。这里再举一个属于背景知识的例子：

（32）"你在那儿［昆仑饭店］是公关部的？"
　　　"不，我是西餐厅的。"
　　　"工作忙吧？"
　　　"还行。客人不是太多。"
　　　"够累的，一天老得站着。"（A–132）

前面的谈话表明说话者之一是餐厅服务员，这个行业的工作就是"一天老得站着"，这是背景知识，不言自明，所以说话的另一方为了对话的连贯直接就说"够累的"，而把主位成分放在了后边。

5.2.5　虚化的主位后置成分

口语里系动词和一些心理动词（包括"说"）前面加上指示词或人称代词等，自身语义有所减弱，形成一个轻读的凝固形式。这种成分后置的例子如：

（33）干吗呢这是？这么热闹。（A–5）
（34）"什么呀，这是？"
　　　"面膜，白给的，一个洋白菜的，一个柿子椒的。"
　　　（A–61）

第一部分　主位结构研究

（35）"到哪儿了这是？"

"到哪儿了我也不知道。"（4-300）

（36）何必呢你说，到底有多少是不可调和的敌我矛盾呢……（1-328）

（37）我一定跟她说。会谈通的我想。（A-138）

（38）"陶莉莉，刚才我说的明白了吗？"

"我就是这么表现的，我认为。"（A-150）

（39）"其实是因为我小时候眼睛特别小，总是眯眯的。"

"还可以呀我看，再大就该招灰了。"（2-49）

（40）"再说也不一定非上大学，可以干别的。"

"干什么呢？"

"当作家，比方说。"（A-89）

这里有些例子，如（34）（35）（37）（38），严格按句法切分的话，"这""我"是第一层的直接成分，"是""想""认为"应该和述位结合在一起作为另一个直接成分，但说话人的心理切分与句法结构层次是不一致的。这个现象可以说明，易位现象其实质不是句法成分互换位置，而是信息成分根据交际需要的有序排列。这是我们在易位问题上与前人看法的不同。[③]

着眼于此，我们可以说"易位"未必是最合适的名称，不如叫"移位"好些。因为这种现象的实质就是把最次要的信息

第五章 对话语体的主位形式：易位现象分析

往后甩，其方式有时是 AB → BA，有时也可能是 ABC → ACB，ABCD → ACDB，ABC → CBA... 不以位置互换为法则，只以弱化次要信息为原则。

5.3 后置成分的功能类型

5.3.1 追补性后置成分

这一类语义上表示的是程度、范围等，可以从形式上分为如下几类：

5.3.1.1 副词性的后置成分

副词对它所修饰的述位成分语义上做出程度、方式、范围、时态等方面的限制，在动词前时，首先为一个陈述定了调子；在句末时，是语义的补充。例如：

（41）我常年在外，这次回来休假。这房子也是我们单位刚分的我，过去没家都。（3-115）

（42）就是别那么吹，太吹了也。国强，按你们的说法，他得算侃爷了吧？（3-141）

（43）老范，我认为你就应该评二级——至少！（A-239）

（44）检察官很宽容了已经。

（45）这是怎么回事？周华想。又想：不关自己的事反正。继续洗碗。（A-464）

（46）往往多数婚姻都没爱情呢——还！（4-499）

（47）我这么小心注意着成天价，就因为实在不是个圣人。（3-393）

这里边有几个副词复位以后并不是在句首，意义上也不是信息的起点，所以后置仅仅是为了突出它前边的信息。

5.3.1.2 关于"定语易位"

陆俭明先生（1980）认为："定语和中心语之间不发生易位现象。'我买了顶帽子，呢子的。'这是个复句，不是定语和中心语易位的句子。"从功能角度看，这个后置的成分如果是重读的，则应该依陆文的看法；但如果是轻读的，则应该看作是后置的补充成分，例如：

（48）这儿有你一封读者来信，昨儿收到的。（4-122）
（49）这就是辩证法吧？比较朴素的。（4-8）

虽然后置成分代表了新信息，但说话人是把它当作次要内容后置的，仍应看作易位句的同类现象。

5.3.1.3 熟语性后置成分

（50）别来劲呵，给你脸了是不是？（1-326）
（51）若有所动鼻子一酸心头一热也没准儿。（3-214）
（52）没准儿将来艾滋病被你治了也说不定。（4-209）

第五章　对话语体的主位形式：易位现象分析

（53）兄弟搞了一生现代派还没入门——不瞒您说。（4-128）
（54）离你就下决心离，要么就不离，离了也别再娶，天下乌鸦一般黑我还告诉你！（1-395）

　　这些成分既可以看作临时性的后置，也可以看成固定的句末用法。因为一方面说它们都可以置于句首作为起点，且前置后置都轻读，另一方面它们后置用法出现频率很高，且后置时也有较重的读法。我们倾向于把这类现象看作追补性后置成分的一种。

　　5.3.1.4　不能复位的后置主位

（55）周华，说说吧，我昨天的演出。（A-467）
（56）祝贺你啊，得奖。庆祝哪？（A-22）

　　这两个例子很能说明问题。第一，后置成分轻读；第二，后置成分位于全句语气词之后，说明是补充成分；第三，后置成分的信息地位是全句的起点。这三者可以证明它们是后置的主位，这个功能角度的解释是顺理成章的。如果要求易位句一定能复位，且复位后是个句法结构，这两句就很难解释，因为很明显"我昨天的演出说说""得奖祝贺你"是不成结构的，这从一个侧面说明了从句法角度看易位的局限性。

5.3.2 修正性后置成分

（57）你们说什么了，他对你？（4-241）
（58）看见林蓓了么？她也来了和那个宝康。（4-63）

句子里原有主位"你们""她"，话说一半儿又改了主意，把主位换成"他对你""她和宝康"。这也表明作为主位可以互换的成分（如"他对你"和"你们"）可以是不同句法性质的东西。

关于追补和修正性易位现象，详细论述可参看 Tai & Hu (1991)。

5.3.3 复合形式的后置成分

有时候可以有不止一项成分后移，这就有两个问题值得讨论，都是涉及复合形式的变化的。

5.3.3.1 不止一个成分复合在一起，就有个先后次序问题。这又分为两种情况。

第一种情况是，后移的两个成分先后位置不能互换，例如：

（59）我们才见了两面，还不太了解呢互相都。（电视剧 A）
　　　→*还不太了解呢都互相。
（60）九万吧那就。（4-96）

第五章　对话语体的主位形式：易位现象分析

→*九万吧就那。

（61）大笑，两人一块。（A-39）

　　→*大笑，一块两人。

（62）搁哪儿了我给？（4-511）

　　→*搁哪儿了给我？

第二种情况是，两个成分可以互换位置，例如：

（63）什么呀，都是，他们那两个条件？（A-61）

　　→什么呀，他们那两个条件都是？

（64）我还用跟它来这个？我要能演，搁过去。（A-156）

　　→我还用跟它来这个？搁过去，我要能演。

（65）夸我呢是吧，你们刚才？（A-96）

　　→夸我呢是吧，刚才你们？

（59）~（62）不能变化的原因在于句法上的制约，（65）两个成分在句法位置上的先后是两可的。（63）（64）的原句不如变换句自然，"都是"和"我要能演"后头必须有明显停顿，否则不能说。这两个例子说明 ABC → CBA 不如 ABC → CAB 更容易接受。

5.3.3.2　两个以上后置成分复位时，不仅可以有完全复位法，也可以有局部复位法。例如：

（66）造福人类吧你就！（4-209）

　　——你就造福人类吧！

　　——你造福人类吧就！

　　——就造福人类吧你！

（67）怎么啦？你们这是？（A-295）

　　——你们这是怎么啦？

　　——你们怎么啦这是？

　　——这是怎么啦你们？

（68）不去了真的大晚上的。（A-117）

　　——真的大晚上的不去了。

　　——真的不去了大晚上的。

　　——大晚上的不去了真的。

　　——大晚上的真的不去了。

（69）非常有意思呵，你这些小哥儿们说话。（4-40）

　　——你这些小哥儿们说话非常有意思呵。

　　——你这些小哥儿们非常有意思呵说话。

　　——说话非常有意思呵你这些小哥儿们。

这几组例子进一步说明了说话人甩到后头的就是他认为不重要的，留在前边的就是所要强调的。陈述的内容多，起点就比较单纯；陈述简明，起点就比较复杂。但最复杂的多项后置形式大概也就这样了，因为从意念上说，说话人选作起点的成分得像个"点"才行，内部不能太复杂；再从语体上说，对话要求语句简短，整句尚且不能太复杂，句中的主位也就不可能过于复杂了。

5.4 易位现象与问答方式

5.4.1 我们可以把易位句看作是介于非省略句和省略句之间的一种现象，也就是说，在简单的问答里，至少有三种不同信息结构方式的句子：

a. 主位在前，述位在后；
b. 述位在前，主位在后；
c. 省略主位，只有述位。

我们以一个最简单的句子为例，看看这三种句式作为问句和答句的情况：

（70）问：你干嘛去了？　　（71）问：a. 你干嘛去了？
　　　答：a. 我买菜去了。　　　　　　b. 干嘛去了你？
　　　　　b. 买菜去了我。　　　　　　c. 干嘛去了？
　　　　　c. 买菜去了。　　　　答：（我）买菜去了。

从理论上说，a、b、c 三者分别作为问句和答句两两组合，可以有如下九种问答方式：

1. 问 a 答 a　　　2. 问 a 答 b　　　3. 问 a 答 c

4. 问 b 答 a　　5. 问 b 答 b　　6. 问 b 答 c
7. 问 c 答 a　　8. 问 c 答 b　　9. 问 c 答 c

这九种问答方式在实际话语中出现频率很不均衡，说明三种句式性质不同，它们之间不是可以任意组合的。我们感兴趣的是其间的制约因素。

答句受问句的制约。有形式上的制约，也有功能上的制约。形式上看，a、b、c 代表了三种不同的句式；功能上看，三者反映了不同的信息处理方式。

如果把 a、b、c 看成形式上不同的三种句式，那么按廖秋忠（1991c）的说法，答句句式受问句句式的影响，采取跟问句相同的句式，则上述九种情况里，第 1、5、9 种是可以理解的，可以看成是篇章因素的制约。

如果把 a、b、c 看成是三种不同的功能表现，可以说 b 和 c 都是对 a 句里的主位成分做了不同程度的处理：b 是主位弱化方式，c 是主位删除方式。也就是说，按主位在句中地位的重要性来排列的话，顺序是 a＞b＞c。S.Kuno（1980）在他的功能句法理论里提出了一个问答中答句信息删略的原则，即，答句对问句中的信息成分可以完全保留，也可以做适当删略，越旧的信息越倾向于被删略，新的信息不能被删略。沈家煊（1989）从另一个角度看问答方式，他认为对话中上句的陈述部分对下句来说可以看作就是话题，因此下句常常可以不再有话题出现，而直接针对上句做陈述。综合上述两种观点看，答句的要素是

第五章　对话语体的主位形式：易位现象分析

新信息,答句的信息成分既可以跟问句相等,也可以少于问句(但新信息不能从缺),而不必多于问句。那么,上述九种问答配置里,第4、7、8种是不太合理的。当然这个推断有待于大量调查工作来证实。

本章不可能对全部九种（何况实际语言中还不止九种）问答方式做全面考察,下面只分析跟易位句有关的五种。

5.4.2　从易位句 b 着眼,可以把这五种问答方式分为两种：b 作为问句的和 b 作为答句的。我们做了一个简单的统计,发现 b 作为问句的用例远远多于作为答句的。这还仅仅是对严格符合五种问答配置的例子的统计,但更多的是配不起对儿的情况,如果把有问无答、有答无问和答非所问的例子全结合起来看的话,b 作为问句的倾向就更加明显。

统计材料反映出的这个倾向并不完全符合上文做出的假设。上文假设"问 b 答 b"式应该是合理的,但在实际语料里却没有发现一例；上文假设"问 b 答 a"和"问 c 答 b"应该是很受限制的,实际却有些用例。下面先按语料里出现的四种情况分别举例,再逐一分析。

5.4.2.1　以 b 作为答句的

问 a 答 b 的,例如：

（72）"你说我请大家,他们会来吗？"
　　　"会来的我想,只要没别的要紧事。"（A-371）

问 c 答 b 的，例如：

（73）"害怕了吧？"
"怕什么我，君子坦荡荡！"（A-310）

b 作为答句像（73）这样的典型例子并不很多，多数是像（72）这样以"我想""我看""我认为""比方说""看着"（见例 24、38、39、40）作为后置成分的。这时后置成分意义很虚，已经虚到有它没它无所谓的程度了。这也符合问答心理，不管是问话人还是听话人，所关心的都只是答句里有没有问句所关心的那个新信息，即述位成分，主位出现不出现并不重要，因此可以说，b 作为答句功能上接近于（几乎相当于）一个 c 句，这就符合答句信息成分不多于问句的原则了。

5.4.2.2 以 b 作为问句的

问 b 答 a 的，例如：

（74）"什么呀，都是，他们那两个条件？"
"一个是希望周华为他们厂的产品做个电视广告……另一个条件是，《伴我远行》的男主角必须是我演。"
（A-61）

（75）"瞧我别扭——这姑娘。"
"她还没习惯你。"（4-19）

第五章　对话语体的主位形式：易位现象分析

（76）"你可能一辈子也用不上——有的药。""我可以控制。"她说，"有用的留下，没用的排出，我可以有意识地监督体内各系统的工作。"（4-272）

例（74）和（76）都是答句中主位不止一项，已经带有一点对比话题（contrastive topic）的味道，放在句首是常例。只有例（75）是典型的问 b 答 a，但同类例子也不多。这种现象的存在也不难理解，只要问句中的后置主位成分对听话人形成了刺激，答句中就可能做出反映，因此不能满足于用 c 来回答，只有"问 b 答 a"和"问 b 答 b"两种方式可供选择，而后者本身是不存在的，于是就只有问 b 答 a 了。

问 b 答 c 的，这是实例最多的一种方式，例如：

（77）"谁呀她是？"
　　　"苏蓓的母亲。"（A-229）
（78）"又哪玩去了你？"
　　　"台湾饭店。"（A-168）
（79）"你什么时候走，拍电视剧？"
　　　"下周四。"（A-26）
（80）"挺好的最近？"
　　　"嗯，挺好的。"（3-18）
（81）"到哪儿去了？一上午。"

"买菜去了。"（1-238）

这种问 b 答 c 的方式占了所有四种方式总量的三分之二强，因为这是最符合人们心理习惯的一种方式，也是最清楚地突出新信息、突出焦点的合理方式。问题是，答句中主位没有出现，是不是表明答话人认为它可以忽略了呢？我们认为未必如此，也就是说答话人并非对问话中后置的主位没有反应，而正是因为它最靠近答话的句首而直接承袭了它展开评述。[④]指出这一点是想说明，b 作为答句时后置主位有没有无所谓，而作为问句时其前置述位和后置主位都会对听话人形成激发作用，听话人必须做出反应，这种反应有三种形式：

1）主位在前述位在后的 a 句，如例（75）；

2）承袭问句句末主位而省略的 c 句，如例（77-81）；

3）对问句述位和主位分别做答的复句，我们下面将要讨论。

5.4.2.3 看下面几个例子：

（82）"什么呀都是？跟个炸药包似的我担了好几天心了。"

"衣服。都是我前儿个逛街买的，还有给你买的呢。"（3-64）

（83）"到哪儿了这是？"

"到哪儿了我也不知道。我就知道这是十块钱能到的地方。"（4-300）

第五章 对话语体的主位形式：易位现象分析

（84）"就这么直接说——对作者？"

"好话可以直接说，说过头也没关系。坏话只能暗地里说，当面对作者充其量只能作为其惋惜遗憾状。"

（4–147）

（85）"都有干嘛的——你那些同学？"

"干什么的都有，当官的，做生意的，有俩发了财的，还有一个当到了副部级——也有一般工人。"（3–107）

这种问答方式的存在或许可以说明为什么没有"问 b 答 b"的方式存在。问 b 答 b 的答句语序是，先答述位成分，再重复一下问句里的主位，但这时主位就毫无意义了；除非是以上这种情况，可以容许主位再度出现，即，先对述位做出回答，然后进一步就主位展开陈述，形成一个复句。这种现象进一步说明作为问句的易位句其后置成分不是无关紧要的。

这一节我们通过对问答方式的分析看出，易位句处在不同的问答地位时，其中后置主位成分的作用也呈现出不同的强弱程度。本节开头我们指出 b 作为答句不如作为问句常见，这就是因为答句中后置成分没有太大作用，于是人们宁愿多用简洁的 c 作问而不常用 b 句；作为问句时说话人对主位和述位都是有所期待的，虽然主位次要，答话人可以不说，但问话人有必要说出来。

5.5 易位与省略

如果把易位句放到一个动态的过程中看，可以认为它是常态句和省略句之间的过渡现象。比起常态句来，它更容易突出新的信息，把重要信息集中地首先传达给对方，次要信息得到了弱化处理；比起省略句来，它是一个追加的点明主位的手段，能使整句话的语义较为明确，不至于产生歧解。这是一种表达的策略，虽然整句话的时长并不比常态句节省，但听话人接受新信息的时间却提前了，多数情况下听话人不等说话人全句说完就开始对新信息的解码过程了。

前文从许多方面说明了易位句的存在价值，下面再放到较大的篇章范围内做一点分析。

小说《修改后发表》开头是这样的：

> "昨天晚上我看见你了，在西单'百花市场'，和一个男的。"李东宝对戈玲说。
> "昨天晚上我就没出门。"戈玲回答。(4–482)

这段对话持续了30个话轮（turn）、17个话对（pair），其间还有另一个与此毫不相干的话题交错出现，话题"那个男的"被反复提起时，除一次用"那爷们儿"外其余都是零形回指（zero-anaphora）。这段话之后有两个大的段落，写的是另外的人、另外的场景和另外的事，约一千字。两段之后第四个大段回到了第

第五章　对话语体的主位形式：易位现象分析

一个段落的场景和人物，但话题是承袭第三段的，持续了11个话轮、7个话对后又讲到李东宝：

> 他坐下后继续和戈玲胡扯："他是干嘛的——你那位？"（4–487）

这个"你那位"距离先行词实在太远了，因此尽管句中有一个形式上的主位"他"，但仍然不能让听者明白陈述对象是谁。这句话如果出现在第一段的第三句话，就完全可以不用这个"你那位"。这个例子说明了易位句的篇章价值。

易位句是一个功能类型，是语用现象，因此在不同的使用场合体现出不同方面的存在价值。放在从常态句到省略句的动程中看，易位句处于过渡带。进一步说，易位句本身也应该当作一个动态的过程来看，有些后置成分信息量极弱，完全可以省略，有些则如鸡肋，去留两可，有些则是重要的补充内容，不能省去不说。大致说来，本章称作虚化主位成分的"这是""我说"等后置成分倾向于可省。人称代词也容易省略，一般名词性成分去留两可，动词性成分不太容易删去，介词结构更不易删去，副词则几乎不能删。

各类后置成分的可删略度可以大致归纳如下（从左至右可删略度递减）：

虚化的主位成分＞代词＞一般名词性成分＞动词性成分＞介词结构＞副词

附 注

① 本章例句凡引自王朔作品的,括注里第一个数字符号"1、2、3、4"分别表示《王朔文集》的卷数,"A"表示小说《爱你没商量》,第二个数字表示书中页数。

王朔作品中易位句的书面形式有三种:一是后置成分前加逗号(有时是问号),二是前加破折号,三是什么都不加,和上文连在一起。这纯属作者的写作习惯,三者功能没有明显差别。本文引用时不加改动。

② 主位并不完全等同于话题,已如上述。从信息结构角度看,主位一般表示最旧的信息,述位表示较新和最新的信息,但也不尽然。因为说话人选择什么样的成分做主位,有时可能仅仅考虑的是为了述位的展开,比如有些副词性成分放在句首,很难说其信息属性的新旧,仅仅是对其后面内容加以某些限定。因此"主位—述位/话题—陈述/旧信息—新信息"这三组概念大致上说是相对应的,但也不完全重合,我们倾向于认为主位的意义在于表示次要信息。

③ 如陆俭明(1980)以句法结构为纲,逐一考察汉语几种主要句法结构哪些可以调换位置,哪些不能。陆文开头也谈到了易位现象有它自身特有的表达作用,全文的方法是从句法着眼的。另外,陆文的材料都是内省式的,我们则采集有代表性的当代北京口语实际语料,做穷尽的考察和统计,分析其动态过程。

④ Tai & Hu 认为后置成分在对话中的一个作用是,说话人用这个轻声形式告知对方自己话轮的结束。我们认为后置成分的意义比他们理解的要更实在些,就是这里所指出的说话人把主位放在后面一方面

是让听话人首先对述位有所感知，另一方面也便于听话人紧接着这个后置的主位成分展开评述。

例句来源

王朔文集（1-4卷），华艺出版社，1992。

爱你没商量，王海鸰、王朔著，华艺出版社，1992。

第二部分

焦点结构研究

第六章 对比焦点的表现手段

6.1 对比焦点与常规焦点

6.1.1 定义

一个句子的焦点是句子语义的重心所在。由于句子的信息编排往往是遵循从旧到新的原则,越靠近句末信息内容就越新。句末成分通常被称作句末焦点,我们把这种焦点成分称为常规焦点。反之,如果一个成分不用作引入新信息,而是在上文或语境里已经直接或间接地引入了的,是说话人出于对比目的才着意强调的,这个成分就是对比焦点。[①]对比项可能是上文提及的或语境中实际存在的,也可能是听话人和说话人双方心目中认可的。例如下面的对话中,下加横线的部分就是对比焦点成分:

(1)"谁请客,你吗?"
"我哪儿请得起,宝康请。"
"他请?他为什么请?"

"你不知道我们就更不知道了,我们是沾你的光。"
"沾我的光?我跟他也没什么关系。"

常规焦点跟对比焦点的根本差别在于二者的预设不同。所谓预设,通俗地说,就是听话人和说话人双方共知并认可的前提。如果句子的预设是"有X",整个句子是要说明这个X,这时候,焦点成分是呈现性的,属于常规焦点;如果说话人预设听话人认为某事是B,而实际应该是A,说话人说出这个句子的目的在于指别"是A而非B"。这时候句子的焦点成分就是对比性的,属于对比焦点。

汉语特指问句里的疑问词一般有两种位置,一是在动词前,一是在动词后。我们认为,这两种问句的实质区别就在于预设的性质乃至焦点性质不同。例如:

(2) 王朔是谁?
(3) 谁是王朔?

当有人谈论"王朔"的时候,如果听话人对"王朔"一无所知,而要求说明"王朔"这个人,他就会采用(2),其中的疑问焦点"谁"是常规焦点。假如说话人知道"王朔"是个作家,也知道"王朔"在场,但是辨认不出来,这时候他就会采用(3),问"谁是王朔?"而不说"王朔是谁?"因为"谁是王朔?"等于"哪个人是王朔?"它要求**指别性**句子与之相配。而"王朔是谁?"等于"王朔是什么人？"它要求**说明性**句子与之相配。只有指别性句子中的疑问焦点是对比焦点。

6.1.2 与常规焦点、对比焦点相对应的两套特指问句

从以上分析可以看到，跟"谁"问句相配的既可以是一个说明句，也可以是一个指别句：

王朔是谁？= 王朔是什么人？
谁是王朔？= 哪个人是王朔？

而与"哪（个）+N"相配的无疑是指别句。换句话说，针对"哪（个）+N"的疑问域所做的回答肯定是对比焦点；而针对"谁"的疑问域所做的回答是不是对比焦点则依疑问词的位置而定。疑问词"谁"在动词前，问的是对比焦点；疑问词"谁"在动词后，问的就不是对比焦点。

上文的对比分析显现的另一个现象是，与疑问形式"哪（个）+N"相对的是"什么+N"，由"什么+N"构成的疑问句要求一个说明句与之相配，就"什么+N"所做的回答是句子的常规焦点。

在此，有一个事实不能不引起注意，那就是用"什么人"和"哪个人"的时候，"什么人"不能放在"是"之前，"哪个人"不能放在"是"之后：

*什么人是王朔？　　*王朔是哪个人？

对照例（2）和例（3）里"谁"的位置，是不是可以推测，疑问词的位置是决定焦点性质的一个因素呢？我们在20万字的对话语料（《侯宝林相声选》）中对"什么"的使用情况做了统计，统计结果显示的倾向性支持这个推测。

我们分两步进行统计。（一）把"什么""什么+N"问句分为两种统计：A. 与说明性答句相匹配，B. 与指别性答句相匹配。统计的结果是只存在A类，不存在B类。（二）就问句里"什么""什么+N"的位置进行考察，其中86％位于动词后，10％位于动词前主语位置（其中有一半是反问句），4％位于动词前状语位置。

"什么""什么+N"在动词后的例子，如：

（4）甲　得请位"全合人儿"给铺床。挺好的被褥……可里边儿弄了好些个障碍物！
　　　乙　那里搁什么呀？
　　　甲　有圆圆、核桃、枣儿、栗子、花生。
（5）甲　我们打百分儿有新发明。
　　　乙　有什么发明？
　　　甲　有水果百分儿；有眼镜百分儿；还有……

"什么""什么+N"在动词前主语位置的例子，其中的谓语用"是"或"叫"，如：

第六章　对比焦点的表现手段

（6）甲　吃子孙饽饽、长寿面。

　　　乙　什么叫子孙饽饽、长寿面?

　　　甲　由打女方提来一个盒子——里边有两个新碗，两副新筷子；一个碗里是饺子，一个碗里是面。

（7）乙　你的孩子，不找你找谁呀?

　　　甲　孩子念书，大人还得搭上?

　　　乙　什么叫搭上? 老师是为了家长和学校配合着把孩子教育好了。

（6）和（7）是性质不同的问句，两者的区别在于：例（6）"什么"问句是个要求回答的疑问句，它的答句是一个说明性陈述；而例（7）的"什么"句是个反问句，引出反驳意见，并不要求对方回答。

"什么""什么+N"在动词前状语位置的例子：

（8）您是从什么时候开始学相声的?

通过以上的分析和统计似乎可以说，与常规焦点和对比焦点相对应的是两套不同的疑问词，与"什么""什么+N"相匹配的回答是句子的常规焦点；与"哪（个）+N"相匹配的回答是句子的对比焦点。疑问词在句子中的位置在一定程度上决定了相应回答的焦点性质，问句的疑问词在句首时，相应的回答倾向于为对比焦点；问句的疑问词在句末时，相应的回答倾向于为常规焦点。

我们这里所讨论的跟常规焦点和对比焦点相对应的两套疑问句,是为了说明二者不同的预设,并不意味着所有含有对比焦点的句子都能简单地用"哪(个)+N"提问,因为汉语里对比焦点在形式上还有一些独特的表现手段,下面详细讨论。

6.2 对比焦点的表现手段

对比焦点成分在口语里总是伴随着强制性对比重音,对比重音把对比项从句子语流中凸显出来。除了语音手段以外,汉语里表现对比焦点还有两种句法手段:1)用非线性成分做焦点标记,直接加在对比成分前,或用"是……的"格式标定对比成分。2)通过词序变化造成句子语义成分的超常配位,使被强调的成分处于"非常规"位置上。

6.2.1 标记词的确认

由于口语里对比焦点总是伴有强制性对比重音,因此标记词在口语里实际是羡余成分。但是对于落在纸上的句子而言,标记词的作用是不可低估的。标记词的确认应遵循以下原则:

1)作为标记成分,它自身不负载实在的意义,因此,不可能带对比重音。

2)标记词的作用在于标示其后成分的焦点身份,所以焦点标记后的成分总是在语音上凸显的成分。

3）标记词不是句子线性结构中的基本要素，因此它被省略掉以后句子依然可以成立。

有些讨论焦点问题的文章里常把"才/只/就/都"等具有限制意义的副词当作焦点识别手段，依据上述标准来看，它们自身都可以带对比重音，而其后的成分是否带对比重音不具有强制性。因此我们不认为它们是标记词。焦点标记词只有两个，一个是"是"，一个是"连"。

以往的文献中谈到具有强调作用的"是"的时候，列举的是两种语音形式不同的"是"，一种是不重读的，一种是重读的。例如：

（9）a. 都开学了，他怎么还在家住着？
　　　b. 他是没考上。
　　　c. 可是我记得他考上了。
　　　d. 他'是没考上。

过去的研究中，对（9b）（9d）中的"是"的区分一般只说后者有"的确，实在"的意思，或指出重读"是"的使用条件，即在背景中原命题的正确性已处于判断之中时，把重读"是"放在变项之前。轻读"是"后的变项可以有多种选择，重读"是"后面变项的选择只有"是"与"非"两种。但是，在标示焦点的问题上对这两个"是"一般不加区分。

依照上文有关焦点标记词的确认原则，我们认为只有不重

读的"是"是焦点标记,而重读的"是"是表示确认意义的副词。因为:

1)标记词的作用在于标示其后成分的焦点身份,所以它后面的成分总是在语音上凸显的成分。而重读"是"后的成分却比"是"读得轻,所以这个重读的"是"不是焦点标记。

2)重读的"是"有比较实在的意义,意思是"的确,实在",在句子中不能省略(《现代汉语八百词》)。

6.2.2 用标记词标示对比焦点
6.2.2.1 用"是"标示对比焦点

用"是"标示的成分有施事、时间、处所、工具,但一般不能是动词后的受事成分。如:

(10)是我们明天在录音棚用新设备给那片子录主题歌。

(用于回答"哪些人")

我们是明天在录音棚用新设备给那片子录主题歌。

(用于回答"哪天")

我们明天是在录音棚用新设备给那片子录主题歌。

(用于回答"在哪个地方")

我们明天在录音棚是用新设备给那片子录主题歌。

(用于回答"用哪种工具")

我们明天在录音棚用新设备是给那片子录主题歌。

(用于回答"给哪个片子")

*我们明天在录音棚用新设备给片子录是主题歌。

用"是"标示的受事成分仅限于被动句。例如:

(11) 是小王叫蛇咬了。

"是"也可以用在动词的前头,例如:

(12) 我是爱你才这么说的。(不是出于其他原因)

"是"还可以用在一些具有指量意义或程度意义的修饰成分前面,例如:

(13) 我是刚刚进屋,还没来得及换衣服呢。
　　　他是足足睡了两天两夜。

6.2.2.2　用"是……的"标定对比焦点成分

用"是……的"把一个句子分成两段,以便把对比焦点放到"是"的后面,"是"一般仅限于标示动词前的名词性成分,功能相当于英语的分裂句(cleft sentence)"it is...that",但这种格式不用作标示动词后成分,所以不涉及成分的移位。例如:

(14)是小王昨天在镇上用奖金给女朋友买的戒指。

(用于回答"哪个人")

小王是昨天在镇上用奖金给女朋友买的戒指。

（用于回答"哪天"）

小王昨天是在镇上用奖金给女朋友买的戒指。

（用于回答"在哪个地方"）

小王昨天在镇上是用奖金给女朋友买的戒指。

（用于回答"从哪里开支"）

小王昨天在镇上用奖金是给女朋友买的戒指。

（用于回答"给哪个人"）

*小王昨天在镇上用奖金给女朋友是买的戒指。

赵元任（1968）在讨论"的"的时候（见5.3.6）认为这类"是……的"句里"的"的作用在于指出意思里的重点。我们认为这种看法不无道理，因为这类"是……的"句在口语里有一种不用"是"光用"的"的变异形式，但这类用例主要动词前的成分相对比较简单。例如：

（15）a. 小王买的戒指。

b. 小王昨天买的戒指。

c. 小王昨天在镇上买的戒指。

d.? 小王昨天在镇上用奖金买的戒指。

e.? 小王昨天在镇上用奖金给女朋友买的戒指。

（15）从a句到e句强调的成分越来越模糊，a句动词前只有一个名词项，强调的成分相对明确，用于强调"哪个人"；b句动词前有两个名词项，强调的成分有可能是"哪天"，也有可能是"哪个人"，依对比重音的位置而定；c句强调的成分可能是"哪天""哪个人"，也有可能是"哪个地方"，依对比重音的位置而定；d句和e句随着动词前成分的加长，其可接受性递减。从（14）和（15）的对比不难看出"是"的定位作用。而单就这类不带"是"的"的"字结构而言，它的语义负载过重。其一，它有可能是一个陈述，同于"是……的"句，也有可能是一个指称形式；其二，它强调的成分有可能是动词前的语义成分，也有可能是动作本身，也就是说，（15a）（15b）（15c）都有可能强调"买"（比如，强调是买来的而不是偷来的）。这种种原因使得这类"的"字句的功能过于庞杂，而"是"的聚焦作用在长句里就成为不可缺少的了。在下面用例里，"是"几乎就是不可缺省的。

（16）下了电车往院里走的那段胡同道儿是我搀扶的她。
　　? 下了电车往院里走的那段胡同道儿我搀扶的她。

可见，"的"的控制域是相当有限的。由于上述种种原因，我们更倾向于把"是……的"句里的"是"看作具有焦点定位作用的成分。

6.2.2.3　用"连"标示对比焦点

关于"连"字句不少学者做过极富启示意义的分析（如曹逢甫1987；Paris1981；周小兵1990；崔希亮1993），他们对"连"

的分析我们接受以下几点：1）"连"字句有对比意义，"连"后的成分是对比项里最极端的一个；2）"连"后那些不是正式的 NP 成分都表现出某种名词的性质；3）无论"连"后的成分是正式的 NP，还是非正式的 NP，"连"后的成分跟正式的话题都是相当的。

我们认为，"连……也/都"句里"连"后的成分是一个对比性话题，用于表现极性对比。由于"连"字句中"连"后的成分都有强制性对比重音，"连"自身不带对比重音，多数"连"字句中的"连"都可以省去，所以我们认为"连"是焦点标记词，用于标志极性对比话题。例如：

（17）a. 连这点小事他都想不出办法。

　　　　连墙角旮旯我都找了。

　　　　连饭他都没吃就上班去了。

　　　　连礼拜天我都不休息。

　　b. 连这点小事都想不出办法。

　　　　连墙角旮旯都找了。

　　　　连水果刀都能杀死人。

　　　　连西红柿都能包饺子。

　　　　连饭也没吃就上班去了。

　　c. 连半大的孩子都讨厌他。

　　　　连我爷爷都护着他。

　　d. 连写字都用左手。

连在家里住几天都不乐意。

例（17）四组"连"字句中，a组是由主题句NP$_1$+NP$_2$+VP加上"连"构成的，b、c两组动词前只有一个NP，b组例子动词前的NP是一个非施事成分，c组例子动词前的NP是施事成分。我们倾向于把b组看作a组缺省NP$_2$的结果，把c组看作a组缺省NP$_1$的结果。d组"连"后的成分表面上看是动词短语，实际上已经失去了很多动词的特性，比如不能前加情态动词或否定标记，不能后附时体标记，这一点有不少学者已经注意到了（如曹逢甫1987等）。因此，也可以看作是主题句模块NP$_1$+NP$_2$+VP的缺省形式。

"连"字句不同于用标示对比焦点的"是"字句，也有别于下文里讨论的"超常配位"形式。前者一般不标志话题成分，作为对比项，所标志的成分也不是最极端的一个。后者只用于显示对比话题，但也同样不具备"极端"意义。

6.3 与对比焦点有关的词序问题

除了标记词以外，词序变化是表现对比焦点的另一重要手段。汉语里词序变化表现为句子语义成分配位顺序的变化，这种配位顺序的变化使被强调的成分处于"非常规"位置上，构成一种有标记句。而一般讨论词序问题时涉及较多的"把"字句和"准分裂句"，据我们观察，并不直接导致形成对比焦点。

6.3.1 语义成分的常规配位与非常规配位

关于汉语中主题、主语和宾语与各种语义成分[②]的配位规律，陈平（1994）提出了两条语义原则，在主语和宾语同各种语义成分的配位中起决定作用的是施事性或受事性的强弱；[③]在主题同各种语义成分的配位中起决定作用的是它与动词关系的疏密。具体表现为：1）充任主语的语义角色优先序列为：施事＞感事＞工具＞系事＞地点＞对象＞受事，相反是宾语的；2）充任主题的语义角色优先序列为：系事＞地点＞工具＞对象＞感事＞受事＞施事。句子成分和语义成分在配位上符合序列规定的句子一定是合法句，而且从功能角度上看也是最为自然、中性的句子。不符合序列的句子要么不能说，要么具有特殊的附加功能。具有启发意义的是，陈文在分析主题句里"施事+受事+VP"与"受事+施事+VP"两种格式的不对称现象时，对范继淹（1984）和吕叔湘（1946）的观察从功能语法的角度给予了概括，指出"施事+受事+VP"是一种特殊句式，其功能在于标明受事成分一定是该句的焦点信息。顺着这个思路，我们把符合配位原则的句子看作常规句，然后对不符合配位原则的各类主题句进行考察。结果表明，一些"非常规配位"作为中性的句子是不能说的，但是带上对比焦点以后却是合格的句子。

(18) a. 这事老高有办法　　　[系事+施事+VP]
　　 b.*老高这事有办法　　　[施事+系事+VP]
　　 c. 老高ˈ这事有办法（别的事就未必了）

第六章 对比焦点的表现手段

从配位原则出发，(18b)不能说的原因是很好理解的。因为系事成分"这事"的最佳位置是在句首主题的位置上而不是在主语位置上，而作为主语的最佳选择是施事。所以（18a）"这事老高有办法"能说，而（18b）"老高这事有办法"不能说。这是就一般的从功能角度看中性的句子而言，当给系事成分加上对比重音（如18c）以后，"老高这事有办法"就是一个可以接受的句子了。

根据陈平的研究，一个名词性语义成分的施事性越强充任主语的可能性越强；而一个名词性成分是否可以充任话题主要取决于它与动词语义关系的疏密，与动词的关系越是疏离，充任主题的倾向性越强。尽管两条语义优先原则的出发点不同，但是我们把它们对照起来看仍不妨得出这样的规律：作为常规配位，在主题句"NP_1+NP_2+VP"里，NP_2的施事性一般应该强于NP_1，或者说NP_1的受事性强于NP_2。依照这个规律配位组合的主题句是常规句，超越这个配位原则就意味着句子隐含了对比项。例如（做"'"表示对比重音）：

(19) a. 饭馆里咱们不好说话　　　　　［地点＋施事＋VP］
　　 b.*咱们饭馆里不好说话　　　　　［施事＋地点＋VP］
　　 c. 咱们'饭馆里不好说话（得换个清静地方）
(20) a. 零钱我买菜了　　　　　　　　［工具＋施事＋VP］
　　 b.*我零钱买菜了　　　　　　　　［施事＋工具＋VP］
　　 c. 我'零钱买菜了（大票一点没动）

（21）a. 短款衣服我妈不喜欢　　　　　［对象+感事+VP］
　　　b.*我妈短款衣服不喜欢　　　　　［感事+对象+VP］
　　　c. 我妈'短款衣服不喜欢（长款的还能接受）
（22）a. 新米我熬粥了　　　　　　　　［对象+施事+VP］
　　　b.*我新米熬粥了　　　　　　　　［施事+对象+VP］
　　　c. 我'新米熬粥了（陈米留着焖饭）
（23）a. 房改方案上级已经批准了　　　　［受事+施事+VP］
　　　b.*上级房改方案已经批准了　　　　［施事+受事+VP］④
　　　c. 上级'房改方案已经批准了（其他的还需要等一等）

从功能的角度看，（19）至（23）中 a 组是中性的，是一般性的陈述，a 组用例要在 NP_1 上加上对比重音才会具有对比意义。例如"房改方案上级已经批准了，各部门应立即着手实施"是一个一般性陈述，在 NP_1 带上对比重音以后才有可能说出"'房改方案上级已经批准了，其他的几项措施还有待研究"。从语义属性上看，a 类"NP_1+NP_2+VP"序列里，NP_1 的受事性比 NP_2 要强。也就是说，就受事性的强弱而言，位于句首话题位置上的成分比其后的做主语的成分要强。而 b 组的情形刚好相反，不符合配位规律。在现实的用例中，如果出现 b 类配位，它必定表现为 c 类带有对比重音的形式。因此，从功能的角度看，这类非常规配位可以看作是对比话题的一种表现形式。

常规配位规则——主题句"NP_1+NP_2+VP"里 NP_1 的受事性比 NP_2 强，直接控制着人的语义理解。一个最好的证明是，当

NP$_1$与NP$_2$的受事性相同的时候,人们倾向于把NP$_1$理解为受事性强的一个,把NP$_2$理解为受事性弱而施事性强的一个。例如:

(24)你我接管了

这个例子里NP$_1$和NP$_2$同为指人名词性成分,但人们一般把NP$_1$"你"理解为受事,把NP$_2$"我"理解为施事,颠倒过来的可能性几乎没有。这种现象可以说是人们对一个常规模式的类推理解,是常规模式与非常规模式之间的过渡带,一旦超越这个过渡带就成为上述非常规配位了。

6.3.2 "连"字句

标记词"是"和"是……的"结构是非主题句中表现对比焦点的常用手段。主题句里用语义成分的超常规配位可以达到表现对比焦点的效果。主题句里的对比项一般是话题成分,由主题句里语义成分的超常规配位形成的对比焦点一般为对比话题。由主题句加"连……也/都"构成的"连"字句用于表现极性对比,"连"后的成分是对比成分。"连"字句用于主题句,并且不受配位原则的制约,也就是说,常规配位的主题句和非常规配位的主题句都可以变为表示极性对比的"连"字句。例如:

(25)a. 连这事老高都有办法　　　[系事+施事+VP]

b. 老高连这事都有办法　　　　　［施事+系事+VP］
（26）a. 连饭馆里咱们都不好说话　　［地点+施事+VP］
　　　b. 咱们连饭馆里都不好说话　　［施事+地点+VP］
（27）a. 连零钱我都买菜了　　　　　［工具+施事+VP］
　　　b. 我连零钱都买菜了　　　　　［施事+工具+VP］
（28）a. 连短款衣服我妈都不喜欢　　［对象+感事+VP］
　　　b. 我妈连短款衣服都不喜欢　　［感事+对象+VP］
（29）a. 连新米我都熬粥了　　　　　［对象+施事+VP］
　　　b. 我连新米都熬粥了　　　　　［施事+对象+VP］
（30）a. 连房改方案上级都已经批准了［受事+施事+VP］
　　　b. 上级连房改方案都已经批准了［施事+受事+VP］

a 类用例是由常规配位主题句加"连"构成的，b 类配位则是由非常规配位主题句加"连"构成的。

6.3.3 "把"字句和"SVP 的是 NP"式

"把"字句和"准分裂句"是讨论词序问题时涉及较多的格式，但无论是"把"字句还是"准分裂句"都不直接导致形成对比焦点。

首先来看"把"字句。"把"字句"把"的后一成分不一定总要带对比重音，"把"字句如果有对比重音的话，也不一定非在紧贴着"把"的成分上。例如：

（31）a. 我把我的自行车卖了

　　　b. ʼ我把我的自行车卖了

　　　c. 我把ʼ我的自行车卖了

　　　d. 我把我的ʼ自行车卖了

可见，"把"字并不能标志对比项。我们认为，"把"的作用在于将旧信息放到动词前，把句末位置让给带有新信息的词项。事实上，不带对比重音的"把"字句"（S）把OVC"一般是用来回答"（S）对O做了什么？"或者"（S）怎么了？"这样的问题的，也就是说，它是一个说明句，只有当句子里的某一成分带上对比重音以后，才具有指别功能。

"SVP的是NP"格式有学者称它为"准分裂句"，因为它与英语里的"准分裂句"（pseudo-cleft sentence）有很多相似性。例如：

（32）王老师前天送给我们的是安徒生童话。

这类句式有三个特点：1）句子本身不带有强制性对比重音；2）对比重音几乎可以加在每一个成分上，没有固定位置；3）"是"前后的成分可以互换位置。这三点区别于上文讨论过的"是……的"对比焦点句。这种"准分裂句"只有带上对比重音以后才可成为对比焦点句。带上对比重音以后的"准分裂句"多用于显示动词后成分，与焦点句"是……的"句式形成互补分布。

例如：

(33) 他常逛景山公园→他常逛的是景山公园

老张最喜欢看足球→老张最喜欢看的是足球

李大爷抽旱烟袋→李大爷抽的是旱烟袋

6.4 适用范围和语义强度

上文讨论了对比焦点的种种句法表现手段，它们的分布情况可以概括如下：

$$\text{对比项}\begin{cases}\text{话题成分}\begin{cases}\text{极性对比——"连"字句}\\\text{非极性对比——超常规配位主题句}\end{cases}\\\text{非话题成分}\begin{cases}\text{对比项前加"是"}\\\text{"是……的"句}\end{cases}\end{cases}$$

从这个图可以看到，选用哪种焦点表现手段与该成分在句子里的功能地位直接相关。非话题成分倾向于直接运用标记形式，使这一成分处于凸显地位；话题成分的超常规配位是处理非极性对比的手段。表现对比话题有两条途径，一是在常规配位主题句的 NP_1 上加对比重音，二是通过语义成分的非常规配位构成超常规配位主题句。这两种手段无论哪一种加上"连……也/都"以后都可以表现极性对比。

如果要强调的成分是非主题句里动词后成分，有两种选择：一是变为"准分裂句"，在要强调的成分上加上对比重音。例如（32）（33）。二是将该成分前移至句首构成主题句，然后在对比项上加对比重音。例如：

（34）胖子负责照顾刘蓓，你我接管了。

这一例的后一小句，受事成分"你"如果按照前一小句的套路应该在动词"接管"之后。"你"前移以后使得后一小句强调对"你"的处置，不再是一个单纯的陈述。但这种移位造成的强调意义是一种弱对比，表现为这类句子不能用于修正已有的命题。例如：

（35）A：我知道你最讨厌王大妈。
　　　B：*谁说的，李大妈我顶讨厌。

修正一个错误命题一般倾向于使用非话题句：

（36）A：我知道你最讨厌王大妈。
　　　B：谁说的，顶讨厌的是李大妈。

（35）与（36）的比较表明，带有对比焦点的主题句（包括常规配位的和非常规配位的）是弱对比句，带有对比焦点的非主题句是强对比句。

6.5 结语

一种语言里往往有多样手段用以表现对比焦点,在有些西方语言里,对比焦点可以通过词序变化直接得以显现。以英语为例,英语里句子语义对比强度大致可以分为三个层级:中性(neutral)的句子,成分位移(Y-movement)的句子,分裂(cleft)句或重音焦点(stress-focus)句。其中成分位移的句子[如(37)]和分裂句[如(38)]都涉及词序变化。例如:

(37)She has two brothers, Tom and Jerry.
She likes Tom a lot.But Jerry she can't stand.
(38)She can't stand Tom.
No, it's Jerry she can't stand.

(37)是成分位移的句子,Jerry 从宾语的位置前移至句首,成为话题,同时也获得了对比意义。(38)是分裂句,Jerry 从宾语的位置前移到了主语 she 的前头。虽然从形式上看是 to be "是"字句,但使用"是"的前提是必须做成分的位移,不能直接把"是"加在对比项上,这一点与我们前面讨论的汉语的"是"字句不同。所以,英语的语法分析里它们被看作词序变化手段。一个中性的句子,例如:Joe will kill the goat. 如果对比项是主语,可以采用分裂形式:It's Joe who will kill the goat. 如果对比项是宾语,可以采用分裂形式:It's the goat that Joe will kill. 总之,成

第六章　对比焦点的表现手段

分的前置是一种用以表达焦点的标记手段。

汉语是一个话题优先的语言，以非施事性成分开头的句子也有可能是不带对比色彩的常规句，陈平（1994）对汉语话题句的分析也说明了这一特点。我们认为，话题句在汉语系统中的地位与话题句在英语系统中的地位不同，价值也不同，不能对等地看待。英语里的话题句属于高度标记的（marked）句式，而汉语里的话题句的标记性却没有那么强。一个对比明显的例子："这本书我没看完"里的"这本书"和"This book I haven't finished"里的"this book"很不相同。"this book"只有带上对比重音才可能位于句首，而"这本书"在句首不带对比重音却是完全可以接受的句子。换句话说，汉语里句首的 NP 是不是对比焦点在很大程度上受语义成分配位的制约，从句法角度分析得出的位移不直接导致形成对比焦点句。

近年来，通过跨语言的对比研究，一些学者对于对比焦点的句法类型参项有了一些共识，认为有三个因素有可能导致产生对比焦点，即：词序、结构、语调。其中词序和语调因素由于反映出语法编码过程中固有的临摹原则（iconicity principles）而更引人注目。所谓产生对比焦点的词序因素是指，焦点成分倾向于前置，这一倾向性在分裂句和成分位移句里表现得尤为突出。所谓语调因素是指，焦点成分倾向于重读，这一倾向体现在，在各种语言里，对比焦点都是与对比重音相伴随的。而结构因素是指使用焦点标记语素，通常是系动词，对焦点成分做结构提升（rise）。这三个因素经常是相互结合的，语调因素最具普遍性，也是必有因素。我们来看看汉语的情形。汉语里后置的句法成分（如"准分裂句"SVP 的是 NP 里的 NP）不伴随对比重音，前置的句法成分（如主题句里的话题成分）只有属于非常规配位的那一部分带有对比重音。所以，我们可以说，汉语里位移不是生成对比焦点的主要手段。汉语里对比焦点是通过"语调"或"语调＋结构"的途径生成的。

汉语里对比焦点的表现手段从表面上看，似乎与功能结构的普遍规律不尽合辙，但是如果从深层考虑，就能看到其中与普遍规律的一致性。第一，尽管前置未必导致对比焦点成分的形成，但是极性对比句的焦点成分都是在句首位置（如"连"字句）；遍指成分也总是在句首位置（谁也不认识／个个都喜欢／哪个都不要）；另外，表示真性问的疑问形式倾向于不在话题句 NP_1 的位置上；（*哪儿你去？／*谁你认识？／*什么时候我来？）第二，编码（coding）越是具有区别性，它的表现效果就越突出。由"是"导致的结构提升本身，从编码的角度看正是一种具有区别性作用的手段，而主题句中由非常规配位构成的对比焦点所体现的，也正是这样一个认知规律。

附 注

① 这里把跟对比焦点（contrastive focus）相对的一般的句末焦点称作常规焦点主要是考虑到理解上的方便，因为在谈论汉语里与语义相关的重音问题时，常规重音（normal stress）和对比重音（contrasting stress）的概念自赵元任（1968）之后已经成为大家熟知的概念。鉴于句末焦点只伴有常规重音而对比焦点总带有对比重音，我们把与这一对重音概念相对应的焦点成分分别称作常规焦点和对比焦点。

② 以下各类语义成分的特征请参看陈平（1994）。陈文把 topic 称为主题，本文此处沿用这一称法，在其他场合仍按习惯称为话题。

③ 关于施事性、受事性的强弱的说明请参看陈平（1994）的分析。

④ 这类格式尽管有的用例可以看作是受事成分前头隐含着一个"连"，比如"你怎么外套也不穿就跑出去了"，但并不适用所有的"施事 + 受事 +VP"，比如"你外套不能不穿"。所以我们不认为"施事 + 受事 +VP"是一个隐含着"连"的格式。

第七章 常规焦点考察之一：宾语和趋向成分的语序

7.1 趋向成分的性质

许多学者指出，动词后复合趋向补语和宾语共现的时候，宾语的位置可以有几种不同的选择。参考吕叔湘(1980)的说法，我们根据宾语的不同位置把几种主要格式码化后概括为：

A. VC_1C_2O　　　　例如：拿出来一本书

B. VC_1OC_2　　　　例如：拿出一本书来

C. VOC_1C_2　　　　例如：拿本书出来

D. 把 OVC_1C_2　　　例如：把书拿出来

四种格式的语义内容基本相同，构成成分也基本相同，只是成分次序不同。本章首先探讨四种格式句法上的强制条件，然后着重从语义、语气和语用的角度考察它们使用上的倾向性规律。这里先交代一下几个基本成分的性质。

O 不一定都是受事，也可以是施事性成分；V 也不一定

第七章　常规焦点考察之一：宾语和趋向成分的语序

都是及物的，也可以是不及物动词，因为不及物动词构成的述补结构可以是及物的。施事宾语的例子如"跑出来一头狮子"，不及物动词的例子如"哭出来一笔救济款"。O 为施事时，V 一定是不及物的，而 V 为不及物时，O 却不一定总是施事。

我们所讨论的 C_1 包括：上、下、进、出、回、起、开、过、到、入。

C_2 包括：来、去。

我们可以根据 C_1 是介绍趋向运动的终点，还是仅仅表示趋向运动的延伸，而把 C_1 分为及物的和不及物的两类：

a. 不及物的：上$_1$、下$_1$、进$_1$、出$_1$、回$_1$、过$_1$、起、开。

b. 及物的：上$_2$、下$_2$、进$_2$、出$_2$、回$_2$、过$_2$、到、入。

不及物的 C_1 后的 O 是事物宾语，它的作用是说明宾语的运动趋向，如：

（1）你想想看，是生出他来，还是让我剥出他来？
（2）祥子故意的磨烦，等自行车走出老远才抄起车把来，骂了句："讨厌！"
（3）他轻轻的摇了摇那个扑满，想象着再加进三十多块去应当响得多么沉重好听。

例（1）的语义关系是"生他＋他出来，剥他＋他出来"，例（2）是"抄车把＋车把起来"，例（3）是"加三十多块＋三十多块进去"。

也就是说，C_1 的作用仅在于说明 O，并不起支配 O 的作用，所以说它是不及物的。

及物的 C_1 后的 O 是处所宾语，它的作用是介绍趋向运动的终点，如：

（4）瑞宣摇了摇头，走进老三屋里去。
（5）小顺儿吓愣了，忙跑到祖母屋里去。
（6）咱们得设法教他逃出城去。

a 和 b 的这种区别可以从 C_1+O 能否单说得到证明，当 C_1 为 a 类时，C_1+O 不能单说：*出他，*起车把，*进三十多块；而 C_1 为 b 类时则可以单说：进老三屋里，到祖母屋里，出城。跟某些外语比较，可以说 a 类有副词的性质，b 类有介词的性质，关于这两种特点，可以参看周焕常（1981）的有关论述。

7.2 句法强制性

在实际运用中，A、B、C、D 并非总是可以自由地换着说的几种格式，它们在句法上都有一些强制性的或半强制性的条件，决定了在某些条件下只宜于采取某种格式而不宜换成其他说法。以下依次分析。

第七章　常规焦点考察之一：宾语和趋向成分的语序

7.2.1　当 O 为小句时，一般要采用 A 式，例如：

（7）他们俩都猜出来那必定是一两张字画。

（8）小顺儿看出来屋里的空气有点不大对，扯了扯妞子。

（9）除了脸上和身上落了一层细黄土，简直看不出来他是刚刚负着几十斤粮走了好几里路的。

（10）他向巡警打听，巡警说不上来什么时候才能开城。

（11）一跨出刑部大牢，乌世保看街街宽，看天天远……这才衬出来自己头发长，面色暗，衣裳破，步履艰。

O 还可以是复句形式：

（12）我说不上来那时候我心里怎么股子味儿，仿佛是恶心要吐，又仿佛是——我说不上来！

以上这些句子都不能换说成 B 式或其他格式。小句宾语可以说是 A 式的一个强制性条件。这些宾语小句有判断性的，如（7）（9），有陈述性的，如（8）（11），也有无主的，如（10）。宾语小句可以很长，所以有时在 O 之前有个停顿，例如：

（13）哼！他想起来，自己的头一辆车，自己攒下的那点钱，又招谁惹谁了？

（14）一直闹到月底，连祥子也看出来，这是真到了时候，她已经不像人样了。

汉语里插入成分不能太长，因此 B、C、D 等格式不宜于容纳小句宾语，当小句较短时，B 式也偶有用例，如"我已经想不起他姓什么来了"。和（13）（14）两例形成鲜明对比的是，B 式带小句宾语时整个句子必须一口气说完，而不能有停顿。

7.2.2　及物的 C_1 只能出现在 B 式里，这是 B 式的一个强制性条件，参看（4）（5）（6）例，这里不再举例，只简单谈一下形成这种强制性的原因。我们在前面说过，C_1 有近似于介词的性质，总是要求处所性的 O 紧随其后，因此只能采取 B 式。具体而言，A 式的语序是 VC_1C_2O，由于 C_2 为不及物的"来、去"[①]，所以处所宾语不能放在其后；C 式的语序是 VOC_1C_2，O 是 V 的宾语，和 C_1 没有及物性关系，也不能出现及物 C_1 和处所宾语；关于 D 式，丁声树等（1961）和马真（1985）都曾把及物 C_1 和处所宾语不能在"把"字句里共现当作一条规则提出来，[②]但都没有指出原因。其实这一现象不难解释，因为"把"字总是要求 O 紧随其后，O 不可能再出现在 C_1 后边。

有的论著中在谈到这种条件下所以不能采用 C 式的原因时说："这是因为带处所性宾语的动词都是自动词，不能直接同宾语组合，但复合趋向补语的前一部分却有同处所性宾语组合的能力，例如'逃出城去'，'逃城'不成话，'出城'却可以，动词'逃'有'出'的配合，方可以带处所宾语。"（陈信春

1982）作者这里看到了 C_1 的一些性质，但把原因归结为 V 的不及物性（作者称为"自动词"），实在是个误会。我们可以举出几个及物动词的例子来：

（15）再多的新台币，将来带回大陆去，也没用啊。
（16）有时候无心中的被别个车夫给碰伤了一块，他决不急里蹦跳的和人家吵闹，而极冷静的拉回厂子去。
（17）你别骑过河来。

可见只看到不及物动词是不全面的。因为 C_1 及物，处所宾语是由它带出来的，O 与 V 没有直接关系。

V 是及物动词时，常常要求其受事出现。这时就要用"把"字来引出，成为 B、D 混合式：

（18）假若小三儿再和招娣姑娘来往，他会把他赶出门去的。
（19）小崔知道反抗四大妈是没有便宜的，气哼哼的把车拉进院子去。
（20）他自己准备好完全尽义务，把杠领出城去。

这些例子里的 C_1 如果换成不及物的，就可以说成"赶出他去，把他赶出去"，"拉进车去，把车拉进去"，"领出杠去，把杠领出去"。从这样的对比我们可以清楚地看出：不及物 C_1 强调的是动作的趋向，而及物 C_1 强调的是运动的终点。

7.2.3 关于 C 式,我们谈不出什么强制性的条件来。原因在于:北京话里 C 式用得极少,同时在大量书面材料里几乎找不到多少用例。在我们考察的近 77 万字的小说里,C 式用例只有不到 10 个。在北京籍作者所编《动词用法词典》里,C 式举例算是最多的,但相对于 A、B 也是很少,更重要的是,该词典里每一个 C 式例子都有相应的 A 式或 B 式例子,足以说明 C 式在使用上没有强制性的条件。C 式的功能价值将在 7.3 里讨论。

7.2.4 D 式的强制性条件比较多。第一个就是及物 C_1 要求事物宾语共现时,需要采取 B、D 混用式,也就是例(18)-(20)所表现的现象。我们既可以把这种现象看成是 B 式进入了"把"字句,也可以直接看成 D 式。一个旁证是,在"把 OVC_1OC_2"中,如果把 C_1 处理为介词,则 C_1OC_2 就是介词结构做补语,这样一来就成了地道的 D 式了。

D 式的第二个强制性条件是多项 VC_1C_2 并列出现,宾语既不宜于重出,又不宜出现于并列结构之后,因而先用"把"字提走。例如:

(21) 瑞全扯着小顺儿,在院中跳了一个圈,而后把小妞子举起来,扔出去,再接住。
(22) 她不再哭,也不多说话,而只把眼中这点光一会儿放射出来,一会儿又收起去;存储了一会儿再放射出来。
(23) 他把秘密原封的带了回来,而想等个最好的机会再卖出去。

（24）东阳不会这一套外场劲儿，只扯动着脸，把眼球吊上去，又放下来，没说什么。

D 式的第三个强制性条件是谓语里有总括性副词"都"等。因为总括性副词"都"有这样一个特点：当被总括者为受事时，要求"都"置于动词之前、受事之后，也就是说，要求宾语以某种方式前置。因此，下面这些用"把"字式的例子都不宜改说成其他形式：

（25）瑞丰把校旗和点名簿都找出来。
（26）当初，在他买过这所房子来的时候，他须把东屋和南屋都租出去，才能显得院内不太空虚。

与副词的总括性相关的是遍指性宾语。当宾语为有定的遍指受事成分，而 VC_1C_2 为及物性结构时，需要采用"把"字式。一般都有"都"类词出现，没有的可以添加。例如：

（27）他们把过去的一切都想起来，因为他们是要分离。
（28）他把自己所有的唱片上的戏词和腔调都能唱上来。
（29）她们的心中开了闸，把平日积聚下来的污垢一下子倾泻出来。

有定受事宾语和当事宾语共现时，必须用"把"字式。因为受事和当事共现的常式是双宾语句，如"给他一本书"，双宾语句要求受事是无定的，[③]如前例不能说成"给他书"或"给他这本书"。当受事宾语为有定成分时，就需要采用"把"字式，当事宾语由介词"给"引出。例如：

（30）来！把饺子给她拿过去！
（31）这时候，四大妈已把白糖水给少奶奶灌下去，少奶奶哼哼起来。
（32）过了两天，胡大头来了，说是来东城票房说戏，顺便把衣裳给武老头带回去。

7.3 语气制约

除了以上句法制约条件以外，一些学者的研究表明，还有许多语义上的条件决定了四种格式并非任何情况下都可以通说，他们指出的制约条件主要有以下几个方面：

1）C_1C_2 表示状态意义时，只能有 B 式。（陈信春 1982；徐枢 1985a；陈建民 1986）

2）C_1C_2 表示结果意义时，不能有 C 式。（陈信春 1982）

3）O 为定指性的名词时，不能有 A 式。（朱德熙 1982）

4）O 为存现宾语时，不能有 C 式。（范继淹 1963；陈信春 1982）

这几条符合人们的一般语感，但也不都是说一不二的。以

第七章　常规焦点考察之一：宾语和趋向成分的语序

下我们就侧重从语气、语义和语用的角度分析、比较四种格式的使用，上引四条结论也将讨论到。

我们在《动词用法词典》里看到了这样一个现象：C式的用例90%以上V后头都带有"了"字，如"掺了一些奶粉进去""撒了几只鸽子出来"，而V后不带"了"的例子却很少。何以如此？词典里不可能说明。笔者和词典的编者同是北京人，仅在这里谈一下个人的语感。

我们感觉C式单用时动词后如果不带"了"字，总有很强的祈使味道。试比较以下A、B、C几组例子（选自《动词用法词典》，后注页数）：

拔下来一墩麦子　拔下一墩麦子来　拔一墩麦子下来（10页）
搬进来一张书桌　搬进一张书桌来　搬一张书桌进来（17页）
绑进去几本书　　绑进几本书去　　绑几本书进去　（24页）
插上去一个标志　插上一个标志去　插一个标志上去（71页）

以上例子由左到右，可以感到祈使色彩是逐渐加强的。具体而言，就是A式一般理解为叙述句，[④]B式有理解为叙述句和祈使句两种可能，依不同的语境而定，C式则只能理解为祈使句。因此我们就不难理解《动词用法词典》的作者为什么举C式例子时，十有八九要加上"了"字了。加上"了"字，句子被赋予叙述味道，就可以和A、B两式匹配了：

拔回来一个树桩　拔回一个树桩来　拔了一个树桩回来（10页）
搬出来一对音箱　搬出一对音箱来　搬了一对音箱出来（17页）
绑上去两根绳子　绑上两根绳子去　绑了两根绳子上去（24页）
插进去一根棍儿　插进一根棍儿去　插了一根棍儿进去（71页）

现代汉语口语里，处在中心谓语位置上的动作动词如果是光杆形式直接带宾语的话，往往是祈使意味的。

和C式以带"了"字为常相映成趣的是，在实际语料里，A、B、D等式带"了"字的用例极为少见。底下这些例子似乎全可以加上"了"，可小说的作者就是不加，意思和加上"了"看不出来有什么区别：

（33）跑堂的端上来［了］一个炒菜。　　　　　　（A）
（34）及至走出来［了］一些路，脚步是那么平匀，缓慢，
　　　他渐渐的仿佛困倦起来。　　　　　　　　（A）
（35）"咸菜呢?"老人提出［了］第二个重要事项来。　（B）
（36）大夫找到了药箱，打开，拿出［了］一小瓶白药来。（B）
（37）纵了一下鼻子，他伸手把桌下的酒瓶摸［了］上来。（D）
（38）小崔哼唧着小曲，把车拉［了］出去。　　　（D）

李兴亚（1989）曾讨论过"了"字自由隐现的问题，李文只是指出了在许多情况下，"了"字可用也可不用，并未指出在什么条件下以用"了"为优势，什么条件下以不用"了"为优势。

第七章　常规焦点考察之一：宾语和趋向成分的语序

事实上，所谓"自由隐现"里也包含着许多"不自由"的倾向。本文这里讨论的现象说明，动趋式带宾语采用 A、B、D 等格式时，在 VC₁C₂ [ ] O，VC₁ [ ] OC₂，把 OV [ ] C₁C₂ 等位置上，"了"以不用为常。

根据我们体会，这些位置上添加"了"以后，没有任何新的意义出现，反过来，没有"了"的例子里，总感觉有"了"的意义在。是不是可以这么说：附着在 V 后的 C₁ 或 C₁+C₂ 都有跟"了"近似的语法意义？吕叔湘先生在不同场合都曾有这样的论述："表方位之上、下，表向背之出、入、来、去，表起讫之起、住，表效验之了、着、定、成，以及其他诸多限制动态乃至说明宾语之词：凡此种种皆以结束动词之势向为其作用，姑总称之为结动词。"（1944）"动结式和动趋式短语都带有完成的意思。"（1985b）这两段话说明了趋向补语和词尾"了"的相同作用和相似意义，⑤这可能就是 A、B、D 等格式里以不带"了"为常的原因，也是 C 式表叙述时多带"了"，不带"了"时就表祈使的缘故。

7.4　语义制约

这一节我们讨论趋向词语义影响语序的成因。

近代汉语早期只有 C 式，例如：

（39）汝若把旗上来，我则钉胸相对。（《祖堂集》3.013）　（C）

（40）僧对云："这个僧将状出去。"（同上书，4.098）（C）

（41）待斋时作饭自吃了，送一份上来。（《五灯会元》，第141页）　　　　　　　　　　　　　　　　　（C）

（42）师曰："与我抬床子上来。"（同上书，第243页）（C）

后来逐渐发展出了B式，且占有很大比重，例如：

（43）若不将出头来，交您全家儿赐死！（《新校元刊杂剧三十种·晋文公火烧介子推》，第513页）　　（B）

（44）我便似火坑中救出你儿来。（同上书，《小张屠焚儿救母》，第798页）　　　　　　　　　　　　（B）

（45）快牵过马来。（《水浒传》，第二回，第33页）（B）

（46）众庄客一发上手，就地拿起林冲来，将一条索缚了。（同上书，第十回，第140页）　　　　　　　（B）

这种现象可以从几个不同的角度来解释。从音节上说，单音节动词要求一个补语性质的东西贴在其后构成一个双音节的动词单位，是近代汉语发展中的普遍现象，因此C_1移至O前，和V结合在一起；从语法作用上看，就是吕先生所说的趋向词"结束动词之势"的"结动词"性质。近代汉语形态发展的一个重要趋势是动词后附成分越来越表现出位置的固定化和功能的专职化，也就是说，光杆动词直接带宾语的现象逐渐为"动词+结动词+宾语"的形式所替代，因此从C向B的转变也就

第七章　常规焦点考察之一：宾语和趋向成分的语序

不难理解了。

与此同时，趋向词的语义也经历了一个由实而虚的过程。以上（39）至（46）例的趋向词都是表示实在的趋向意义的，尤其是早期用例，一般都是实义的。虚化以后的趋向词，可以举出这样一些例子来：

（47）祖师只教保护,若贪嗔痴起来,切须防禁,莫教振触。（《五灯会元》，第259页）　　　　　　　　（C）
（48）这里不曾有人乱说道理出去。（同上书,第375页）(C)
（49）五戒,你莫待要赶这两个人上去。(《简帖和尚》)(C)

前例就是一般所说表示状态的意义，后两例即所谓结果意义。⑥反映在现代汉语里，C式已不大常见表示结果意义，个别用例如：

（50）要画,得画点特殊的出来,才能站住脚,成一家。（邓友梅《烟壶》）　　　　　　　　　　　　　（C）

而状态意义则毫无例外地只能用在B式里，例如：

（51）大赤包本来觉得自己很伟大,可是一骂起人来,也不是怎的她找不到了伟大的言语。(老舍《四世同堂》)(B)
（52）奇怪,今天他忽然怕起日本人来。（同上）　　（B）

（53）想不到，一个打鱼的，到北京当开教练来了。(电影《水上春秋》)　　　　　　　　　　　　　　　　　（B）

从"趋向义"到"结果义"再到"状态义"，是一个从实到虚的过程，有趣的是，现代汉语里意义越虚时其语序越固定，具体地说，表示趋向义的可以有 A、B、C、D 四种格式，表示结果义的进入 C 式已很困难，而状态义则只限于 B 式。为什么近代汉语里 C 式并不排斥这几种语义，而现代汉语里却出现了不同程度的限制呢？我们可以从语用角度做一点解释。一般认为，句末是语义焦点所在，C 式趋向词处于句尾，表示趋向意义是很自然的事。后来出现了意义虚化的趋向词，已不着重表示趋向意义，虚义的趋向词就有了前移的倾向，⑦例如：

（54）也是天罡星合当聚会，自然生出机会来。(《水浒传》，第二回，第 35 页)　　　　　　　　　　　（B）
（55）做出事来，须连累了我和你。(同上书，第十回，第 133 页)　　　　　　　　　　　　　　　　（B）
（56）子父们想起这苦楚来，无处告诉，因此啼哭。(同上书，第三回，第 44 页)　　　　　　　　　　（B）

这是近代汉语发展中 C、B 两式频率消长的另一方面的原因。历史的演变在不同的方言里留下了不同的痕迹。在现代北

第七章　常规焦点考察之一：宾语和趋向成分的语序

京话里，除用于祈使句和嵌在句中的某些场合外，已经很难听到用C式的说法了，而一些存古较多的方言里，C式的用例还是不少的，虚义的趋向词也不罕见。台湾歌手罗大佑的《恋曲1990》里有两句是"轻飘飘的旧光就这么流走，转头回去看看时已匆匆数年"，北京人常把"转头回去"唱成"转回头去"，至少说明了闽南话和北京话的差别。

A式的出现较B式要晚，近代汉语里"来或去例不先于宾语"（吕叔湘1944），因此用例极少。钟兆华(1985)曾举出《济颠语录》里的一句："济公忽思起来飞来峰的张公，走去望他。"詹人凤（1995）对《红楼梦》的考察表明：C式"很受限制"，A式"极少"，B式"最为发展"。现代汉语里A式很有发展的势头（见吕叔湘1985a），但前边谈到的由C到B的那些动因却未必导致由B到A。比如说，"来、去"虽有结动词性质，但动词双音化的要求未必允许现代汉语里大量出现"单音V+C_1C_2"这样的三音节形式；再如，状态义的趋向词有前移的倾向，但趋向词为状态义时宾语往往较短，又常常是有定的，这又和A式的使用条件（详见下文）相抵触。因此在现代汉语里，B式仍然是使用频率最高的一种格式。

7.5　语用制约

7.3开头引述的四点前人结论，前两条是涉及趋向词的语义的，已在上文讨论过，后两条是涉及宾语的性质的，尤其是宾语指称的性质，这一节我们就从宾语的指称性质说起，从语用的角度观察几种语序的不同功能。

下面的讨论基于对三部现代小说《骆驼祥子》《四世同堂·惶惑》《1985年小说在中国》（合计近77万字）的统计。以下几种情况不在统计之列：

1. C式用例。在三部小说里只有不到10例，难得观察出规律以和A、B、D等式对比。

2. O代表处所。

3. C_1+C_2表示状态意义。

4. 某些熟语性的说法。如"学不出好来""吃出甜头来"等。

7.5.1 有指成分和无指成分

下面三个例子的宾语形式上完全相同，但在话语中的性质却不一样：

（57）她去了有一点钟。跑回来，她已喘得说不上来话。（A）

（58）校长立起来，眼看着对面的墙壁，足有三分钟没有说出话来。（B）

（59）我还没作过校长，倒颇想试一试，祁科长你看如何？呕，东阳，我决不抢你的事，先别害怕！我是把话说出来，给大家作个参考。（D）

（57）（58）两例里的"话"不指称话语里任何一句或一段

内容实在的"话",是无指(nonreferential)成分,例(59)里的"话"明确指的就是"我还没作过校长,倒颇想试一试"这句话,是有指(referential)成分。有指成分和无指成分的实质区分在于,有指成分表现的是话语里的某个实体(entily),有明确的外延,无指成分则只强调该成分的内涵。表7-1是这两种成分在三式里的分布情况:

表 7-1

	总数	A式 数目	A式 百分比	B式 数目	B式 百分比	D式 数目	D式 百分比
有指成分	750	51	6.80	370	49.33	329	43.87
无指成分	136	8	5.88	128	94.12	0	0.00

可以看出D式排斥无指成分,B式表现无指成分的能力强于A式。

7.5.2 定指成分和不定指成分

有指成分有定指(identifiable)和不定指(nonidentifiable)之分,话语里采用定指成分的情况是指发话人谈及某个事物时预料受话人能够准确地认同那个实体,否则就采用不定指成分。汉语里定指成分和不定指成分有一定的形式表现,陈平(1987b)从名词性成分的词汇形式着眼,认为在下列A～G七组形式里定指性由强渐弱,不定指性由弱增强,A、B、C三组是定指成分的典型表现形式,F、C两组是不定指成分的典型表现形式:

A 组　人称代词

B 组　专有名词

C 组　"这/那"（+量词）+名词

D 组　光杆普通名词

E 组　数词（+量词）+名词

F 组　"一"（+量词）+名词

G 组　量词+名词

表 7-2 是我们根据这种划分对 A、B、D 三式里有指的 O 的统计结果（前加领属性定语和限制性定语的不在统计之列）：

表 7-2

词汇形式	总数	A式 数目	A式 百分比	B式 数目	B式 百分比	D式 数目	D式 百分比
人称代词	63	1[⑧]	1.59	15	23.81	47	74.60
专有名词	46	0	0.00	13	28.26	33	71.74
"这/那"（+量）+名	24	5	20.83	8	33.33	11	45.83
光杆普通名词	312	5	1.60	144	46.15	163	52.24
数（+量）+名	56	14	25.00	42	75.00	0	0.00
"一"（+量）+名	50	8	16.00	40	80.00	2[⑨]	4.00
量词+名词	51	3	5.88	48	94.12	0	0.00

这个统计表明，A 式有排斥定指性成分的强烈倾向，D 式有排斥不定指性成分的强烈倾向；B 式对不定指成分有较大的承受能力，但并不强烈排斥定指成分。概括起来说就是，和 D 式比较，A、B 有采用不定指形式的倾向；A、B 相比，A 式更强烈排斥定指形式。下面按七种形式各举一例：

第七章 常规焦点考察之一：宾语和趋向成分的语序

（60）老人已经睡了觉，瑞宣现把他叫起来。（D）
（61）有时候他颇想把祥子撵出去；看看女儿，他不敢这么办。（D）
（62）李鸣把那包书拎起来，一下放到马力身上，然后把所有马力的书都堆在他身上。（D）
（63）她自己胡了牌，随着牌张的倒下，她报出胡数来，紧跟着就洗牌。（B）
（64）她撇开嘴，露出两个虎牙来。（B）
（65）很容易的，他掰开钱先生的嘴，灌下去一片药。（A）
（66）第二天，夏太太出去找女仆。出去一会儿就带回来个试工的。（A）

（60）（61）两例明显不宜换说成其他格式，（65）（66）两例可以改成B式，却不宜改成D式。

除去词汇形式本身而外，名词性成分所带定语的性质也跟其所指对象定指性的强弱有关，陈平（1987b）指出领属性定语具有强烈的定指性质，限制性定语则要看其限定性的强弱与限定的具体程度而定。表7-3是我们对所有前加这两类定语的148例语料的统计结果：

表7-3

定语性质	总数	A式 数目	A式 百分比	B式 数目	B式 百分比	D式 数目	D式 百分比
领属性定语	59	5	8.47	20	33.89	34	57.63
限制性定语	89	10	11.24	40	44.94	39	43.82

表中 D 式带领属性定语的比例略高于限制性定语，A、B 两式带限制性定语的比例略高于领属性定语，同样表明了 D 式里 O 的定指性和 A、B 两式的不定指倾向。下面先举些带领属性定语的例子看：

（67）你看出来没有我姐姐的眼神？　　　　　（A）

（68）虽然这么唠叨，他可是很快的辨清方位，两手抄起钱先生的腿来。　　　　　　　　　　　（B）

（69）他十分小心，恭敬的，把老人的脖子抄起来，教四大妈来灌糖水。　　　　　　　　　　　（D）

例（67）远不如后两例自然，可见 A 式并不适合于采用前加领属性定语的宾语。（68）（69）是两个内容相近的例子，在原书里（68）在前，（69）在后，写的是针对钱先生的一系列动作，在后的（69）采用 D 式，显示了较（68）更强的定指性。

再看几个限制性定语的例子：

（70）瑞丰想起来关于东阳的笑话。　　　　　（A）

（71）人是不能太贪的，贪得太多就会冲出缺角的别针头子来。　　　　　　　　　　　　　　（B）

（72）把这两三个月剩下的几块钱轻轻的拿出来，一块一块的翻弄。　　　　　　　　　　　（D）

例（70）的定语虽然对"笑话"的范围有所限定，但读者仍然不能确知说的是什么，作者紧接在下文就讲明了这个笑话的内容，这里"关于东阳的笑话"显然是作为一个不定指成分出现的；同样，例（71）的"缺角的别针头子"所指也并非十分具体，也宜做不定指成分理解；例（72）里的 O 如果光说"几块钱"就谈不上有多少定指性，而加上"这两三个月剩下的"，所指就十分具体了，因此应该理解为定指成分。

7.5.3 新信息和旧信息

定指和不定指这一对概念所反映的事实是，发话人谈及一个事物时，考虑到它作为一项信息在受话人当时的意识里是已知的还是未知的，一般说来，发话人意在引入新信息（new information）时往往采用不定指形式，而表示旧信息（given information）时往往采用定指形式。因此可以根据 7.5.2 的统计数字推断 A、B 两式倾向用于引入新信息的场合，D 式倾向于表示旧的信息。这一点可以从以下两个方面得到更为充分的证明，一是从上下文语境的角度来看，二是从宾语本身音节的多少来看。

7.5.3.1　有时候光从宾语自身的形式上看很难说是定指的还是不定指的，但结合上下文来看却很容易看出它代表的是旧信息还是新信息。在一个片段里首次引入的，预料受话人当时意识里所没有的，就是新信息；反之，对前边说过的事物重新提起，预料受话人当时意识里存在的，就是旧信息。下面举例

分析(下加浪线的是动趋式里O的同指成分):

(73)"你这是怎么了,老妹子!到了我这儿了,还没个车钱吗!老妹子,坐上啦!"她到这时候,才摸出来一毛钱。祥子看得清清楚楚,递过那一毛钱的时候,太太的手有点哆嗦。 (A)

"摸出来一毛钱"里的"一毛钱"是首次引入的新信息,后边的"那一毛钱"是作为旧信息的回指形式。这是 A 式引入新信息的典型例子。

下面是一个类似的例子,引入新信息用的是 B 式:

(74)太太叫张妈去拿点开水,等张妈出了屋门,她拿出一毛钱来:"拿去,别拿眼紧扫搭着我!"
祥子的脸忽然紫了,挺了挺腰,好像头要顶住房梁,一把抓起那张毛票,摔在太太的胖脸上:"给我四天的工钱!" (B)

B 式里的 O 也常常是旧信息:

(75)"哼,事又吹了!好吧,自己去挑一辆!"刘四爷倒了碗茶,"来,先喝一碗。"祥子端起碗来,立在火炉前面,大口的喝着。 (B)

第七章　常规焦点考察之一：宾语和趋向成分的语序

"端起碗来"的"碗"所指就是前边的"（一）碗茶"，是旧信息。

D式一般用来表示旧信息：

（76）第二剂药煎好，他不肯吃。……可是刚一坐起来，他的头像有块大石头赘着，脖子一软，眼前冒了金花，他又倒下了。什么也无须说了，他接过碗来，把药吞下去。　　　　　　　　　　　　　　（D）

当一个事物在一段话语里不止一次被提起，而前后用了不同的格式时，最能显现这种区别，如：

（77）刚一落座，就有人说了："哎，您是贵客呀，怎和我们坐在一处？"祥子傻笑了一下，没有听出来话里的意味。……喝着喝着，大家的眼睛红起来，嘴不再受管辖。就有人说："祥子，骆驼，你这差事美呀！足吃一天，伺候着老爷小姐！赶明儿你不必拉车了，顶好跟包去！"祥子听出点意思来。（A）；（B）

前边"话里的意味"是首次提出，不光祥子，读者也很难明了指的是什么，随后的叙述点明了祥子和刘家的特殊关系，"（一）点意思"就已经不是全新的信息了，因此前用A式，后用B式。

再看一个先后用了B式和D式的例子：

（78）她将全身都摸索到了，凑出十几个铜子儿来，交给了弟弟。弟弟平日绝不敢挨近爸爸的身，今天看爸爸是被揍在地上，胆子大了些。"给你，走吧！"二强子棱棱着眼把钱接过去，一边往起立，一边叨唠。（B）：（D）

新信息"十几个铜子儿"用 B 式引入，随后的"钱"是旧信息，用的是 D 式。

7.5.3.2 宾语自身的长度也和信息的新旧程度有关。发话人把一个新信息首次引入话语的时候，往往需要加上一定的说明性成分，形式上常常表现为名词成分前加一些修饰语，整个宾语的音节数就较多；而作为已知信息谈及的事物，则不需要太多的说明，形式上也就不需要太多的修饰语，宾语的音节数就会少些。表 7–4 是我们对有指的 750 例语料宾语长度的统计结果：

表 7–4

宾语音节数	总数	A 式 数目	A 式 百分比	B 式 数目	B 式 百分比	D 式 数目	D 式 百分比
1	231	1	0.43	122	52.81	108	46.75
2	158	10	6.33	52	32.91	96	60.76
3~5	244	23	9.43	139	56.97	82	33.61
6~10	91	12	13.19	48	52.75	31	34.06
11~15	22	3	13.64	8	36.36	11	50.00
16~	4	2	50.00	1	25.00	1	25.00

从这个表里可以看出，A 式有排斥较短宾语的强烈倾向，B 式倾向于排斥较长宾语，这个结果在一定程度上印证了 A 式倾

第七章　常规焦点考察之一：宾语和趋向成分的语序

向于表示新信息的结论。

需要解释的是 D 式和 B 式带多音节宾语的频率为什么并不很低，这只要对具体例子做些分析就清楚了：

（79）由于这观念的联合，人们的心中就又立刻勾出一幅美丽的，和平的，欢喜的，拜月图来。（B）14 音节
（80）她想起了那一张丑陋但还可爱的嘴脸来。（B）12 音节
（81）她立刻停止了申斥丈夫，而把当时所能搬运到脸上的笑意全搬运上来。（D）12 音节
（82）她的嘴翕动着，像鱼儿吞钩一样把与她的嘴相比显得很大的奶头吞下去。（D）13 音节

这几个例子宾语虽然很长，但结构上比较紧凑，带有很浓的欧化色彩。而 A 式里的多音节宾语结构自然而舒缓，多为口语色彩很浓的北京话，例如：

（83）敌军既不能用刺刀随在每个中国人的背后，就势必由日本政客与中国汉奸合组起来个代替"政务委员会"的什么东西。（A）13 音节
（84）一会儿，跑堂的拿上来一个很精致的小拼盘，和一壶烫得恰到好处的竹叶青。（A）22 音节

更为重要的一点区别是，类似于"与她的嘴相比显得很大

的""丑陋但还可爱的"一类的定语,并不是宾语所指对象作为新信息所必要的说明性成分,相反,A式的两例却是典型的引入全新信息的形式。

这样,我们可以肯定地说,A式有带多音节宾语的强烈倾向,同时强烈排斥较短宾语。相反,B式和D式带宾语的能力却是随着宾语音节的增加而逐渐减弱的。

以上分析说明,过去一般认为没有强制性限制似乎可以通说的A、B、D几种格式,在实际运用中是有明显差别的,这种差别就是:A式倾向用于引入新信息的场合,其中的O倾向于采用不定指形式,D式倾向于表示旧的信息,其中的O倾向于采用定指形式,B式介乎两者之间,略近于A式,同时O为无指成分时倾向于采用B式。这个结果正是功能句法学"从旧到新"原则(即越靠近句末,信息内容就越新)在现代汉语里的具体表现。它告诉我们,发话人编排一个句子而宾语的位置可以有几种选择的时候,他往往是根据宾语所指对象对受话人来说是新信息还是旧信息来安排句子结构的,旧信息总是尽量靠近句首,新信息总是尽量靠近句末。这个原则也帮助我们解释了语法论著中常见的那些说法"定指宾语不能放在复合的趋向补语之后",[10]"[A式]宾语中名词前一般都有数量词或其他修饰成分,单独的名词极少见",[11]"宾语都是由于自身的复杂而置于复合趋向补语之后的","存现宾语不能出现在复合趋向补语的前头",[12]"宾语代表无定的事物,不能用把"[13]等等,不过是语用学原则的"语法化"表现,也就是说,这些强制性的规则之间,以及它们

第七章　常规焦点考察之一：宾语和趋向成分的语序

和我们本节里指出的那些倾向性规律之间，从此找到了逻辑上的联系。

附　注

① "来、去"为不及物前文并未说明，因为那里只讲了 C_1，如果对所有的后附于动词的趋向词做分类的话，"来、去"应该算是不及物的，因为"拿来北京""带去屋里"的说法都不成立。

应该指出，"来、去"之为不及物，并非是向来如此的，近代汉语里处所词放在"来、去"之后的例子并不罕见，如《水浒传》第五回就有"智深接过来手里"的说法。直到20世纪40年代老舍作品里还偶见"逃出去北平"的说法。

② 丁声树等（1961）说："'把'字句的动词是有限制的。'回''到''进''来''出''去'一类字后带处所宾语或时间宾语的不能用。'我回家'不能说成'我把家回'。'说出话来，可以改成'把话说出来'，但'说出口来'却不能改成'把口说出来'，因为'口'在这里是表示处所，不是'说出'的东西。"马真《把字句补议》详细论述了"把"字带处所宾语和由动趋式充任述语的情况，指出二者不能共现，并说这"无疑是使用介词'把（将）'的一条规则"。

③ 吕叔湘（1965b）说："双宾语的句式是：A-动 B-C。B 代表的事物通常是有定的，C 代表的事物通常是无定的。"

④ 吕叔湘（1977）说，有一点是可以肯定的:命令句不能用 A 式，我们只说"拿点勇气出来！"或者"拿出点勇气来！"不说"拿出来一

点勇气！"另外，据詹人凤（1995）对《红楼梦》的考察，书中 C 式用得极少，且多是带"了"的。

⑤ 刘勋宁（1988）曾讨论过趋向补语和"了"之间"风火相趁"的关系，可参看。另外，像下面这样动结式、动趋式和单个动词加"了"在句子里并列的例子也很能说明三者之间相近的作用："他放下书，摘掉眼镜，换了衣服，戴上帽子，准备出去。"（引自吕叔湘1976《现代汉语语法提纲》）我们这里强调的是，动词后一旦加上了"结动词"（不管是"了"还是趋向补语、结果补语）就可以表示叙述义，不加就是祈使义，但并不是说加上"结动词"就不能表示祈使义了，从这点看，"了"（只能用于叙述句）和趋向补语（叙述句祈使句两可）并不是完全等同的。

⑥ 关于趋向动词的三种意义，参看刘月华（1988）的论述。刘文对结果意义的说明是："表示动作达到某种结果"，对状态意义的说明是："表示人或事物状态的变化"。

⑦ 这个看法是沈家煊先生向笔者提出的，谨致谢意。

⑧ 这一例是："把帽子戴得极低，为的是教人认不出来他，好可以缓着劲儿跑。"（《骆驼祥子》第 173 页）

⑨ 这两例是："［瑞丰］一见冠先生这样的'不耻下问'，不由的心中颤动了好几下。赶快把一些梨渣滓哗出去。"（《四世同堂》第 326 页）"［女护士］拉开了一个抽屉。她的手紧张得颤抖。抽屉里花花绿绿，书并不多，……她总算把一本书从抽屉里提出来。"（《1985 年小说在中国》第 421 页）

⑩ 见朱德熙 1987。

第七章 常规焦点考察之一：宾语和趋向成分的语序

⑪ 见范继淹1963。

⑫ 见陈信春1982。存现宾语一般都是代表新信息的。

⑬ 见吕叔湘1965b。

本章引书目录

祖堂集　影印高丽藏本，册数，册中页数。

五灯会元　中华书局1984年版，页数。

新校元刊杂剧三十种　中华书局1980年版，页数。

水浒传　人民文学出版社1975年版，回数，页数。

骆驼祥子　人民文学出版社1978年版。

老舍文集（四）人民文学出版社1983年版。

1985年小说在中国　中国文联出版公司1986年版。

第八章　常规焦点考察之二：宾语和动量成分的语序

8.1　宾语和动量成分的两种语序

动词后有动量成分和名词性成分共现时，可以有两种不同的语序，即"动·动量·名"和"动·名·动量"，例如"进一趟城"和"进城一趟"，以下行文中用 VMN 和 VNM 来代表这两种语序。

以往对这个问题的探讨主要是从以下几个方面入手的：1) N 的小类（如：代词/名词；专有名词/一般名词；指人名词/指物名词；等等），2) M 的类别（如：专用量词/借用量词），3) V 的小类（如：予夺、致使等），4) V-N 的语义关系（如：处所、结果、工具等）。主要的结论有：

1. 代词只能位于 M 之前，即语序为 VNM（吕叔湘主编 1980；丁声树等 1961；刘月华等 1983；马庆株 1983；李临定 1986 等）；指人名词可以在 M 前也可以在 M 后，即 VNM／VMN 两可（同上）。[①]

2. 当 M 的量词为借用量词时，M 只能在 N 之后，即语序为

第八章 常规焦点考察之二：宾语和动量成分的语序

VNM，但量词为"眼""把"时不受这个限制（刘月华等1983；李临定1986）。

3. V表示予夺和使动时，M在N之后，即语序为VNM（马庆株1983）。

4. N表示处所时，语序两可；N为V的目的、结果、工具或主体时N后置，即语序为VMN（同上）。

尽管相关的论述已有不少，但这一问题还有进一步探讨的必要。因为，第一，上述几点结论是从不同角度归纳出来的，发生重合时就很难确定哪一条是具有决定意义的。第二，有些结论还没有触及问题的本质特征，例如：

（1）他从来没有表现过一次个人→*他从来没有表现过个人一次

（2）今年只发展过一次党员→*今年只发展过党员一次

这两个例子中的N都是指人名词，但它们只能位于M之后。再如，有些表示处所的N可以与M互为先后，有些则不行：

（3）一年里住了三次娘家→一年里住娘家三次

（4）*这么会儿工夫扛两趟屋里→这么会儿工夫扛屋里两趟

N表示使动对象也不是总能位于M之前，例如：

（5）灭过两次蚊子→*灭过蚊子两次
（6）解决过三次纠纷→*解决过纠纷三次

第三，V 的语义类别在确定语序时是个不易于把握的因素，而 V-N 语义关系在两种语序中呈现什么局面前人也未曾做过较为全面的考察。这里，我们以《动词用法词典》对 N 的语义分类为纲，举一些例子，如表 8-1。

表 8-1

名宾类	VMN	VNM
受事	看三趟姥姥	看姥姥三趟
	看两趟病人	*看病人两趟
结果	包三次饺子	*包饺子三次
对象	表扬一通老张	表扬老张一通
	*批评一通两个孩子	批评两个孩子一通
	（只）治过一次小孩	*（只）治过小孩一次
	*逼好几回对方	逼对方好几回
处所	去四五回天津	去天津四五回
	住两回娘家	住娘家两回
	住两次医院	*住医院两次
	*扛两趟屋里	扛屋里两趟
工具	抽过几次烟斗	*抽过烟斗几次
方式	存过两次定期	*存过定期两次
时间	起了一次五更	*起了五更一次
目的	跑过几趟材料	*跑过材料几趟
原因	操心过几次孩子	*操心过孩子几次
致使	气过一次主任	气过主任一次
	捅过几次炉子	*捅过炉子几次
施事	来过三次客人	来过客人三次
同源	讲了十几次话	*讲话了十几次
等同	踢过五次中锋	*踢过中锋五次

第八章 常规焦点考察之二：宾语和动量成分的语序

可以看出，V-N之间不同的语义关系对两种语序的影响并不存在截然分明的对应关系，更为重要的是，在N为V的受事、处所、行为对象以及致使对象这几种情形里，都可以有两种语序存在，但并不是每个例子都可以有两种说法，而其中的制约因素并不在于N是不是指人。

本章用一种与前人不同的视点，从N的指称性质出发，考察这个因素对语序的制约，同时探究两种语序功能上的差异及其成因，以及两种语序在现代汉语里的阶段性发展。

8.2 制约语序的主要因素

8.2.1 N的指称性质

任何一个名词成分在话语中都有不同的指称性质。这里需要引入与指称性质有关的两对概念：有指（referential）和无指（nonreferential），定指（identifiable）和不定指（nonidentifiable）。如果一个名词性成分的表现对象是话语中的某个实体（entity），该成分就是有指成分；反之，如果发话人在提到某个名词时，仅仅是着眼于该名词的抽象属性，而不是具体语境中具有该属性的某个具体的人和事物，那么这一名词性成分就是无指成分。发话人在使用某个名词性成分时，如果预料受话人能够将所指对象与语境中某个特定的事物等同起来，能够把它与同一语境中可能存在的其他同类实体区分开来，该名词性成分为定指成分；反之，发话人预料受话人无法将所指对象与语境中其他同

类成分区分开来，这一名词性成分为不定指成分。(参看陈平1987b)

我们的考察结果表明,名词性成分的指称性质(有指/无指、定指/不定指),是决定说话人采用VMN还是VNM的重要因素。

8.2.1.1 有指和无指

据我们观察,N为无指成分时,一般总是采用VMN语序,例如：

（7）就着这个喜棚再办一通儿事儿得了!
（8）大家请他加入打几圈牌,他不说精神来不及,而说打牌不痛快。
（9）亏得你还是进过两次劳改队、蹲过三次牛棚的硬汉子哩!
（10）皇甫一周要照一遍X光做一回心电图称一回体重。
（11）叔叔,我能再做一回记者吗?
（12）我和她一起看过几次电影,熟了又一起照了相。
（13）打了四遍电话,不是说你不在,就是占线打不通。

这些例子里的N都不能移到M前面。但我们发现,当无指成分出现在动名组合的"短语动词"里的时候,似乎有两种语序：

吵两次架→吵架两次
谢三次幕→谢幕三次
告四五回状→告状四五回

第八章　常规焦点考察之二：宾语和动量成分的语序

事实上，VNM 的几个例子里的动名组合一般不做动宾短语看待，而是地地道道的动词，因而也就算不上是 VNM 语序了。下面这个例子，也是这种现象类推的结果。

（14）四个人一日三餐加上周末上餐馆一次，或上快餐店数次。

这种情况在我们搜集到的 VNM 语序的 307 例里只有 5 例，仅占约 1.63%；而 VMN 语序里，N 为无指成分所占的比例却相当大，在总共 122 例里有 74 例 N 是无指的，占约 60.66%。显然，N 为无指成分是采用 VMN，排斥 VNM 语序的一个因素。

8.2.1.2　定指和不定指

典型的不定指成分在两种语序里似乎都不能出现，比如我们不能说"看了一眼两本书""喊了三声一个人""找个人五次""拎水桶一趟"等等。我们知道，M 是表示 V 的计量的，V 作为一个动作总是支配着一个事物（N），如果 N 是不确定的事物，支配它的动作也就没有确定的数量可言。因此，当动词后的动量成分与动词的宾语共现时，宾语所述事物的无定性与动词所述动作的可计数性是相冲突的。

两种语序里的 N 都可以是定指性成分，但定指性的强弱在两种语序里的反映却很不相同。我们把汉语名词性成分按定指性由强到弱分为以下几类：

1）代词
2）专有名词

3）称谓词

4）这／那（＋量词）＋名词

5）领属性定语＋名词

6）光杆普通名词

7）限制性定语＋名词

下面依次举几个例子（前为 VNM，后为 VMN）：

（15）林老头病了，李先生看他好几趟。
　　→ *看好几趟他

（16）她无泪可落，而是想骂谁一顿，出出闷气。
　　→ *骂一顿谁

（17）曹先生又嘱咐了祥子一遍。
　　→ *嘱咐了一遍祥子

（18）小王呢，十天半月回来一趟，一定揍媳妇一顿。
　　→ *一定揍一顿媳妇

（19）我去告诉太太一声。
　　→ *告诉一声太太

（20）他故意的上下颠动，摇这个老猴子几下。
　　→ *摇几下这个老猴子

（21）碰了李缅宁的杯子一下
　　→钱康碰了一下李缅宁的杯子，一饮而尽。

（22）?看了手表一眼

第八章　常规焦点考察之二：宾语和动量成分的语序

→这回两个妈同时看了一眼手表。
（23）她看了她一眼，看了灯上的相思豆一眼。
→看了一眼灯上的相思豆

两相对比可见，VNM 表现定指性成分的能力要大于 VMN 式。表 8-2 是对我们收集到的 N 为有指成分的例子的分类统计，从中可以明显看出这种倾向。

表 8-2

NP	VNM		VMN	
	数目	百分比	数目	百分比
代词	195	100.00	0	0.00
专有名词	66	81.48	15	18.52
称谓词	9	100.00	0	0.00
这／那（+量）+名词	4	66.67	2	33.33
领属性定语+名词	11	52.38	10	47.62
光杆普通名词	15	53.57	13	46.43
限制性定语+名词	12	60.00	8	40.00

8.2.2　新信息和旧信息

8.2.2.1　从信息结构的角度看，一个定指成分所传达的信息可能是旧信息（given information），也有可能是新信息（new information）。从这个角度考察 VNM 和 VMN 的结果表明，VNM 中的 N 的所指对象都是上文已经提到过的信息内容，N 的作用是对前面提及的对象进行回指，它不带任何新信息。下面举几个例子。

（24）伊姑娘来了。……曹和茅同时看了她一眼。

（25）那两位中国留学生正谈怎么请求大使馆抗议骂中国人的电影。马威听出来，一个姓茅，一个姓曹，……两个人越说越拧葱，越说声音越高。姓茅的恨不得马上打老曹一顿，……

（26）"刘四爷，看看我的车！"祥子把新车拉到人和厂去。刘老爷子看了车一眼，点了点头，"不离！"

（27）"妈！妈！你买新帽子啦？"玛力一进门就看见凯萨林的蓝草帽儿了。……
"赶明我也跟她学学！"玛力瞪了那个蓝帽子一眼。

（28）BB机在一边"嘀嘀"响，肖科平都不看那边一眼。

上面的例子中，例（24）（28）是代词回指，例（26）是同形回指，例（27）是局部同形回指，例（25）是异形回指，都以不同的形式表明 N 是个旧信息。

在 8.2.1.2 里我们提到的"光杆普通名词"和"限制性定语 + 名词"这两种形式并不是定指成分的典型表现形式。我们对出现在 VNM 中的这两类形式进行了逐一考察，上文往往都有先行词出现，无一用来表示新信息。

8.2.2.2　与 VNM 里 N 总是表示旧信息所不同的是，VMN 里的 N 常常用来表示新信息。这里的新信息并非是 N 所代表的那个事物对于受话人来说是完全陌生的，只是由于发话人说出 N 来之前，N 并不存在于受话人当时的意识里，因此，从话语结构的角度看，下面例子里的 N 都是新信息，而从说话人、听话人双方对该事物的理解看，又都是定指形式。请看例子：

（29）昨天傍晚你到哪儿去了？
　　　我……我去了一趟二虎家。
（30）你叫公务班来人打扫一下地板，不要有沙子。

这可以说是 VMN 区别于 VNM 的一个独有的特点。此外，VMN 里的 N 也可以用来表示旧信息，例如：

（31）宗二爷仍然余怒未消，但此时却意外的听到了关老爷子的一片惊叹声……
　　　关老爷子瞅了一眼发懵的宗二爷，又说……
（32）温都太太请了多瑞姑姑来过节，可是始终没有回信。直到圣诞节早晨末一次邮递，才得着她的一封简短的信，和一包礼物。
　　　……她把女儿叫过来,母女批评了一回多瑞姑姑的礼物。

类似这样的例子，一般都可以改成 VNM 的说法。

8.2.3　名词性成分的长度

我们这里所说的长度有两重意思，一是指实际的音节数，一是指句法构造的复杂程度。N 越长越不宜于进入 VNM 式。表 8-3 是对 397 个例子的统计。

表 8-3

音节数	VMN 数目	VMN 百分比	VNM 数目	VNM 百分比
1	25	21.55	162	57.65
2~3	68	58.62	109	38.79
4~6	5	12.93	9	3.20
7~8	5	4.31	1	0.36
9~11	3	2.59	0	0.00

从表 8-3 可以看出，VMN 和 VNM 对 1 至 3 个音节的 N 接受能力相差无几；当 N 在 4 个音节以上的时候，VMN 的接受能力显然强于 VNM。下面举几个例子。

（33）"回家！"被称为"白公子"的白思弘抬起腕子瞄了一眼亮晶晶的"西铁城"。

（34）侍者看了一眼新来的这个男的，又瞟了眼这位坐了一天的先生，蓦地把腿往后一拿，恭敬退下。

（35）我瞄了一眼桌上几盒装潢精美的点心。

（36）肖科平用匙搅和咖啡，回头瞟了一眼她那个正在弹琴的同事。

（37）我保证不会退出，女人说，而且只要我不想退出谁想退也退不出，女人看了那两个男人一眼。

（38）"讨厌。"林蓓白了已远远而去的马青一眼，回头笑着。

在我们收集到的例子中，VMN 中的 N 如果是定中结构，层次最多时可以达到 5 层，如例（36）中"她那个正在弹琴的同事"和（35）

中"桌上几盒装潢精美的点心"；而 VNM 式中的 N 层次最多是 4 层，如（38）中"已远远而去的马青"，而且口语里一般也不这么说。因此，无论从音节长度还是从句法长度看，VMN 对较长的 N 的接受能力都要强于 VNM。

综上所述，N 的指称性质和传达的信息是决定说话人采用哪个格式的主要因素。我们的观察结果可以概括如下：

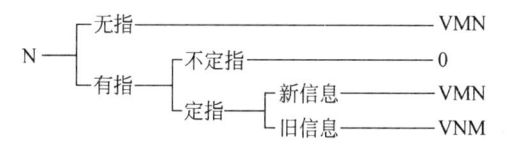

```
         ┌─ 无指 ──────────────── VMN
N ──┤       ┌─ 不定指 ──────────── 0
         └─ 有指 ─┤       ┌─ 新信息 ──── VMN
                     └─ 定指 ─┤
                                 └─ 旧信息 ──── VNM
```

这个结果不仅可以解释为什么代词及个别有指代意义的名词（如"对方"）不能用于 VMN 式，还可以解释为什么有些表示整体事物的名词、抽象名词（如：发展过一次党员，踢过几次中锋）虽然指人却只能用于 VMN，不能用于 VNM。

8.3　VMN 和 VNM 的表意功能

8.3.1　已然和未然

8.3.1.1　我们先看看这样两组例子：

A	B
这星期我去了三趟天津	这星期我去天津三趟
我劝过好几回老张，……	我劝老张好几回，……
他瞪了一眼老头子(,一扭脸走了)	他瞪老头子一眼(,一扭脸走了)

A组是VMN, B组是VNM, AB两组语序不同，但都是陈述一个已然事件。A组用"了/过", B组却没有。如果把A组例子中的"了/过"删除，句子要么不表示已然情况，要么根本就不能说。而VNM不借助助词（或副词）就可以表述一个已然事件，表8-4是我们对281个VNM式例子的考察结果。

表8-4

已 然		未然（无"了/过"）
有"了/过"	无"了/过"	
162	74	45

这里有三个问题值得探究。1）不带"了/过"的VNM有时表述未然事件，有时表述已然事件，那么在什么情况下VNM表述的是未然事件，在什么情况下VNM表述的是已然事件。2）表述已然事件的VNM, V后有时有"了/过"，有时没有，"了/过"的隐现有哪些规律。3）是什么原因导致了上述差异。

8.3.1.2 通过考察我们发现，VNM在表述未然事件的时候，要么在VNM前有一些标示词语，要么VNM是被用于表示祈使或劝诫的句子当中。

可提供"未然"信息的标示语大概有这样几类：

（一）助动词。例如：

（39）你要是真要找她我倒是可以告她一声。

（40）看来真得揍那小子一顿。

（41）李先生非常的痛快，颇想夸奖他们父子一顿，可是

第八章　常规焦点考察之二：宾语和动量成分的语序

只说了一句："十月初二娶。"
（42）既然不肯打你媳妇一顿，那就只有依着她的主意办了。

（二）使让动词。例如：

（43）我想叫儿子揍张二一顿。
（44）他告诉我在电话里他什么也不能说，让我明天一早去他家一趟。

（三）"来/去"。例如：

（45）我去告诉太太一声。
（46）你来找经理一趟倒是没什么，就是别动不动就跟人家吵得脸红脖子粗的。

（四）表示未来时间的词语。例如：

（47）明天去学校一趟，把东西拿回来。
（48）下礼拜看人家一趟，好歹的给买点东西送去。

（五）"再/先"等副词。例如：

（49）再问小王一声，看她拿定主意没有。

（50）先教训这家伙一顿，不怕他以后不听咱们的。

（六）在表示假设情况的分句中，VNM 往往表述未然事件。例如：

（51）丈夫设若揍她一顿给杨老婆听，那可不好消化。
（52）我告诉你李缅宁，你要动我一下，我今天就跟你拼命或者从二楼跳下去，就说是你推的。

在表示祈使或劝诫的句子中，VNM 表示未然事件。例如：

（53）你还是去交通队一趟，警察说什么你就听着，别自尊心那么强。
（54）你送爸爸一趟吧。

8.3.1.3　VNM 表述一个未然事件往往是有条件的，但表述一个已然事件却相当自由。例如：

（55）玛力姑娘劝她母亲好几回，不叫老马带狗出去。
（56）少女斜马青一眼，嫣然一笑，走了。

这两个例子动词后没有"了/过"，表示的确是一个已然事件。如果在 V 后加上"了/过"，意思不变：

第八章　常规焦点考察之二：宾语和动量成分的语序

（55'）玛力姑娘劝了/过她母亲好几回,不叫老马带狗出去。
（56'）少女斜了马青一眼,嫣然一笑,走了。

8.3.2　"了/过"的隐现

8.3.2.1　VNM在表述已然事件时,有时用"了/过",有时不用。据我们观察,"了/过"的隐现受多方面的影响,在下面这几种情况下,一般要用"了/过"。

（一）动词前面有较长的修饰成分,而VNM后又没有后续分句。例如：

（57）不幸的女哲学家用她丈夫赶羊的鞭子抽了她丈夫几下。
（58）三个人打在一团,七手八脚的又踩了二强嫂几下。
（59）那位文人第二天在报纸上臭骂了中国使馆一顿。

以上三例中的"了"都不能不用,但当有后续小句的时候,VNM中的"了"的隐现取决于V前状语的长度及其复杂程度。例如：

（60）他从眼镜框上面瞅了她一眼,把"确"字说得特别
　　　清楚有力。
（61）马威……在伊牧师后面瞪了她一眼,并没有行礼。
（62）老者又细细看了祥子一番,觉得他不是个匪类。

（63）她恶狠狠的瞪了他一眼，顶着那头烂棉花走了。
（64）大胖子狠狠瞪他一眼，打起官腔对我们说……
（65）疯老汉不信任地瞪她一眼，顺着山道蹒跚而走。
（66）那女人又看我一眼，冷冰冰的。

（60）~（62）中的"了"似乎很难删去，（63）中的"了"可省，（64）~（66）根本就没有用"了"。

（二）VNM 充任连动式的后一部分。例如：

（67）马威的脸红了，斜着眼瞪了李子荣一下。
（68）伊牧师用小黄眼珠绕着弯儿看了老马一眼，……
（69）我到家里找过她几次，不管我什么时候去，她都不在家。

（三）动词后的名词宾语较长。例如：

（70）她瞥了那张票一眼，继续做题。
（71）她看了他一眼，看了灯上的相思豆一眼。

在我们收集到的表示已然的 VNM 式例子中，如果 N 是定中偏正结构，V 后面无一例外地都有"了/过"。

8.3.2.2 表示已然 VNM 在什么情况下绝对不用"了/过"，这一点似乎很难找到具有强制性的条件，从收集到的材料只能看出一个大致的倾向。

第八章 常规焦点考察之二：宾语和动量成分的语序

根据我们的观察，VNM 后的分句是否更换主语，对 VNM 中 V 后 "了／过" 的隐现有一定的影响。后一分句的主语与 VNM 所在分句的主语不一致时，V 后常不用 "了"，以保持语气的连贯。例如：

（72）司徒聪看我一眼，我全神贯注着窗外。
（73）谭丽笑着瞟大胡子一眼，大胡子正跟冷柿子说笑，……

嵌在两段引语中间的 VNM，为了保持前后语气的连贯，V 后也常常不用 "了"。例如：

（74）"贱！"安佳白我一眼，"你这叫贱！"
（75）"是么？"石静笑着仰头看我一眼，"回头我找他谈谈，看是不是真有这回事。"

表示已然而又没有用 "了／过" 的例子我们找到 82 个，其中能结句而无后续小句的所占比例并不大（如表 8-5）。统计表明，结句的 VNM 表述已然事件时越来越倾向于用 "了／过"。

表 8-5

	有后续小句		结　句	
	数目	百分比	数目	百分比
老舍作品	11	47.83	12	52.17
当代作品	46	77.97	13	22.03

8.3.3 上面我们谈到，VNM 在表示未然情况时总带有标示词语；VMN 在表示已然事件时往往要使用"了/过"（见 8.3.2.1）。那么，VMN 表示已然还有没有其他手段呢？据我们考察，如果 VMN 中的 V 是动结式，VMN 也有可能表示已然事件。例如：

（76）我在医院遇见三次小王。
（77）今年这家伙做成两次买卖。
（78）你是弄着几次球票，可也犯不上这么牛气啊。

由于动结式具有完成意义，而自身在数量上又是相对封闭的，也可以看作是一种表示已然事件的标志。

综上所述，VMN 与 VNM 在表意功能上有一个重要的区别，即 VNM 可以不借助其他语法手段去表述一个已然事件；而 VMN 在表述已然事件时往往要用"了/过"，除非其中的 V 是动结式。换句话说，VMN 是有标记（marked）格式，而 VNM 是无标记（unmarked）格式。造成上述差别的原因也许是 VNM 的构造提供了表示时态的可能性。VNM 的构造是 V／MN，M 不是 V 的后附成分，而是 N 的前加成分；[②]而 VMN 的构造是 VN／M，M 是 VN 的后附成分。吕叔湘先生（1956）指出，动量成分一方面和"量"的观念有关，一方面也和"时"的观念有关。我们认为 VNM 里的 M 是兼表 V 的数量和时态两种意义的成分；而 VMN 里的 M 作为 N 的前加成分，没有时态意义。

第八章　常规焦点考察之二：宾语和动量成分的语序

8.4　半个世纪以来 VNM 和 VMN 的变化

我们对老舍 20 世纪二三十年代的作品和当代作家作品中的 VMN 和 VNM 进行了比较，发现近半个世纪以来两种格式在使用上确实有不小的变化。主要反映在以下几个方面。

8.4.1　VMN 的使用频率增高，N 的词汇形式更加丰富

我们把当代北京青年作家王朔的小说与老舍二三十年代的小说进行比较，发现 VMN 的使用频率大大增高了。

表 8-6

	老舍作品		王朔作品	
	数目	百分比	数目	百分比
VMN	18	11.54	54	37.24
VNM	138	88.46	91	62.76

另一方面，VMN 中的 N 的词汇形式也改变了以光杆名词为主的格局。与此同时，VNM 式中的代词充任 N 的比例明显增加。

表 8-7

	老舍作品				当代作品			
	VMN		VNM		VMN		VNM	
	数目	百分比	数目	百分比	数目	百分比	数目	百分比
专有名词	0	0.00	37	26.62	14	15.91	23	13.69
代词	0	0.00	73	52.52	0	0.00	12	71.43
光杆名词	17	94.44	18	12.95	54	61.36	18	10.71
定中结构	1	5.56	11	7.91	20	22.73	7	4.17

从表8-7中可以看出，专名由只能进入VNM变为可同时进入两种格式。定中结构在VNM中的使用频率降低，而在VMN中的使用频率提高了。这意味着句法上较为复杂的、音节较长的成分在VMN式中活跃起来了。由于VMN对"大块头"名词具有较强的接受能力，使得定中结构更多地用于VMN中。在我们收集到的例子中，老舍的例句中唯一的定中结构用于VMN的例子，其中N有7个音节，结构层次是两层。而当代作品中定中结构用于VMN的，N最长的是11个音节，结构层次为五层（详见8.2.3）。

8.4.2 VMN的组合能力增强

在老舍二三十年代的作品中，VNM比VMN的组合能力要强得多，它除了可以单独加主语成句以外，还可以充任连动式的后一部分，可以在谓宾动词后做宾语，还可以在主谓句中任主语、加"的"做定语。例如：

（79）马威回头看了李子荣一眼……
（80）我打算在暑假放学之前至少见博士一面。
（81）动手打我一顿倒没有什么。
（82）老王很有揍我一顿的意思。

而VMN一般只做谓语，下面这个例子就算是最复杂的情况了：

（83）军官非常赞同我的话，告诉我他已上过二十多次医院。

第八章　常规焦点考察之二：宾语和动量成分的语序

相比之下，当代作品中 VMN 要活跃得多。它不仅可以在谓宾动词后做宾语、后加"的"做定语，甚至可以在介词后面做宾语。例如：

（84）我准备犯一次决策性错误，总比守成好。
（85）睡不着了，非用个什么事儿充实一下内心不可。
（86）当兵九年，除进一次北京，没离开过部队。
（87）人们在爬过一趟长城、游过一圈西湖、逛过一次桂林山水以后，很少有返回头再来的。

8.4.3　借用量词的位置更加灵活

在我们收集到的老舍二三十年代的用例中，没有发现借用量词与数词构成的动量成分用于 N 之前的。而在当代的作品中，这样的例子却并不罕见。例如：

（88）她极为平静地望了一眼远方殷蓝的苍穹，转身离开阳台。
（89）我记得我摸过几手非常漂亮的无将牌。

以上，我们从几个方面考察了 VMN、VNM 在现代汉语中的阶段性发展状况。总体上看，VMN 发展是变化的主流。与二三十年代相比，VMN 的使用频率增高了，组合能力增强了，适用面更广了，这个现象和两种格式的历史发展趋向是相一致的。

汉语史学者的研究表明，VNM式产生于魏晋，而VMN在魏晋时还没有出现。[3]作为一种后起的格式，VMN近几十年来日趋活跃的现象表明，VMN正处于一种进一步发展的过程中。[4]

附　注

[1] 徐枢（1985a）指出，指人的名词倾向于后置。

[2] 参看朱德熙《语法答问》中的有关论述。

[3] 见刘世儒(1959a)。太田辰夫《汉语史通考》119页曾举《祖堂集》3.46的一个例子："者个子好与一顿棒且放过"，是我们所见VNM式最早的例子。另外，我们在《五灯会元》（中华书局，1984）里也发现了一个VMN式的例子："子在此多年，装束了却来，为子说一上佛法。"据袁宾《〈五灯会元〉词语释义》一文（《中国语文》1986年第5期）考证，"一上"就是"一场、一番"的意思。此外，该书中同类说法都是采用VNM式的。

[4] 据太田辰夫《汉语史通考》的考察，《儿女英雄传》"动量词作为动词的补语放在宾语前面的时候，省略数词的情况极少见"；清末民初的《小额》里"动量词置宾语前做补语使用时，可以省掉数词"。见该书第237、281页。

本章引书目录

王朔：a. 玩的就是心跳，作家出版社。

　　　b. 王朔谐趣小说选，作家出版社。

c. 无人喝彩,当代,1991年第4期。

老舍:a. 骆驼祥子,人民文学出版社,1981。

b. 二马,老舍文集(一),人民文学出版社,1980。

c. 老舍文集(八),人民文学出版社,1985。

张贤亮:男人的一半是女人,中国文联出版公司,1985。

李准、刘索拉等:1985中篇小说选(1、2),人民文学出版社,1986。

第九章　焦点的强化：反问和否定

9.1　否定的连续表现形式

前面的讨论中我们指出，焦点是说话人所刻意强调的重点，说话人为使焦点得以突出，有时要调动一些句法手段，不管是使趋向补语或动量补语给它让位，还是采用"连""是……的"等标记成分，以及用语音手段，向听话人传递焦点信息。这一章我们考察一种超出句子的强化焦点方式，即用两个以上小句来突出一个焦点成分。这就是汉语里一种很有特色的否定焦点强化方式。说话人对一个判断加以否定的时候，这个否定判断本身就是焦点，表达否定判断的形式可以有多种选择,有趣的是，为了加强否定意义，说话人往往会连用两个以上的否定形式来表达同一个否定态度。

9.1.1　吕叔湘先生在一篇短文（1984）中举了这样一个例子：

过了筛子又过箩的材料，还能假吗？能假得了吗？

第九章　焦点的强化：反问和否定

吕先生说："这个例子说明：(1)'能假'和'假得了'作用不同，否则用不着同时用上；(2)'假得了'比'能假'分量重，所以搁在后头。"吕先生的分析十分透辟，这启发我们思考一系列的问题：在语义强度的对比上，除了"–得–"比"能"分量重以外，可能否定是否强于一般否定？反问否定是否强于一般否定？反问否定里的有标记形式是否强于无标记形式？我们可以用吕先生的方法，逐一考察同义小句连用而先后用了不同否定形式的情况，来证明它们之间的强弱规律。

9.1.2　我们首先简单地把北京口语里的否定形式做如下分类：

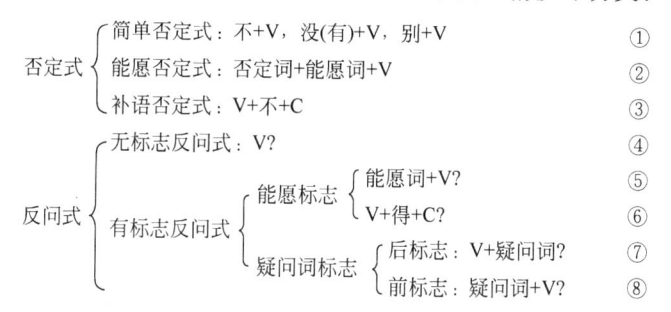

否定式 ｛ 简单否定式：不+V，没(有)+V，别+V　　　　　　①
　　　　 能愿否定式：否定词+能愿词+V　　　　　　　　　②
　　　　 补语否定式：V+不+C　　　　　　　　　　　　　③

反问式 ｛ 无标志反问式：V？　　　　　　　　　　　　　　　④
　　　　 有标志反问式 ｛ 能愿标志 ｛ 能愿词+V？　　　　　⑤
　　　　　　　　　　　　　　　　　　V+得+C？　　　　　⑥
　　　　　　　　　　　 疑问词标志 ｛ 后标志：V+疑问词？　⑦
　　　　　　　　　　　　　　　　　　前标志：疑问词+V？　⑧

以 V 为"去"为例，八种情况的代表形式分别为：

1）不去，没去，别去了，甭去了

2）不想去，不能去，不乐意去，不愿意去

3）去不了，去不成，去不着

4）我去？

5）能去吗？敢去吗？

6）去得了吗？去得成吗？

7）去什么呀？去那儿干嘛？去个什么劲呀？

8）干嘛要去？有什么可去的？

9.2 否定形式的相对强度

这一节我们依次考察以上八类形式之间的强度对比。

9.2.1 否定式与反问式

（1）我们不管，我们管得着吗？（朔3-448）　　①<⑥
（2）你甭向着我，我用着你向着么。（朔4-301）①<⑥
（3）我不难过，我难过什么呀，我就是觉得特对不起人家。（爱225）　　①<⑦
（4）我不动你，我动你干吗？（朔1-362）　　①<⑦
（5）你别哆嗦，哆嗦什么呀？（朔2-220）　　①<⑦
（6）别回家，回什么家呀。回家多没劲。（朔4-28）①<⑦
（7）我绝对不是夸你们，何必要夸？（朔4-489）①<⑧
（8）别怕，有什么可怕的？（朔2-22）　　①<⑧
（9）不谈，有什么好谈的？（朔1-362）　　①<⑧
（10）不滚，就不滚，干吗要滚？（朔1-333）　①<⑧

这些例子足以说明反问形式的否定强度要高于陈述形式的否定式。值得注意的是，这些例子的前后两个小句掉过个儿来说并非不能成立，但我们确实没有发现实际用例。至少表明有

第九章 焦点的强化：反问和否定

这么一种趋势存在。

当反问式里动词是否定形式时，相应的陈述句就是个肯定句。这两种形式连用时，就没有反问在后的强烈倾向：

（11）怎么不可能？这太可能了。（朔 3-97）
（12）我怎么不能？我太能了。（朔 4-300）
（13）我怎么没认识，我当然有认识。（朔 4-459）
（14）你们应该痛苦，干吗不痛苦？（朔 4-60）
（15）坐吧，谁不让你坐了？（朔 3-152）

但（11）（12）（13）不免让人怀疑是强调性副词"太""当然"在起作用。

9.2.2 简单否定式与能愿否定式

（16）我不去了。我不想去了。（朔 2-474）　　①<②
（17）就不给你看。不愿意。（朔 2-455）　　①<②

9.2.3 简单否定式与补语否定式

（18）那不管，我管不了那么许多。（朔 2-146）　①<③
（19）没错，错不了。（朔 2-75）　　①<③
（20）不不不，我不行，干不了。（朔 4-418）　①<③

9.2.4 能愿否定式与补语否定式

(21) 他不会怎么着,他怎么样不了!(王蒙《活动变人形》) ②<③

(22) 当然,我不想感动他们,也感动不了他们。(朱苏进《炮群》) ②<③

(23) 惟独那细皮嫩肉的屁股,却是千万不能打、打不得的。(张黎至《屁股爆冷》,《北京晚报》1994.6.21) ②<③

(24) 我不想解释,也解释不通。(电视剧《皇城根儿》第1集) ②<③

9.2.5 无标志反问式与有标志反问式

(25) 还有谁?还能有谁?跑不了周华了。(爱217) ④<⑤

(26) 谁到这儿来你说说,谁敢到这儿来你说说!(电视剧《过把瘾》第3集) ④<⑤

(27) 从不怀疑?干吗从不怀疑?应该怀疑。(朔2-482) ④<⑧

9.2.6 能愿标志反问式与疑问标志反问式

(28) 我对你们勇刚能干什么呀?我干吗要对你们勇刚干什么呀?(电视剧《娶个什么好》) ⑤<⑧

(29) [晚上你去哪儿?]我能去哪儿?我有什么地方可去?(朔2-408) ⑤<⑧

（30）我怎么可能知道？我知道什么？（朔2-259）⑤<⑦

9.2.7　能愿词标志反问式与补语反问式

（31）过了筛子又过箩的材料，还能假吗？能假得了吗？
（吕1984例）　　　　　　　　　　　　　　⑤<⑥

9.2.8　后疑问标志反问式与前疑问标志反问式

（32）闹什么呀，你说有什么可闹的？（朔2-466）⑦<⑧
（33）我隐瞒了什么了？我有什么好隐瞒的？（爱475）⑦<⑧
（34）你乱打听什么？有什么好打听的？　　　　　⑦<⑧
（35）我难受什么呀？我干吗难受呀？有什么可难受的？
（电影《大撒把》）　　　　　　　　　　　　⑦<⑧

9.3　否定强化的功能解释

　　上面的考察表明，依①<②<③<④<⑤<⑥<⑦<⑧的方向，一般来说是有一种后者强于前者的规律存在的。为什么会有这种否定增强的效果呢？仅仅用实际话语中语气的增强来解释是不够的，我们应该通过探讨这些形式的语用功能来寻找答案。

　　9.3.1　我们知道，焦点是和预设相依存的。一个肯定或否定的判断，背后都有一个听说双方共同认可的中性判断，这个中性的判断就是预设。比如说"我去""我不去"预设都是"我可以去"。作为答句，用"我去""我不去"来回答"你去吗？"这样的问题就足够了，一般不必再对预设进行否定："我不可以去"。这是就一般情况而言。

这样我们就解开了上述否定强化之谜。问话人在认为答话人对预设不持异议的前提下发问，答话人先做一个一般的否定回答，再进而干脆把预设也否定了，这当然对问话人是个意外的打击，否定效果也就是这么得以加强的。这个观点可以使上节所有例子获得解释，例如：

例（1）"我们不管"的预设是"我们管得着"，"我们管得着吗"使"我们不管"的意义得到了加强。

例（9）"不谈"的预设是"有的可谈"，"有什么好谈的"使"不谈"的意义得到了加强。

例（16）"我不去了"的预设是"我本想去"，"我不想去了"使"我不去了"的意义得到了加强。

例（21）"他不会怎么着"的预设是"他怎么着得了"（即他可以那样做），"他怎么样不了"使"他不会怎么着"的意义得到了加强。

例（26）"有人到这儿来"的预设是"有人愿意（敢）到这儿来"，"谁敢到这儿来"使"谁到这儿来"的意义得到了加强。

例（28）"我可能对勇刚干什么"的预设是"我有必要/理由对勇刚干什么"，"我干吗要对你们勇刚干什么呀"使"我对你们勇刚能干什么呀"的意义得到了加强。

例（33）"我隐瞒了某事"的预设是"我有值得隐瞒的事"，"我有什么好隐瞒的"使"我隐瞒了什么了"的意义得到了加强。

例（35）"我难受"的预设是"有某种原因使我难受""有值得我难受的事"，"我干吗难受呀？有什么可难受的？"使"我难受什么呀"的意义得到了加强。

我们没有把对所有例子的分析都列举在这里，只是选取了一些比较典型的。当然，也还有一些例子分析起来不能那么径情直遂，但仔细辨析，后者都可以看成前者的某种预设。因为一句话的预设不是唯一的，甚至可以无限多，而说话人要强调哪一点，却是依语境而定的，所以"否定预设"这一点，在有的例子里表现得相当明显，有的却不那么明显，分析起来有些曲折也不足为怪。

9.3.2 顺着这个思路，我们可以进而揭示更多的事实。像以下这几个例子，都不属于9.2里的情况,却都可以用"否定预设"来解释：

（36）什么也不干，没的可干。（朔4–229）
（37）我没瞒你什么，也没有什么可瞒你的。（电视剧《京都纪事》第20集）
（38）咱不为什么了,什么都不为了。(《我是王朔》第54页)
（39）我不干了，没法儿干了，也不爱干了。（电视剧《小保姆》）

（40）就不知道你们有没有、能不能接全活儿？（朔 4-173）

（41）我不生气，我一点也没生气的意思。（朔 4-47）

（42）[你不是开玩笑吧？] 不是，我没心思开玩笑。（朔 4-50）

（43）[你不带我去，带谁去？] 谁都不带。（朔 1-339）

（44）你不必改，我也没想叫你改。（朔 3-154）

（45）你说过多少回改了？你改过一回么？（朔 1-349）

（46）你哪儿也别去！我哪儿也不让你去，今天你是我的！（朔 1-98）

（47）我有什么对不起你？什么没给你？你还想要什么？还想要什么？（朔 1-31）

最后一个例子很有意思，其最后两问虽然字面相同，但据我们理解，两句所强调的内容似乎有所不同：前一小句的重音应该在"要"上，而后一分句的重音是在"想"字上。"想要什么"是"要什么"的一种预设，对"想要什么"进行反问比对"要什么"进行反问，分量要重得多。

9.3.3 功能主义的语言观认为，相同语义的不同表现形式在共时系统里并存，必有其各自的功能价值。本章分析的现象不仅是"并存"，而且是"并行"，这一点就显得更为突出。二者并行，后者使前者的表达效果得以加强，须有个前提：后者不带来更多新的信息，即，基本信息内容等同于前者，否则就难分谁强谁弱了。所以，否定形式的连用，从语用角度讲，是

第九章　焦点的强化：反问和否定

个否定效果的强化过程；从语义上讲，却是个下文信息度降低的过程。("信息度"的概念来自于 Robert-Alain de Beaugrande & Wolfgang Ulrich Dressler 的 *Introduction to Text Linguistics* 一书，见廖秋忠 1992b：377 的介绍）

本章例句出处

"朔"代表《王朔文集》，括号内数字分别为卷数和页数；"爱"代表小说《爱你没商量》，括号内数字为页数。

第三部分

语法化研究

第十章　尝试范畴的语法化历程

赵元任（1968）提出汉语动词有一种"尝试态"（tentative aspect），指的是重叠式动词如"看看""想想"等现象。这种概括并不全面，吕叔湘（1956）、王力（1944）和 Li & Thompson（1981）都正确地指出动词重叠式的基本意义是表示短时态（delimitative aspect），尝试意义只是重叠动词在某种条件下（动作未完成，可及终点）产生的一种意义。那么，汉语里有没有表示尝试范畴的语法形式呢？学者们常提到的就是汉语历史上长期存在的语助词"看"。

陆俭明（1959）首先把动词（主要是动词重叠形式和动补形式）后轻读的"看"（如"试试看""听听看""叫一声看"）分析为语助词，并指出其语法意义是表试探语气。其后，不断有人对语助词"看"的最早出现时期提出补充；陆先生本人也注意到张相《诗词曲语辞汇释》里"看，尝试之辞，如云试试看"的说法。目前对这个问题大家比较一致的看法是：语助词"看"在不晚于唐宋时期出现；现代汉语里主要加在动词重叠形式和动补形式之后；现代南北方许多方言里都有这种说法。我们认为这个现象中还有一些重要问题需要讨论，主要是：这种现象在现代汉语里的分布是什么局面？如果某种方言里过去常用而现在少用这种说法，是什么原因？汉语里表示尝试意义的语法形式主要是哪些？它们之间的兴替有什么内在联系？有哪些功能上的可解释性？

10.1 语助词"看"不属于现代北京话

首先，我们着重考察语助词"看"在现代北京话里的表现。

在距今二百多年前的《红楼梦》里，据陆俭明（1959）考察，只有一例：[1]

（1）病倒尚有三分治得。吃了我这药看。（第十回）

距今一百多年前的《儿女英雄传》里共有三例：

（2）等你梦中叫的那个有情有义的玉凤姐姐来了，你问他一声儿看。（第23回，第422页）
（3）等闲了我弄几枝没头儿的箭试试看。（第31回，第590页）
（4）等织出布来，亲家太太，你搂搂算盘看，一匹布管比买的便宜多少！（第33回，第661页）

约半个世纪以前的老舍作品《骆驼祥子》里，也只有五例：

第十章 尝试范畴的语法化历程

（5）左右看，没人，他的心跳起来，试试看吧，反正也无家可归。（第104页）

（6）想想看吧，本来就没有儿子，不能火火炽炽的凑起个家庭来。（第125页）

（7）一直的他奔了北长街去，试试看，万一曹先生已经回来了呢。（第202页）

（8）我给你想想看：你要是娶了她，在外面租间房，还是不上算。（第205页）

（9）你去上那里找找看吧。（第211页）

同时的曹禺作品《曹禺选集》（包括《雷雨》、《日出》、《北京人》）里，有六例：

（10）鲁侍萍：我倒认识一个年轻的姑娘姓梅的。

周朴园：哦？你说说看。

鲁侍萍：可是她不是小姐，她也不贤慧，并且听说是不大规矩的。

周朴园：也许，也许你弄错了，不过你不妨说说看。

（《雷雨》第61页）

（11）你今天早上说要拿你的学费帮一个人，你说说看，能答应的总是要答应的。（《雷雨》第108页）

（12）什么？我进了你的卧室？不对，我没有，没有。我想想看啊。（《日出》第141页）

（13）李石清：经理知道了市面上怎么回事么？

潘月亭：不大清楚，你说说看。（《日出》第248页）

（14）明年开了春，我为你们再出门跑跑看，为着你们的儿女我再当一次牛马！（《北京人》第392页）

而在代表当代北京口语的《王朔文集》第一卷至第四卷里，只找到一例：

（15）啊，就那么回事吧，结结看，不成就离。（第4、63页）

总体来看，这几部代表不同时期北京口语的作品里，语助词"看"的频率是极低的，表10-1是简单的频率统计（其中"频率"指的是每10万字中的出现次数）。

表 10-1

	红楼梦	儿女英雄传	骆驼祥子	曹禺选集	王朔文集
字数	110万	60万	15万	30万	89万
次数	1	3	5	6	1
频率	0.09	0.50	3.33	2.00	0.11

这些作品的作者里，《红楼梦》的作者曹雪芹、《骆驼祥子》的作者老舍和《雷雨》《日出》《北京人》的作者曹禺在创作中可能受到了其他方言的影响。为了进一步弄清语助词"看"是否属于现代北京话的本质特征，我们进一步考察了20世纪80年代中期实录的北京口语语料里的情况。这份材料是北京大学

中文系林焘先生带领部分师生于1983、1984两年在北京城近郊区各区县对不同年龄、民族、性别、文化程度的北京人做的广泛、全面的实地采录。我们选取其中有代表性的一批城区语料进行考察，在约20万字的语料里，未发现一个用语助词"看"的例子。本书作者在北京生长，自我语感认为现代北京话里没有语助词"看"，另外笔者征询了10余位北京籍语言工作者，都有相同语感。

这样，至少可以断定，语助词"看"基本不属于现代北京话范畴。于是，说它是"现代汉语中一个新的语助词"恐怕是不全面的，因为它既非新兴，又不存在于现代汉语的基础方言里。

10.2　历史上尝试形式的兴替

这一节里我们简要回顾一下语助词"看"以及相关尝试范畴在汉语历史上的表现。需要说明的是，我们这里并非全面描写它的历史，也就是说，不具体考证其各种表现形式的出现和消亡年代，我们在很大程度上利用了汉语史学者们的有关成果，如陆俭明（1959）、劳宁（1962）、心叔（1962）、蔡镜浩（1990）、袁宾（1992）、吴福祥（1994）、太田辰夫（1958）等，并结合自己对历史材料的查考，大致可以描述出以下这个粗略的发展脉络（见表10-2）。

表 10-2

	试 VP 看	VP 看	VC 看	VV 看	VV
南北朝	+	+			
唐	+	+			
宋	+	+	+		
元		+	+		(+)
明		+	+	+	+
清			+	+	+
现代			(+)	+	+

表 10-2 显示了一个趋势,那就是,除"VP 看"一直延续到明朝以外,所有形式都从左到右呈现出时间上的兴替现象。下面各举一些例子。

(一)"试 VP 看"的例子:

(16) 汝是贵人,试作贵人行看。(《俗记》)——南北朝
(17) 走笔小诗能和否?泼醅新酒试尝看。(白居易《初冬即事呈梦得》) ——唐
(18) 人间方药应无益,争得金篦试刮看。(白居易《眼病》) ——唐
(19) 师云:汝试道看。(《祖堂集》761-1) ——晚唐
(20) 出来试弄一转看。(《祖堂集》369-10) ——晚唐
(21) 此事为什么毁誉不同,请试拣出看。(《景德传灯录》卷十八) ——宋

第十章　尝试范畴的语法化历程

（二）"VP 看"的例子：

（22）汝好思量看。（《十诵律》）　　　　——南北朝
（23）汝但说看，若可得理，我当方便。（《佛本行集经》卷三十一）　　——隋
（24）囊空恐羞涩，留得一钱看。（杜甫《空囊》）——唐
（25）愿和尚为某等说看。（《祖堂集》119-6）——晚唐
（26）师云：汝疑那个不是指出看。（《祖堂集》528-4）
　　　　——晚唐
（27）身上有何伎艺？消得五百贯钱。至甚不多，略说身上伎艺看。（《庐山远公话》）　　——晚唐
（28）我缘不会，与我子细说看，我便舍邪归正。（同上）
　　　　——晚唐
（29）近有一学者来欲说皇极，某令他说看，都不相近。（《朱子语类辑略》卷六）　　——宋
（30）这肉熟了，你尝看，咸淡如何？（《老乞大》第39页）　　——元明
（31）好酒，你尝看，酒不好时，不要还钱。（《老乞大》第113页）　　——元明

（三）"VV／C 看"的例子：

（32）那个伯伯肯与奴家拽过我的丈夫尸首到岸边，奴

家认一认看。(《清平山堂话本·雨窗集·错认尸》) ——宋元

(33) 他敢和我使一棒看,我便道他是真教头。(《水浒传》第九回) ——明

(34) 行者道:你猜猜看。(《西游记》第七十四回)
——明

(35) 拿过葫芦来,等我装装天,也试演试演看。(《西游记》第三十四回) ——明

(36) 什么规矩?怎么我不晓得?你倒说说看!(《官场现形记》第四十五回) ——清

(四)"VV／C"的例子:②

(37) 试定精神看一看,许多暗昧魍魉各自冰散瓦解。(《朱子语类》第十二卷) ——宋

(38) 却得程氏说出气质来接一接,便接得有首尾。(《朱子语类》第四卷) ——宋

(39) 相公在这里坐坐不妨事。(《元曲·竹坞听琴》第三折) ——元明

(40) 也到员外家看看去。(《元曲·看钱奴》第二折)
——元明

(41) 到俺店肆中避避。(《元曲·看钱奴》第二折)
——元明

第十章 尝试范畴的语法化历程

（42）师父啊，我自为人，也穿了几件背心，不曾见这等纳锦的。你不穿，且待老猪穿一穿，试试新，唔唔脊背。（《西游记》第五十回）　　——明

（43）我倒请教请教，这番道理安在？（《儿女英雄传》第三十回，第574页）　　——清

（44）是么？回头我找他谈谈，看是不是真有这回事。（《王朔文集》第1、82页）　　——现代

（45）我觉得她跟你挺合适的。哪天我介绍你跟她认识认识呀？（《王朔文集》第1、303页）　　——现代

从以上例子中，我们可以确定无疑地把动词后的"看"字分析成表示尝试意义的助词。它从实义动词"看"虚化而来，但它始终没有彻底变成一个纯语法形式，在所有包含语助词"看"的例子里，都或多或少地可以感到它的"观察义"或"感知义"。因此，在它的发展历史中，始终有其他形式相伴：前期是词汇形式"试"；后期是语法形式"动词重叠"。从这个角度，我们或许可以获知语助词"看"由出现到衰亡的原因。

我们的工作是探求汉语尝试范畴的语法化历程，而考察这个历程的起点应该是从没有发生语法化时开始。任何语义范畴在没有语法化之前，都往往是通过词汇手段表达的，"尝试"意义也不例外。在早期文献中，我们不难读到这样的例子：

（46）大王试听其说，一举而天下之从不破。(《战国策·秦一》)
（47）丈人试静听，贱子请具陈。（杜甫《奉赠韦左丞丈二十二韵》）
（48）捷下万仞冈，俯身试搴旗。（杜甫《前出塞九首》）
（49）试为巴人唱。（李白《古风·郢客吟白雪》）
（50）试借君王玉马鞭。（李白《永王东巡歌》）
（51）试涉霸王略。（李白《五古·郎忆旧游书怀赠江夏韦太守良宰》）
（52）试发清秋兴。（李白《送麴十少府》）
（53）汝试道一句来，吾要记汝。(《祖堂集》700-9)

这里的"试 VP"应该分析为连动式，"尝试"语义由词汇成分"试"负载。

当动词后的"看"字分担了一部分尝试语义时，词汇成分"试"还时常是如影随形地伴随着出现（参看例 16~21,37）。在语助词"看"最为活跃的时期的前半期（隋唐至宋代），"试 V 看"的说法一直是跟"V 看"分庭抗礼的：《祖堂集》里二者几乎是五五开（19∶21）；白居易的诗里"试 V 看"还多于"V 看"；而《景德传灯录》里，据陆俭明（1959）考察，全是"试 V 看"形式。

当表示短时义（兼有尝试义）的动词重叠形式出现以后，"试 V 看"的形式很快消失了。"试 VC"的例子不多见，"试 VV"的例子就更难得见。这也正说明，语法形式一旦兴起，自然会取代同样功能的词汇形式。从元明到现代，"VV／C看"跟它的不带"看"的形式一直是并存着表达尝试意义的。动词重叠形式本身所具有的尝试意义不仅为专职的尝试语助词"看"分担了语义，也为语助词"看"退出历史舞台创造了条件。上文10.1里我们统计的几部北京方言作品里，语助词"看"的出现都是屈指可数，而用动词重叠形式表示尝试语义的例子却都在几十例甚至上百例以上，如此悬殊足以说明语助词"看"是在动词重叠式的冲击下走向衰亡的。

10.3　现代方言和北京话里尝试范畴的语法化趋向

其实，所谓衰亡，也只是一种假设，这种假设基于一个前提，那就是：以上所引书证都典型地代表了当时的共同语的状况。但是，新近的研究不断表明，方言因素在近代汉语研究中不容忽视，同一个语法范畴在不同文献中有不同表现，既有可能是历时的变化，也有可能是共时的方言分歧。拿10.1考察的北京话的情况来说，就十分耐人寻味。我们看到在所有公认代表现代北京话的作品里，"VP看"的使用频率一直很低，这就至少存在两种可能的解释：一是汉语的共同语的确经历了如上节所勾画的一个尝试范畴兴替的过程，清代以来的北京话反映了"VP看"消失"VV"增强的状况；二是北京话也许根本就是排斥"VP看"形式的，少量用例仅仅是受通行小说语言的影响所致。

后一种看法起码有两点依据：一是找不到任何时期的北京

话有"VP 看"出现频率较高的记载;二是现代很多方言里都还广泛地使用着"VP 看",如吴语,而这些方言跟汉语共同语的关系不可谓不密切。也就是说,许多方言里并没有发生"VP 看"衰亡的现象。事实究竟如何,我们不妨简单考察一下现代方言的状况。

苏州话(刘丹青 1986)用"VV 看"来表达尝试意义,如:

买买看　看看看　翻翻词典看　商量商量事体看

海盐话(胡明扬 1992)用"VP 看"表示尝试:

辫件衣裳𠲎穿穿看
让我用用𠲎个株笔看
个株笔勿好写,𠲎用辫株笔看
辫本书让我看看看

南京话(刘丹青 1994a)用动词重叠加"看"表示尝试,但在"看看"后用"瞧":

你吃吃看,味道好不好?
你听听看,音色怎么样?
你看看瞧,高头写的什么?

第十章 尝试范畴的语法化历程

福州话（郑懿德1983）用重叠动词加后附成分"看"表示尝试：

　　汝去箱箱哩翻翻看　　汝去街哩觑觑看

福建惠安话（陈法今1991）用"V 睗"表示尝试：

　　我唱即块睗（我唱这首试试）
　　阿兄下昼写一两字睗（哥下午写一两个字试试）

陕西清涧话（刘勋宁1995）用"V 瞧"表示尝试：

　　吃瞧怎么着哩（吃吃看怎么样）
　　闻瞧熟了也没（闻闻看熟了没有）
　　走瞧大小哩（走走看［鞋］大还是小）
　　试当瞧长屈哩（试试看长短如何）

广州话（陈慧英1982）可以用单音动词的重叠式表示尝试意义：

　　睇睇（看看）　揾揾（找找）　煲煲（煮煮）

据周小兵先生告知，现代广州话也用"V 下"表示尝试：睇下，揾下。

西南官话里多数是用"V 下""V 一下""V 一下子"等，也有用"VV 瞧"的，多数没有动词重叠式，少数有"V 看""V 瞧"

等说法。(见《西南官话名词和动词的重叠式》,《方言》1987, 1~3。)

总的来看,这些表现形式都正好是历史上某种用法的投射。重要的是,凡动词本身不变形的,尝试标志就是不可或缺的(如惠安话、清涧话及多数西南官话);动词有重叠形式但不独立表示尝试意义的,尝试标志也是强制性的(如苏州话、海盐话、南京话等);凡动词重叠形式明显具有尝试意义的,尝试标志就是可有可无的(如北京话)。

这些方言记载向我们透露了另一点很重要的信息是,尝试标志的结合面各不相同,结合面窄的方言里,只限于"尝、试、看、想、说、吃、走"等少数动词。尝试标志为强制性的方言里,结合面较宽;尝试标志为非强制性的方言里,结合面就窄些。这个现象如果对照历史材料看,就可以把握它们的语法化进程。在以"VP看"为主的时期(如唐、五代),"看"的结合面相当宽;以"VV看"为主的时期(如明、清),"看"的结合面就窄得多了,这正是上一节末尾我们分析的语法化进程中功能分配的结果。我们可以据此推测,这些方言的尝试表达形式还都处在语法化的某一阶段,以后不免还会有新的变化。

从功能分配的角度看,似乎没有一个方言的动词重叠形式纯粹地用来表示尝试意义,大多是以表示短时义为主,兼表尝试。这就出现一个问题,一个方言有没有可能根本不存在尝试标志?拿北京话来说,除去少数受吴方言影响的"VV看"和受西南官话影响的"V一下儿"以外,地道的北京话里还有没有用以明

第十章 尝试范畴的语法化历程

确尝试意义的补充手段呢？我们注意到在不少论著里暗示了现代北京话里的"VP试试"形式，如胡明扬（1992）在对译海盐方言尝试态助词"看"的时候，用的北京话都是"试试"形式："这件衣服你穿着试试""让我用用你那支笔试试""那支笔不好写，你用这支笔试试"。再如刘月华等（1983）说："动词重叠有时包含尝试意义，即表示命令、请求或希望进行某一动作试试，看是否能取得预期的效果。重叠动词后往往可以加'看'或'试试'。"文中有作者自拟的"VV试试"例子三个，见刘文例（51）（89）和（91）。

这是不是就可以说明"VP试试"相当于别的方言的"VP看"呢？

从直觉上，人们首先容易把"VP试试"分析成连动式。我们认为，汉语的所谓"连动式"从来都不是一个稳定的结构形式，在比较紧凑的"V_1+V_2"组合中，只能有一个动词作为语义焦点，另一个则必然是辅助成分。就是说，如果V_2是语义焦点，V_1就有虚化为修饰性成分的趋向，如"在家看书""拿着鸡毛当令箭"里的"在家"和"拿着"（这一点可以参看Li & Thompson 20世纪70年代中期的一系列论文以及石毓智1995）；如果V_1是语义焦点，V_2就有虚化为助词性成分的趋向，如"买菜去""走过来"里的"去"和"过来"（参看本书7.4）。从这种观点出发，我们要想证明"VP试试"里的"试试"是助词，就首先需要证明VP是语义焦点而"试试"不是，然后才能证明非焦点的"试试"进一步虚化成了助词。但在以下例子里，很难证明"试试"

不是语义焦点：

（54）我去敲门试试。（《王朔文集》第4、30页）
（55）赶明儿你们谁不服,跟她下盘跳棋试试。（《王朔文集》第4、531页）
（56）你找个潘佑军那样老婆试试,就你这样的一天和她也过不下去。（《王朔文集》第1、382页）

这几个例子里"试试"前的VP都没有明确的时态表现形式,也就是说,在"VP+试试"里,"试试"作为动词"试"的重叠形式,是唯一的有时态标记的动词成分。因此这种情况下没有足够的理由把"试试"分析成助词。但下面的几例却有不同：

（57）你还这个瞧不起那个瞧不起的,你去跳跳试试。（《王朔文集》第1、231页）
（58）去吧去吧,那不是一般的车,你玩回试试,保你上去就不爱下来。（《王朔文集》第4、13页）
（59）你还要打我,我妈妈都没打过我,你倒打我打上了瘾。你再动我一下试试,非跟你拼了。（《王朔文集》第1、31页）
（60）咱找他们一下试试。（《王朔文集》第4、82页）
（61）对,我今天就是不讲理了——你再走一步试试。（《王朔文集》第1、360页）

第十章 尝试范畴的语法化历程

我们注意到这些例子里 VP 都含有动量成分，这样，我们所面对的事实其实质就成为：在"V+动量+试试"格式里，如何判断语义焦点所在。动量成分与动词重叠都是动词的时态表现手段，要证明前者在表义功能上重于后者，最直接的方法就是从二者的历史亲缘上寻求解释。我们知道，动词重叠的前身是动词同形的动量形式，如"试试"原是从"试一试"虚化而来。因此，动词重叠式的意义已比其前身更加虚化，在表义功能上自然要弱于"动+动量"形式，这样，我们就有理由认为在"V+动量+试试"格式里，V 后的动量成分标明了语义焦点身份。上一节我们对历史的考察也表明，尝试态助词的产生过程是与动量成分相伴随的。可以说，动量成分在这个过程中起了决定性作用。即便是在下面这样的例子里由于动量词"个"的存在，也足可以证明语义焦点是在"仿个聂卫平"上而不在"试试"上：

（62）我认为是仿的对象不对。仿个聂卫平你试试。（《王朔文集》第 4、542 页）

论元成分"你"的存在不过是虚化过程的痕迹，去掉"你"字，"试试"就几乎是助词了。

通过对上文"试试"用例的分析，可以看出其功能已基本等同于历史上的"看"了，可以看作是北京话里相当于"看"的新兴助词成分。[③]

该如何解释这个现象呢？一种可能是，北京话早已完成了

"-看"的虚化、衰亡过程,而新的词汇—语法形式"试试"正开始取而代之,果然如此,就意味着汉语尝试范畴的语法化历程是在如下的圈子里循环的:④

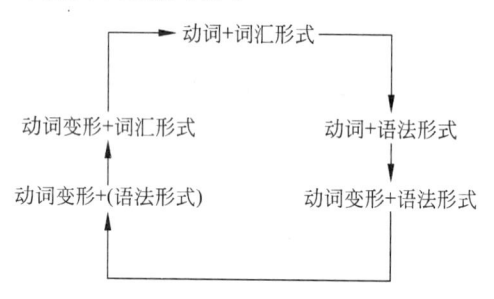

```
         ┌──→ 动词+词汇形式 ──┐
         │                      │
动词变形+词汇形式          动词+语法形式
动词变形+(语法形式)        动词变形+语法形式
         │                      │
         └──────────────────────┘
```

但在我们找不到历史文献材料证明北京话"-看"的消亡过程的情况下,这种解释只能算作一种推测。

刘丹青先生在跟笔者讨论这个问题时介绍说:

苏州话中,VV式用途比北京话广,但不能独立表达尝试义,而必须用"VV看"或"VC看"。可能正是因为VV式的语法语义负荷过重,所以不能再让它表尝试义。苏州话最常带"看"的大概就是"试试看"。这很有意思。"试"是词汇义和语法义相交处,苏州和北京正好走了两条路。苏州的"VV看"已是一种多少带有强制性的尝试范畴标记,遇到动词"试"时,总是表示尝试,于是老是带着"看",单说"试试"比单说VV要少见得多。北京的尝试义主要已由VV本身表达,遇到"试"尝试义更明显,更不需要带"看";而且,由于"试试"的尝试义更明确,所以干脆让"试试"担当起尝试标记的任务,开始新一轮语法化过程。苏州话"试试看""看看看"作为整体都有语

第十章　尝试范畴的语法化历程

法化倾向，如下列例句："我来先唱两句试试看""倷吃一口试试看""倷先讲两句看看看，俚肯听倷就讲下去"（你先说两句试试，他肯听你就说下去。"看看"已无"看"义）。以上各句中的"试试""看看"可以拿掉，而后加的"看"不能拿掉，可见"试试看""看看看"已经有所虚化，相当于后加的"看"。这也是这两个组合比较常用的原因之一。

刘丹青先生所指出的"试试看""看看看"的整体虚化倾向具有重要启发意义。可以设想，如果这二者进一步虚化，而北京话的"试试"也进一步虚化，那么苏州和北京的尝试标记又几乎是殊途同归了。各种方言里的语法化途径与进程各不相同，但我们有了这样一种视角，面对任何历史时期、任何地域特色的尝试表示法，就都会有一个宏观的认识。我们相信，任何相对固定的尝试表达方式都不会超出上图所示的五种形态，而虚化方向也肯定是依图中箭头所示进行的。

最后，还有一个现象需要解释，那就是以上例（46~53）所示的"试+VP"的表示法何以没有出现在循环图上。事实上，"试+VP"在汉语的历史里一直也没有发生语法化，它始终是各种尝试态形式的伴随手段，以上例（46~53）是上古和中古的例子，下边是近现代的例子：

（63）左右，你去唤将那妇人来，我试问他。（《元曲·五侯宴》）

（64）将洒子来，我试学打。（《老乞大》第63页）

(65) 你将这一张黄桦弓上弦着,我试扯。(《老乞大》第 182 页)
(66) 怕你不信时,别个店里试商量去。(《老乞大》第 33 页)
(67) 拉到个僻静地方,细细端详自己的车,在漆板上试着照照自己的脸,越看越可爱。(《骆驼祥子》第 10 页)
(68) 她曾试着逃出去,但她……(《日出》第 137 页)
(69) 都想试巴着给中国指道儿,我们还哪儿都不去了!(《王朔文集》第 4、135 页)

古今的异同,仅仅在于现代的"试"字后边必得加个"着",这正可以用我们上边说的连动式虚化规律来解释:"试"既然不是语义焦点所在,它就有虚化为状语性成分的倾向,"-着"正是其标志;而动词的动态(phase,或称动相)范畴,往往是在动词之后的位置上实现语法化的,因此无论是"看""瞧""试"还是"来""去"等,在动词之后的语法化进度远远比在动词前更为活跃。[5]

10.4 共存形式的功能分配

本章从语法化的角度研究了汉语历史上和方言里的尝试范畴表示法,指出了它们之间的联系以及变化规律。语法化是语言发展的一个一般趋势,具体到某个范畴也未必都是清晰而规

第十章 尝试范畴的语法化历程

整的。本章指出汉语尝试态助词有一种兴替现象，但兴替的过程却不是那么整齐划一的，新的形式兴起了，而旧的形式却不一定就此消亡，还可能由于种种原因而继续生存。北京话的"一试试"有取代"一看"的倾向，但北京人也不一定拒绝"一看"，尤其是相当多的操地方普通话的人都很自然地说"VV 看"，北京人就难免不受影响，这就造成了某种条件下的共存。但既然共存就会有所分工，我们曾在分析动趋式语序时指出 VOC_1C_2 是早于 VC_1OC_2 的语序，二者在现代汉语的共存，前者就限于专职用于祈使句了（见 7.3）。"一试试"和"一看"的情况也不例外，北京话里尝试意义可以说有四种表示法：① VV，② "VP 试试"，③ "VP 看"，④ "VP 一下"。VV 用得最多最广，基本是个无标记的（unmarked）形式；"VP 试试"语气比较强硬，较少建议语气；"VP 看"语气较软，带有一些文气；"VP 一下"用的最少，较多短时义。"试着 VP"与四者的不同在于不用于祈使句，也就不用于第二人称。所以，历时系统中的形式兴替是一回事，共时系统中的功能分工又是一回事，但二者也不是没有关系，新形式总是从有标记向无标记发展，意义越来越宽泛；旧形式则从无标记向有标记退化，意义越来越狭窄。比如"VV 看"兴起以后，"V 看"里可出现的 V 就只限于明显带有尝试义的动词了（见例 30、31）。

附　注

① 陆文还举出了另一例："待我用药看。"但在注中说明庚辰本、庚甲本均作："待用药看看。"

② 表示尝试义的动词重叠式跟短时义难分，太田辰夫认为这是从重复的动词中间加"一"形式变来的，元代以后，"一"被省略了。刘坚（1992）指出明代前期动词重叠形式用的还不普遍。

③ 我们说"一试试"是个新兴的成分，是因为在《儿女英雄传》《骆驼祥子》《曹禺选集》里都没有见到，所见最早例子是李人鉴（1964）举的两例：

不信您看我骑骑试试。（浩然）

我看你削削试试。（孙犁）

④ 刘丹青先生对这个循环有很好的解释，他在来信中说："语法化似乎可以分出三种不同的程度，即不足（under-）、充分（full-）和过度语法化（over grammaticalization）。不足语法化的特点是虚化成分兼有虚实两种作用因而排斥实词。充分语法化的特点是虚化成分和实词分别成为语法手段和词汇手段，出现虚实叠加，如'试试看'是词汇的尝试义'试试'和语法的尝试义'看'的叠加，'看看看'是词汇的'看'和语法的'看'的叠加。过度语法化的特点是虚化成分语义负载太重或者频率过高使信息量降低，结果是语法范畴弱化、消失或重开新一轮语法化过程。新一轮语法化往往也是以新的不足语法化为起点的，形成一种语法化的循环。"

⑤ 一个很好的证明就是，现代北京话的"试着VP"远不如"VP试试"使用频率高，"来/去VP"也远不如"VP来/去"使用频率高。

(陆俭明 1985)

"看"在历史上也有过前置于焦点动词的用法,但极罕见,如:

我最怜君中宵舞,道男儿到死心如铁。看试手,补天裂。(辛弃疾《贺新郎》)

本章引书目录

祖堂集　日本禅文化研究所编《祖堂集索引》,1994。

近代汉语语法资料汇编(唐五代卷)　刘坚、蒋绍愚主编,商务印书馆,1990。

李白歌诗索引　花房英树编,上海古籍出版社,1991。

杜诗引得　哈佛燕京学社引得编纂处编。

元曲选外编　隋树森编,中华书局,1959。

老乞大谚解　奎章阁丛书第九。

儿女英雄传　人民文学出版社,1983。

骆驼祥子　人民文学出版社,1981。

曹禺选集　人民文学出版社,1978。

王朔文集　华艺出版社,1992。

第十一章　指代范畴的语法化之一：现代汉语里的阶段性发展

对指代范畴语法化历程的最详备的论述是吕叔湘先生《近代汉语指代词》一书。这部书最鲜明的一个特点就是注重用法的描写和分析。书中关于实指、虚指和任指，特指和泛指，前指和回指，有先行语和无先行语，直接称代和转成称代等概念的提出和论述，体现了从功能出发的研究思想。与此相关的另一个重要特点是，吕先生在描写某一个或一类指代词的历史演变时，不仅注意字形、字音的发展和关联，更注重观察用法上的变化。例如关于"这／那"从实义的指别作用弱化为类似于冠词的用法；关于他称代词从"人"到"人家"用法的变化；关于"谁／哪儿／什么"从疑问词衍生出非疑问用法的论述，都反映了吕先生的研究特色。吕先生20世纪70年代主编的《现代汉语八百词》和90年代发表的《指示代词的二分法和三分法》，又进一步阐述了他一贯强调的指代词分为指示、区别和替代三种作用的观点。顺着吕先生描写的发展脉络，本章主要描写三组指代词在当代口语中的功能变化。共时平面上的变异及其语法化倾向的系统分析，我们将放到第十二章。

第十一章　指代范畴的语法化之一：现代汉语里的阶段性发展

11.1 这，那

11.1.1 "这/那"指别作用的虚化

《近代汉语指代词》指出，指示上文说过的人或事物，当名词本身已经有定，无须指别的场合，"这，那"的意义就已经相当虚化了，其作用相当于其他语言里的"有定冠词"。

我们发现，当代北京口语里"这，那"出现了一种新的用法，也是"这/那"直接加在一个名词性成分的前边，但那个名词性成分不是有定的。"这/那+名"不是回指成分，因而其中的"这/那"不能用"这个/那个""这些/那些"替换。例如：

（1）"再找找，"白度不甘心地依次往每辆车里看，在停车场里穿行。"我发觉这女人全是死心眼儿。"孙国仁对刘顺明说。

（2）这老婆我还有一比，好比手里这烟。这烟对身体有害是谁都知道的，为什么还有那么多人抽？

（3）"听你刚才说，你爷爷是太监。据我所知……"
"这太监跟别人得有点不一样。"

（4）石静话音未落，手里的花伞被风吹得"唿"地脚尖朝上，旋即脱手而去，……路边避雨的人群中爆发出一阵狂热的掌声……
"这人怎么都这么坏？"石静气咻咻地说，"看见谁倒霉就幸灾乐祸。"

（5）"什么东西！哪有点机器人的样子，快赶上我们胡同那些脏妞儿了。"

"看来这机器人要学坏，比人速度不慢。"

（6）"你真惹我生气，我还真不信这个！"

"没错。这人总不该叫尿憋死吧。"

（7）将来自个过日子了，那一分钱都得掰着齿花，要不怎么置大件儿？

这些例子里"这/那"所指示的名词性成分，并不是对上文说到的某个人或事物的回指，其所在的句子往往是对上文说过的事的一种评论。具体地说，就是上文谈到了某个人或事的某种行为，下文评论说"这一类人或事物都是如此"。第（1）例"这女人"并非指的是上文的"白度"，而是指包括白度在内的所有的女人；第（4）例"这人"不指避雨的某个人，而是指所有的人；第（2）例不指某个老婆或某支/种烟，而是指所有老婆和所有烟；后几例的"太监""机器人""一分钱"都是如此。在有些论著里，这种着眼于一类事物通称的名词被称为通指（generic，或译为类指）成分。通指成分不指称语境中某一个或某几个个体的人或事物，跟单指（individuality）相对。汉语里通指成分典型的用法是在名词前加"这种,这类"一类成分，而不能加"这个,这几个"等。本文上面指出的现象可以说是口语里特有的通指成分标志。

这个作为通指标志的"这/那"有以下特点：

第十一章　指代范畴的语法化之一：现代汉语里的阶段性发展

（一）"这/那"总是轻读，语音上和后边的名词紧紧相连，且总是读为 zhe / na，而不像一般指别词有 zhèi / nèi 的读法。

（二）"这/那"所修饰的名词总要重读，表示强调。两个以上音节的名词总是第一个音节重读。

（三）"这/那"所修饰的成分总是说话人引出的一个话题，这个话题总是和上文的某个事物相关的，具体而言就是上文事物所属的类别，二者之间是类跟个体的关系。

（四）这种用法的"这"比"那"用得多。可能是近指词更便于表达与上文事物的关联的缘故。

根据上述特点，我们可以确认以下例子里的"这"也属于同类：

（8）这写小说不就是把汉字串起来么？我要没事我也写了。
（9）这当主持人……我可实在……有损咱电视台和315的形象。

动宾结构"写小说""当主持人"不用作陈述，而是指称一类行为，其中的宾语"小说，主持人"都是无指性的（nonreferential），"这"加上动宾结构构成句子的话题成分。

总的来看，这个轻读的作为通指标志的"这/那"明显是从表指示意义的"这/那"虚化而来的。

11.1.2 领格短语里的"这/那"

李荣先生(1993)举了《西游记》里"我那金刚琢"跟"我的芭蕉扇儿"对举和《醒世姻缘传》里"我那里面"跟"我的里头"对举的两对例子说明指示词跟领格后缀之间的关系。现代北京话里仍可见到这种用法相通的例子。如：

(10) 现在这人，你挺身而出他扭头就撇，把你和流氓撂一起。
(11) 现在的人怎么都这样？跟他们说什么都不信！

跟近代汉语用法不同的一种新用法是，当代北京话里这种与"的"相通的"这/那"常常用在由无指成分构成的领格短语里。例如：

(12) 我这舞跳得也够灰心的。
　　→我的舞跳得也够灰心的。
(13) 你那孙子装得可够匀实的。
　　→你的孙子装得可够匀实的。
(14) 我得值我那班去。
　　→我得值我的班去。

用箭头指出的变换式的三个例子，就是过去常引起人们讨论的"他的老师当的好"一类句式。(12)~(14)里的"这,那"

是北京口语里的一种无指成分的标志。这个标志的语音表现形式有两个特点，一是必须轻读，二是一般读成 zhèi / nèi。从功能上看，无指成分谈不上有什么回指作用，但也不是一个全新的话题，往往和上文某个事物有一定的关联。

11.1.3 表性状程度的"这/那"

《近代汉语指代词》里说，指示性状的程度，"通常用这么和那么，但间或也有就用这和那的，往往有夸张的语气。这样用的时候，这多于那。"举的例子有："叫的桂姨那甜""他这懒懒的也不止今日了""我同他家也没有这大的仇隙""亏你活了这大年纪""怎么睡的这死呀"等。

现代北京口语里"这/那"指示性状程度的用法十分固定，与吕先生举的第一个例子和最后一个例子相当。例如：

（15）你那会儿一天给她打好几次，一打就聊个没完，那腻——你怎么会不记得？

（16）可惜你们没看见我怎么抽那胖厮的。打得那惨，真是惨不忍睹。

（17）明明吵嘴哭了，大妈一进来，又装没事人。都不知道你什么时候擦的泪，那熟练那专业。

（18）你呢，早起口口声声要来批评我妈，真见了我妈，一口一个"大妈"，——那肉麻——你不假？

（19）我看报纸跟他掐起来心里这高兴，不让他们撒野。

当代口语的这种用法有以下几个特点:第一,"这/那"总是重读,读音为 zhè / nà,不能读为 zhèi / nèi。第二,"这/那"加在形容词前,"这/那+形"只能做谓语,不能做定语,不能换成"这么,那么"。这一点跟吕先生所举的某些例子用法不同。第三,这种用法里"那"多于"这",也跟吕先生描写的情况不同。

这种用法是否来源于吕先生所说的"这么/那么"的简略形式,看来很难断定。因为在北京人的语感里,这种"这/那+形"的用法跟另一种平行格式"这/那+叫(+一个)+形"似乎关系更密切。下面我们举几个例子看。值得注意的是,这种用法里也是"那"多于"这"。

(20)他们这拨儿,比你们差远了,活得那叫在意。
(21)开头那叫一个亲,快钻一被窝了。
(22)里面有好多明朝的口语,骂人骂的那叫生动,地道。
(23)欧美的间谍小说,尤其是英国的,写得沉着极了,不露声色地在那跟你说,说的事那叫复杂。

"这/那+叫(+一个)"表示性状程度是由它的指示用法虚化而来的,随着这种用法的固定,原来格式里"叫""叫一个"的语义越来越淡化,进而可以完全脱落,被单独的"这/那"取代。这也许是"这/那"表示性状程度的发展轨迹。

11.1.4 关于"这/那"的读音

上面所述几种"这/那"的新兴用法，都可以看作是指代词"这，那"的虚化结果，因为上述用法里"这，那"的指代作用都已很弱，或引申出了一些新的功能。现代北京话里用作指代的"这，那"占优势的读音是 zhèi, nèi（吕叔湘 1985c），指代以外用法的出现，导致"这，那"功能分配格局有了变化，相应地，读音上的区别也形成了新的格局。如表 11-1 所示。

表 11-1

	zhei / nei		zhe / na	
	重读	轻读	重读	轻读
一般指代	+	+	(+)	(+)
无指标志		+		
性状程度			+	
通指标志				+

当一般指代义以 zhèi, nèi 为优势读音时，"这/那"的旧有读音以及轻声形式 zhei / nei 就倾向于专职化地表示非指代语义了。我们可以这样描写这四种用法：

zhèi / nèi（+数+量）+名

人称代词+zhei / nei+名［无指］

zhè / nà+形

zhe / na+名［通指］

11.2 那谁，那哪儿，那什么

在《中国文法要略》里，吕叔湘先生就从表达的角度，把指称形式分为有定指称和无定指称两类。谈及无定指称时，吕先生很强调疑问代词的非疑问用法，"'谁'可以代表不知或不论是谁的一个人，'什么'可以代表不知或不论是什么的一件东西。这样用法的时候，可以称之为'无定指称词'"。在《近代汉语指代词》里，论及"谁，哪，什么"的章节，都特意对它们的无定指称用法做了精细的描写。我们发现，在现代北京口语里，还存在着一组较为特殊的形式，即有定指代词"那"和无定指代词的复合形式：那谁，那哪儿，那什么。请看例子：

(24) 马：终于想起来了。
　　尤：什么？
　　马：这女的，是那谁的朋友。
　　尤：那谁？
　　马：忘了。
(25) 喊，他们能传什么？不就说我在那谁家住么。
(26) 我们家就住在那哪儿，木樨地那边儿。
(27) 今儿来的一个都没有啊。我说的都是那哪儿的，那个，天津那边儿的。
(28) 先别说这个。你先把那什么借给我使使，就你上午

第十一章　指代范畴的语法化之一：现代汉语里的阶段性发展

刚买的那个！
（29）你现在还在那什么乐团么？
（30）老实告诉你，我忍了多时了，我受过谁的气？和你结婚说句那什么的话我的自尊心男子汉气概……
（31）你还和那个什么人谈恋爱呢？

这些例子里的"那"和"谁/哪儿/什么"并非临时组合，而是固定的词汇形式。只能用"那"或"那个"，不能用"这"。"那"总是读成 nèi 或 nè，不读 nà。

从表达上分析，大致有两种情况。

第一种，说话人心中认为所要说的事物（人、处所、东西等）是确定的，听话人却不知其详，说话人一时又说不出准确的名称，如例（24）（26）（27）。这种"有定＋无定"的复合形式准确地反映了说话人的心理过程。

第二种，说话人认为听话人对自己所说事物是明确的，只是自己一时说不清事物的名称，如例（25）（28）（29）（31）。

这两种意义的区别可以从下文显现出来，即，如果下文需要说出那个具体名称，第一种情况应该是由说话人补充说出来，第二种只能是由听话人补充说出来。但第二种情况实际上往往不必说出来。

从用法上看，三个形式虽然都是指称一种既确定又说不准的东西，但在指称的确定程度上却有所差别。首先从引例里可以看到，"那谁"和"那哪儿"都是指称确定的人或处所，而"那什么"既可以指事物，如例（28），还可以指性质（相当于形容词），如例（30），可以说确定程度比前两者低。也正因为如此，"那什么"的用法也就比较广泛，有时甚至谈不上有多少指代作用，只是起一种语气作用了，例如：

（32）我说……要……那什么，干脆散了吧，咱这妈样，没一处降人的地方，就……甭浪费表情了。

（33）"那什么，"王二搓着手说，"我来看房，怎么进去呀，大门锁着呢。那什么，雪后寒，真冷！那什么，曹先生，曹太太，都一清早就走了；上天津，也许是上海，我说不清。左先生嘱咐我来看房。那什么，可真冷！"

这样看来，"那谁"和"那哪儿"都应该算作有定指代词，因为它们不是指任何一个不确知的人和处所，而是有名有姓的确知对象。"那"的定指作用限定了整个词的有定性，"谁""哪儿"作为无定指称词，其性质既不是泛指的，也不是任指和虚指的，只是相当于一个代号。至于"那什么"，明确指事物时，与前二者相同，虚化以后，则相当于一个语气词，但我们还是可以从"那"字身上隐约感觉到说话人的一些定指意义，至少是指示自己下面想说的话。也正因为如此，这种用法的"那什么"也不可能出现在句末。

第十一章 指代范畴的语法化之一：现代汉语里的阶段性发展

11.3 人家，人

吕叔湘先生在《近代汉语指代词》里描述了人称代词"人家"的基本发展脉络。吕先生指出，"人家"早期意义和用法跟"人"（己所不欲，勿施于人）或"别人"相当，中古以后，"人家"从泛指别人变成专指别人里头的一个，相当于第三人称代词。同时，"人家"又可以用来指自己。20世纪70年代，吕先生主编的《现代汉语八百词》又进一步指出，"人家"的泛指义和专指义的区别在于前者是与"自己"相对，后者所指必见于上文。同时指出，口语里"人家"可以省略说成"人"，但句末的"人家"不能。

我们感兴趣的问题是，"人家"的泛指意义和专指意义之间的界限是不是截然分明的？它的这两种意义跟它的指示、区别、替代三种作用之间的关系是什么？既然专指的"人家"相当于第三人称代词，为什么又可以用来指"我"或"你"？所谓"人家"的省略形式"人"，跟古汉语里与"己"相对的"人"是否具有同一性？

我们考察了半个世纪以来北京口语里"人家""别人""人"的用法，试图对以上问题给予回答。

11.3.1 人家
11.3.1.1 指代功能和确知程度
吕先生曾多次强调，指代词有指别和替代两种作用，1990年，吕先生在《指示代词的二分法和三分法》一文里又进一步指出:"指代词有三种作用:指示、区别、替代。指示是根本,可以兼替代,可以不兼替代。"我们首先从这三种作用出发考察"人家"的用法。

（一）"人家"用作指示

"人家"用作名词性成分的定语构成同位性偏正结构的时候,"人家"具有指示作用。例如:

（34）人家外国人就爱玩这个,刺激。
（35）你看人家那儿,要什么就有什么。

吕先生（1990a）在谈指代词的指示作用的时候,举了"这、那"用作指示的例子（这间屋子住得下这么多人吗？）,指出"这、那"用作指示往往要伴以手势或其他条件,光用字音或字形不够。上面我们所描写的现象表明,"人家"的同位性定语的位置使得它用作指示的时候可以不伴随手势、眼神等非语言形式,纯语言形式本身已经提供了足够的信息。

（二）"人家"用作区别

"人家"用作区别的时候,话语中往往有一个跟"人家"对举的"我"或"你"。例如:

（36）人家下班都往家赶,我最怕的就是回家。
（37）人家上赶着拜师傅还来不及呢,你可倒好,得让师傅追着赶着地找你。

第十一章 指代范畴的语法化之一：现代汉语里的阶段性发展

这类用作区别的"人家"可以用"别人"替换，所指对象是除了对比项"我"或"你"以外的其他人。

（三）"人家"用作替代

"人家"用作替代有下面几种情况。

1."人家"的所指对象存在于上文的语篇中，"人家"用于回指前面提到过的事物。这类前面有先行词的称代现象可称作前照应。例如：

（38）给来参加会的人都发点纪念品，人家来参加会也是对你的支持嘛。

（39）"您这儿的茉莉花茶怎么跟别处不一样？"
"您甭着急，不一样怎么着？"
"您这儿的一级比不上人家的二级。"

例（38）的"人家"回指"来参加会的人"，例（39）的"人家"回指"别处"。

2."人家"前面没有先行词，它的所指对象在下文中。这类称代现象可称作后照应。例如：

（40）人家早就明白了，韩丽婷、钱康、贾铃……

以上1、2两类"人家"的所指对象无论在前还是在后，都是在语篇中可以找到的，是内指。而"人家"的所指对象有时在语篇中找不到，对于它的意义理解依赖于语篇之外的客观环境或听话人的一般知识，是外指，如3、4两类。

3."人家"前面和后面都不出现"人家"的所指对象，但这对象存在于言谈的现场，即当前指。例如：

（41）（说话人目送一对夫妻离去）
"人家两口子多好哇！"
"不恨人家了又？"
"恨人家干什么我。"

这类用例里，尽管话语里没有交代"人家"是谁，但参与说话的人可以靠当时现场的情形推断"人家"的所指。

4."人家"的所指对象在言谈中没有直接出现，也不存在于谈话现场，但是能够通过背景知识或逻辑关系推断得知。例如：

（42）他也是被抓进去的，身不由己，可能是人家觉得他像谁。

这一例里的"人家"指的是"抓他"的人。听话人可以通过逻辑关系判断出"人家"的所指。只不过在说话人看来没有必要确切说出是"某某人"，这个"某某人"在谈话里并不重要。

在我们收集到的用例里，"人家"用作指示的占10%，用作区别的占6%，用作替代的占84%。从听话人的角度看，三者的确知程度是不同的。用作区别的"人家"相当于"别人"，

第十一章　指代范畴的语法化之一：现代汉语里的阶段性发展

所指对象相对宽泛，确知程度要低一些；用作指示的"人家"处在定语位置上，"人家+名词"的所指对象就是那个名词，这个"人家"只具有指示作用。而同是用作替代，"人家"的确知程度也有不同的层级。其中用作回指的"人家"确知程度最高，其次是用作当前指的，再次是没有先行词的"人家"。其中例(42)所代表的那一类"人家"，其所指要靠听话人根据背景知识推断，它的确知程度最低。"人家"的确知程度可以做如下表示，左侧的确知程度低，右侧的确知程度高：

区别＞替代｛外指（可推知的当前指）＞内指（后照应＞前照应）｝

11.3.1.2　人称代词的多能性

同样一个形式"人家"，可以指他，可以指我，可以指你，还可以指别人。以往的研究多半是摆出现象，很少说明不同指代的使用条件。值得注意的是，吕先生在《近代汉语指代词》里指出，"人家"指别人，大率是指你我以外的第三者。但也可以拿你做主体，指你以外的别人，那么我也在内；有时候，意思就指的是"我"。(92页)这种"拿谁做主体"的思想是很有启发意义的。日本学者太田辰夫把人称代词分作两个系统，一是表示在相对关系上直接存在于语言运用场合的三身代词；二是不表示这种相对关系，只表示绝对关系的词语。他认为，这种词语有三种，即自称（如自己）、他称（如人家、别人、人）和统称（如大家伙）。也就是说，"人家、别人、人"这类词最本质的概括意义是表示"他称"，跟三身代词分属不同的系统。

第三部分　语法化研究

我们认为,"他称"这一本质属性是"人家"既可以指"他",又可以指"你"、指"我"的前提。下面,我们将进一步考察三个不同指称方向的使用条件。

首先,"人家"无论是指"他"还是指"你"、指"我",都仅仅限于用作替代的场合。"人家"指"他",即说话人、听话人之外的确定的第三方,这类用例是最常见的,如例(41)。这里着重讨论指"我"跟指"你"的"人家"。

"人家"指"我"总是出现在对话语体里,它总是跟"你"对比、成对出现。例如:

(43)"你这是……"
　　 "人家手都快勒断了,还不快点儿接着。"
(44)"我砸的我捡我扫我再买!"
　　 "你干吗去?"
　　 "人家拿笤帚去呀。"

这两例里头,"人家"是应接(如43)或回答(如44)上一句话的。"人家"指的是应话或答话人自己。事实上,在"人家"所处的位置上,即使"人家"不出现,变成空位,这个空位的所指也只可能理解为应话人或答话人自己,不可能是其他人。由此看来,"人家"的所指对象跟谈论的话题有着密不可分的联系。下面这一例,前后两句之间没有问、答倾向,但是,由于话题明确,"人家"的所指对象也随着确定下来。

第十一章　指代范畴的语法化之一：现代汉语里的阶段性发展

（45）A："……不理你吧你闹，想献点儿殷勤又刨根问底。"
　　　B："人家是觉得有点儿怪嘛。"

在这个例子里，"不理你吧你闹"和"想献点儿殷勤又刨根问底"格式相同，"闹"和"又刨根问底"说的都是"你"——听话人B，"人家"紧跟上句，所指只可能理解为听话人B。

上面三个例子有一个共同点，应话人在以自己为话题应接上句的时候，主动变换了角色，以对方为出发点来称自己，所以才会把"你"和"我"的对待关系变成了"你"跟"人家"的对待关系。下面这个例子可以更清楚地看到应话人的角色变换过程。

（46）"理儿又跑到你那儿去了。"
　　　"我也没说我对呀。哪回人家没跟你认错啊。"

事实上，这种角色变换是一种言语策略。（46）里应接句的后半段用"人家"比前半段用"我"语气上要平和得多，显然，谈话以对方为出发点（或叫作主体）比以"我"为出发点更容易让对方接受。

从另一方面看，如果谈话的参与者只有甲、乙两人，而且谈论的话题不涉及第三方，乙站在对方的角度说话，"人家"指甲以外的人，这个人只可能是乙。反之亦然。因此，"人家"指"你"也是可以理解的了。下面看一个"人家"指"你"的例子

(引自张炼强 1982)：

> ……刚才听得小弟弟说，你有了很好的太太，还有了可爱的孩子了，像我这样一个游丝似的系在人间的人，何必再来破坏人家的幸福呢？（《田汉剧作选》第128页）

这句话的前半部分是以"你"为话题的，但中间用了"像我这样……"把谈话的角度从"你"转到"我"，以"我"定位，从"我"这个出发点接着往下说，跟"我"对待而言的"人家"，指的就是语境里跟"我"相对的另一个人"你"。这个例子如果删去"像我这样一个游丝似的系在人间的人"，"人家"指的就不再是"你"而是"我"了。

> ……刚才听得小弟弟说，你有了很好的太太，还有了可爱的孩子了，何必再来破坏人家的幸福呢？

这样改动以后，如果上文语境里出现过"你""我"之外的第三方，"人家"则倾向于理解为指"他"。只有当语境里没有第三方出现的时候，"人家"才指"我"。从这个比较可以很清楚地看出话题的定位作用。在我们收集到的例句里，"人家"指"他"——说话人和听话人以外的一个确定的第三方，占96%；指"我"——说话人自己，占3%；指"你"——听话人，占0.3%；泛指别人，占0.7%。可见，指"他"是常规用法，指"我"和指"你"是变通的用法。听话人对"人家"的指代对象的理解过程大致是这样的：

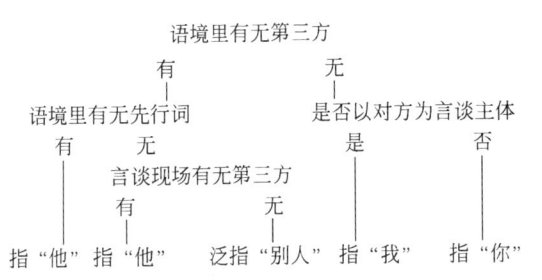

```
                    语境里有无第三方
                   有            无
         语境里有无先行词      是否以对方为言谈主体
          有      无            是       否
              言谈现场有无第三方
              有        无
       指"他"  指"他"  泛指"别人"  指"我"    指"你"
```

"人家"无论是指"他"还是指"我"、指"你"，都有一个言谈的主体，指"他"或泛指"别人"是以参加谈话的人或言谈中涉及的某个特定对象为言谈主体；指"我"时是以听话人为言谈主体，指"你"时是以说话人自己为言谈主体。"人家"的所指对象就是这个言谈主体以外的人。因此,从这个意义上说，尽管"人家"在不同的语境里表现出不同的指称方向，但它最本质的功能是他称。

11.3.2 人

吕叔湘先生在《近代汉语指代词》里说，"人"作"别人"讲跟"己"相对，是自古以来就有的，这样的"人"字的用法一直流传到现在。可是由于"己"字已经不单用了,常常说"自己"。因而跟"自己"相对也就不单说"人"而说"人家"，同时也有说"别人"的。"人"和"人家"虽然共存并用，但是在专指别人里头的一个，当"他"讲的时候，"人"不常见，常见的是"人家"。《现代汉语八百词》里讲"人家"的时候说,"口语中'人家'可省说成'人'但句末的'人家'不能"。以上这些解释似乎可以图示如下:

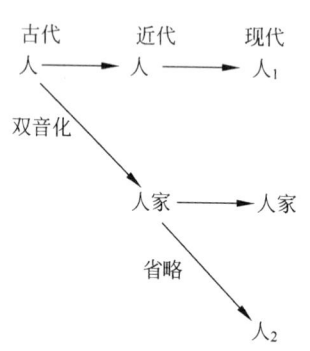

```
古代        近代        现代
人  ———→  人  ———→  人₁
│
双音化
│
↓
人家 ———→ 人家
         │
        省略
         │
         ↓
        人₂
```

这个图实际上糅合了我们的看法,因为在前人的论述里,没有明确把现代汉语里的"人"分作两个。下面,我们着重分析"人₁"和"人₂"的功能差异。

11.3.2.1 "人₁"的虚化

根据《近代汉语指代词》的描写,"人₁"在句子里可以做主语、宾语(动词宾语、介词宾语)。跟"人家"相比,除了不能指"他","人₁"的意义还是比较实在的。但是,在当代北京话里,"人₁"却只能出现在为数不多的几种位置上。

(一)在表示被动意义的介词后面。例如:

(47)女人要是叫人扣上这么顶帽子就完了。
(48)你这个样子很容易让人怀疑你生理上不正常。

第十一章 指代范畴的语法化之一：现代汉语里的阶段性发展

在表示被动意义的介词后的"人"虽然还有"别人"的意思，但是语义已经很虚了，几乎是跟它前面的介词一起表示被动意义，口语里"被、叫、让"后头的"人"有时候干脆就被吞音吞掉了。例（47）里的"人"就可以说成自成音节的r，或者干脆省去。

（47'）女人要是叫（r）扣上这么顶帽子就完了。

（二）在由"帮、陪"等动词构成的连动式里。例如：

（49）你帮人办事也不能把什么都搭进去。
（50）有个差事，陪人打牌，只能输不能赢，你爱去吗？

这类用例里的"人"也可以省去不说。如果说话人为了跟"自己"对比而强调"他人"的话，一般用"别人"，并且加上对比重音，而不用"人"。

（三）用在某些惯用语里头。例如：

（51）据人分析，这家公司有可能破产。
（52）听人说他也来了。

"据人分析"就是"据分析"，"听人说"就是"听说"。这类用例里头的"人"一般不与"自己"或语境里的其他人做对比，所以不能换成带对比重音的"别人"。

以上三类用例里的"人"不指语境里实际存在的实体，是无指性成分。这个源于古代汉语的"人$_1$"，虽然语义上它还可以分析作是与"自己"相对，但它只表示"他人"这个概念，不能指示或称代语境里的任何一方，语义负载微乎其微，即使被省略掉也不影响句义。这也就是我们区分"人$_1$"和"人$_2$"的原因。下文我们将讨论作为指代词的"人"，即"人$_2$"。

11.3.2.2 "人$_2$"跟"人家"

在《近代汉语指代词》里，吕叔湘先生对"人家"和"人"做了细致的描写，但没有提到"人家"有省略形式"人"。较早讨论由"人家"省略而来的"人"的是20世纪70年代由吕先生主编的《现代汉语八百词》。可见，"人家"可以省略成"人"是较晚才有的语法现象。我们对20世纪不同时期的代表作家的作品进行考察以后证实，从"人家"省略而来的"人"，即"人$_2$"，仅仅是近一二十年才广泛使用开来的。表11-2是我们对老舍（《骆驼祥子》）、邓友梅（《烟壶》《那五》）、王朔小说，以及近一两年的录音材料里"人家"跟"人$_2$"的使用频率对比的结果。

表 11-2

老舍		邓友梅		王朔		录音材料	
人家	人	人家	人	人家	人	人家	人
100%	0	94%	6%	80%	20%	51%	49%

第十一章　指代范畴的语法化之一：现代汉语里的阶段性发展

　　老舍作品基本上代表了20世纪二三十年代的北京话，也就是赵元任先生的《汉语口语语法》所描写的那个时代的语言。邓友梅是中年作家，他的作品基本上可以反映20世纪中叶的北京话。王朔小说反映的是80年代前后的北京话。由于小说里有不少篇幅是记叙、描写性的语言，为了准确反映口语里的使用情况，我们把有声资料也做了对照统计。其中的谈话人都是四十岁左右或四十岁以下的年轻人，这样可以和王朔小说作为同一时期的作品进行比较。从表11-2可以看出，"人₂"作为一个新起的形式，使用频率有直线上升的趋势，在口语里"人₂"几乎可以跟"人家"对等平分了。

　　除了使用频率上升以外，"人₂"的指代功能几乎跟"人家"一致起来了。跟"人家"一样，"人₂"的主要功能是用作替代和指示，极少用作区别。其中用作替代的占52%，用作指示的占46%，用作区别的占2%。

　　（一）"人₂"用作替代。例如：

（53）别闹了别闹了，让宝康接着说。人这是正经事。
（54）我吃饱了撑得瞎折腾啊。人晚上什么都没吃。煤气罐空了。
（55）"经我们调查，你们这儿经常销售假冒伪劣商品。"
　　　"那都几百年的事儿了！有个一差二错还不兴人改吗？"

例(53)里"人"指他,例(54)(55)里"人"指"我"。另外,"人₂"用作替代的时候,也可以替代语境里听话人和说话人双方彼此明了的一个对象。例如:

(56)我看着墙上挂着的菜刀、漏勺什么的,问刘美萍,"这是人就这样儿还是你们布置的?"

在这个例子里,尽管没有先行词,但是因为"我"和刘美萍同在朋友家的厨房里,此时说"人"指的就是厨房的主人,听话人和说话人之间可以达成默契。

(二)"人₂"用作指示,在句子里也是处于同位性定语的位置上。例如:

(57)人雷锋一破脸盆用九年,……
(58)下午三点,国子监,说了不见不散的。人那边儿,可诚心诚意。
(59)人别处卖洗衣机搭两撅板,……

(三)"人₂"用作区别也往往带有对比项。例如:

(60)人吃饭你吃饭,不见得个个儿吃完都打嗝儿。
(61)"什么'份儿'甭学那小流氓的话!"
"人都这么说!"

第十一章 指代范畴的语法化之一：现代汉语里的阶段性发展

（60）里"人"是跟"你"对举，"人"指"你"以外的其他人。（61）里的对比项是"小流氓"，"人"的所指范围不包括"小流氓"。

"人₂"跟"人家"在功能上有很强的一致性，而且几乎可以占据"人家"所有的句法位置。那么是什么原因促使"人家"有了一个省略形式"人₂"呢？我们认为主要原因是"人家"里的"家"信息量的缩小。在早期白话作品里，"人家"跟"人"是有指代功能上的对立的，即，"人"可以用作泛指但不能用作专指，用作专指的时候一般要说"人家"。后来，用作泛指的"人"的功能渐渐被"别人"取代了，"人"几乎失去了指代功能。这样，"人"跟"人家"之间泛指跟专指的对立也就失去了意义。另一方面，"人家"的意义是以"人"字为主体的，"家"是后来添上去的语缀，在现代北京话里"人家"里的"家"也是说作轻声的。那么，在原来的"人"跟"人家"的对立变成了"别人"跟"人家"的对立以后，"家"的有无就显得不那么至关重要了。也就是说，"人₁"在指代系统里的价值降到了最低点。在句法系统中也可以看到与此相呼应的情形。请看表 11-3。

表 11-3

		主语	同位性定语	领属性定语	介词宾语 被/叫/让	把/对	动词宾语
泛指	人₁	−	−	−	+	−	(+)
	别人	+	−	+	+	−	+
专指	人家	+	+	+	+	+	+
	人₂	+	+	+	+	+	(+)

从表11-3可以看出，泛指的"人₁"和专指"人₂"在分布上只有两个重合点，一个是做"被、叫、让"的宾语，一个是做动词的宾语。但是，在具体语境里，泛指的"人₁"往往有一个对举项，如自己／我，你或他。而"人₂"几乎都是用作回指前面提到过的一方。所以在语境里不会产生理解错误。"人₁"用作宾语也是仅限于某些特定的格式里（见11.3.2.1）。总之，泛指的"人₁"在指代系统里的价值的跌落促使用作专指的"人家"里"家"的信息量随之缩小。这样一来，一旦语境里要求句子简短，或者避免重复使用"人家"的时候，"人₂"就完全取代"人家"了。

"人→人家→人"的更替过程从一个侧面反映出语缀"家"在唐代以后由盛到衰的过程。在"谁家、我家、你家、他家"先后脱落了后缀"家"以后，"人家"后缀的脱落也是系统内部求同的必然。那么，值得注意的是"人→人家→人"的更替过程并不是简单的循环，其中古汉语里的"人"，跟由"人家"省略而来的"人"，在系统中的价值是极不相同的。

补 记

"人₂"的来历，即，"人家"省略为"人"的过程，可能比我们的估计发生的还要早。《金瓶梅词话》里有这样的例子："你老人家摸量惜些情儿，人身上穿恁单裁裳，就打恁一下！"（第四十八回）"昨日晚夕，人进屋里蹅一鞋狗屎，打丫头赶狗，也嗔起来。"（第五十八回）

第十一章　指代范畴的语法化之一：现代汉语里的阶段性发展

这两例都是指"我"。成书于清末民初的白话小说《小额》里也有同类例子："伊爷那们大的岁数儿，你打了人家俩嘴吧，你还把人推躺下，大伙儿劝着你，你还不答应，你要反哪，是怎么着？"这例是指"他"。但是这毕竟是较为少见的现象，故而很少在书面作品里得到体现，甚至在老舍的代表作品里都很难见到；而近半个世纪以来这种变化却是较为普遍的，当代作品里较多的用例也正是这种趋势的反映。

第十二章　指代范畴的语法化之二：共时系统内的变异及其语法化倾向

指代词作为一个独立的词类完全是由于功能因素使它区别于其他词类的，吕叔湘先生对指代词的研究指出，指代词有三个重要功能，指示、区别和替代。20世纪80年代成书的《现代汉语八百词》已经开始注意到，口语里个别指代词的用法已经超出了上述范围。而我们对口语篇章的研究发现，指代词系统内部的变异在口语里是大量存在的，表现为实无所指的非指代用法以及指示功能的转移。我们在上一章例举分析了三组代词的功能变异，本章将通过对指代词共时系统变异的考察，揭示口语里指代系统一词多指，专指与泛指同形，实有所指与实无所指同形的特点。指出共时平面上这种功能的多样性是指代词系统内部语法化进程中发展不平衡的表现，不同指代词语法化程度上的差异与它们在生命度等级序列中的地位存在着一种映射关系。

12.1　非指代化倾向

指代词一般总是有所称代，它称代的对象要么是说话现场实际存在的，要么是前面语篇里已经出现过的，可以说，称代性是指代词的核心功能。以往代词研究的视点主要集中在代词的辖域，代词的回指功能，代词在语篇中对主题延续、事件延续等方面的作用等等。以往的代词研究是以代词实有所指、实有所代为基本认识的。对代词讨论较多的范畴是情景指（situation reference）、前指／回指（anaphoric reference）、反指（cataphoric reference）、代词与先行词的互指（coreference）关系（如：Quirk 1985 等），以及代词回指与用 NP 回指（Fox 1987 等）。对汉语代词的研究除了上述几方面以外，零形代词（zero pronoun）较多地为人注意（如：Li & Thompson 1979、1981；陈平 1987e；徐赳赳 1990）。近年来对汉语代词的研究中，有一些讨论已经注意到代词在某些语境里的意义变化，以及口语里某一类代词指代意义上的模糊性（如：吕叔湘 1985c；徐丹 1989）。本章将以上述框架为起点，以口语语料为对象，讨论指代词的非指代化变异。尽管这已逸出指代词的基本用法，但代词的非指代化倾向，以及由此衍生出来的虚化现象却值得特别重视。因为代词的非指代化倾向不仅仅是代词系统内部的问题，而且已经影响到句法方面。

12.1.1 实无所指

所谓"实无所指"是指代词没有确定的所指对象，它既不存在于说话现场，也无法从上文或下文语篇里找到回指或反指的对象。可以有这种用法的既有指示代词"这"，也有三身代词里的"他"和"你"。我们的讨论先从"你"和"他"说起。

12.1.1.1 "你"

"你"在近代汉语里已经有了一些虚指用法,吕叔湘(1985c)举了不少例子,但那时虚指的"你"字对前头的动词是很有依赖性的,只跟"任、凭、随、饶、管"等连用。说或写的时候仿佛以听话人为对象,例如"任你天地移,我畅岩中坐"(1.2.3)。到了现代北京话里,虚化的"你"就不受那么多局限了,它不必非得用在某些动词之后,甚至可以直接用在句首。

赵元任(1968)曾经列举了两个非称人的"你":这种问题啊,你得想好久才想的出办法来呐。|那小孩闹得叫你不能专心做事。(7.11.4)这些例子里的"你"分析起来,说话人还是有一个心理对象的,虽然语义所指已经很虚,但是句子里的"你"不能删除,这类"你"与近代汉语里虚指的"你"是一脉相承的。而以下这些当代北京话口语里的例子就已不完全能够概括在赵先生所述用法之内了:

(1)(你)一块也好,五块也好,给点儿钱就是个心意。
(2)(你)就说那些闹的小孩儿吧,实际上都特别好。
(3)(你)比如说那个有钱的吧,……
(4)(你)像这老头儿老太太,那会儿都是趿拉着破鞋,绾着头发,……

一方面也是以听话人或读者为心理对象,但从另一方面观察,"你"的有无对句义已经没有多大影响了。一个重要标志就是实

第十二章　指代范畴的语法化之二：共时系统内的变异及其语法化倾向

无所指的"你"可以删除。这样，我们就可以理解下面这种最为"出格"的用法了：

（5）这现在呀，就是这样儿，你现在北京里头，他这个满族也还有不少人家儿，……

这一例里的"你现在北京里头"从结构上看"你"和"现在北京里头"貌似同位结构，但"你"和"现在北京里头"语义上没有同指关系，与一般所谓同位结构"你老张"等结构相同而内部语义关系完全不同。无论怎么理解，"你"字也与实际的称代（包括虚拟的心理对象）无关，完全可以删除。这是我们所见"你"字虚化最为彻底的一种用例。有两个方面的力量促使这种无实指用法的产生：第一，"你"在语境里经常用作指虚设的对象，这个虚设对象跟语境里的任何实体都没有同指关系；第二，人称代词用作同位性偏正结构的前项一般是体现其区别功能的，比如："我王大个儿一人做事一人当，你们用不着害怕。""我"指的就是"王大个儿"；"你老张头儿吃了豹子胆啦，还敢跟人家厂长较劲儿。""你"指的就是"老张头儿"。这类做同位性偏正结构前项的代词，与单用的代词相比语义负载已经很轻，即，指别意义强，替代意义弱。这样，一方面是"你"确有虚设用法（"我"没有），另一方面是同位结构中"你"的弱化倾向，两相结合，实无所指的"你"的产生就是很自然的了。因此，这种实无所指的用法实际是话语里设置虚设对象用法的延伸。

12.1.1.2 "他"

实有所指的"他"分指人、指物、指事三类。"他"主要是一个回指代词,汉语里大量的用例是名词在先,用来指它的代词在后。相反,先出现代词,然后再出现它所指的名词,这类反指现象是比较少的。据统计,书面语里以这种方式引入名词的只占10.59%,多半是起一种修辞作用,造成悬念(徐赳赳1990)。据我们的考察,口语里反指现象就更少,基本只限于句内反指,而且有严格的限制。如果代词在前,名词成分所在的结构等级(即在树形图上的分支等级)必须高于代词所在的结构。比如:

(6) 她认为王湘梅知道这件事。(她 ≠ 王湘梅)
(7) 你给他治好了偏头疼的那个人昨天又来了。(他 = 那个人)

例(6)里"王湘梅知道这件事"是宾语小句,"王湘梅"作为宾语小句的主语,在结构等级上低于句子主语"她",所以"她"和"王湘梅"不同指;例(7)里"他"处在定语小句里介词宾语的位置上,从结构等级上看,低于句子主语"那个人","他"和"那个人"之间是同指关系。

吕先生在《近代汉语指代词》里将虚指的"他"分为三类,并认为近代汉语产生的虚指的"他"是由指事的"他"引申而来的。这三类是:①多用作"与"或"给"的宾语,如"给他个闷睡"。

第十二章　指代范畴的语法化之二：共时系统内的变异及其语法化倾向

②是指人或指物的"他"的扩展的结果，如"画他几枝"。③与"他"指事的用法不同，它所指的事物不在前头而在后头，空空洞洞无所称代。如："凭他甚么为难的事，你自说，我有主意。"这三类用法在现代口语里基本上保存下来了。这类"他"的虚化程度低于下面将要讨论的实无所指的"他"。

我们下面要讨论的是另一类"他"，它没有先行词，但又不是反指，也不属于上面所说的虚指。用这类"他"的句子往往是先说出事情的一个方面，然后用"他"引出对另一方面的说明或申辩。与上文所述虚指的"他"不同，这类"他"都不在宾位。例如：

（8）四爷，您这可是积德行好，赏给他们面吃。可我告诉您，他眼下这路事儿太多了，实在是太多了，咱们管也管不过来。

（9）您瞧我这小辫儿不顺眼，他我还不顺心呢！

与我们前面讨论的实无所指的"你"相比较，可以看出：实无所指的"你"往往用在深化一个话题，进一步引例说明的地方，而实无所指的"他"的作用在于提出一个相反或相对的话题来。另一方面，"他"与"你"的不同还表现在"你"只能引导出一个实指性名词成分，而"他"后面的成分则既可以是名词性成分，如例（8）（9），也可以是动词性短语。例如：

（10）我为什么不去？他不去自有不去的道理。

12.1.2 指称标记

用作指称标记的代词有两个，一个是上文分析的实无所指的"他"，另一个是下文将详细说明的"这"。

"这"原本是指示代词，它后面的名词或名词短语一般为定指性成分。比如"这人我认识"，其中的"人"的所指对象是听说双方共知的实体。但是，口语里还有另一种情形，比如：

（11）这人怎么都这么坏啊！

这里的"人"并不指某一个实际存在的对象，是一个通指成分。而用在句首的这个"这"的性质与定指成分前的"这"也不同。具有指示功能的"这"换了"那"以后依旧是合法的句子，而实无所指的"这"没有指示功能，因而这类"这"都不能替换成"那"。

（12）那人我认识。
（13）*那人怎么都这么坏啊！

这类"这"如果用在一个陈述形式（比如动词或动词词组、小句）之前，就使它后面的陈述形式带上了指称性质。加"这"是口语里使谓词性成分具有自指意义的手段，这个"这"可以

第十二章　指代范畴的语法化之二：共时系统内的变异及其语法化倾向

看作指称标记。例如：

（14）……检查说我有肝炎，得让我歇。这是领导上的意图，这让我歇，这是照顾嘛，是不是？
（15）这一对夫妻只能生一个孩子是国家的政策，谁都得遵守。

把谓词性成分加上"这"使它具有指称性质，实际上是临摹作用的结果。

（16）哎我说，你为什么专爱租给学生1们呢？这学生2，可没什么老实家伙啊！

学生1用的已经不是"学生"作为实体的意义，而是"学生"作为某一类人的概念意义。再把它作为话题重提的时候，用了"这"。如果不用"这"，"学生2"的话题身份就不够明确。下面是不用"这"的例子：

（16'）你为什么专爱租学生们呢？学生不是什么老实家伙啊！

（16'）是老舍话剧《茶馆》剧本里的句子，没有用"这"；而北京人民艺术剧院在表演的时候把它变成了（16），加上了"这"。我们把剧本跟录音材料对照起来看，这样的例子很常见，仅仅在《茶馆》第二幕里，原剧本没有"这"而演出录音里有"这"

的就有 10 例之多。可见这加"这"的确是口语表达引入话题的重要手段。正是由于这个原因，给谓词性成分加上"这"有助于听者或读者把它理解成一个具有指称性质的成分。"这"的使用加大了话题的可识别度。

这类有特殊功能的"这"在语音上的特点是必须轻读。有些用例单从字面上看有歧义，但是实际说出来的话总是单义的。比如：

（17）这两口子打架，你最好别去当那个劝架的。
　　　A."这"重读：别人的事你可以管，这两口子的事你别往里掺和。
　　　B."这"轻读：其他的事你可以管，两口子打架这类事你别往里掺和。

如果做直接成分分析，A 是"这两口子｜打架"，B 是"这｜两口子打架"。可以说，无论是 VP 还是 NVP，在加上轻声的"这"以后，都不再具有陈述意义，而是泛指某一类行为。

12.1.3　小结

综上所述，完全虚化而成为指称标记的代词只有"他"和"这"，二者在以下三方面区别于一般人称代词"他"和指示代词"这"。

1) 没有先行词（antecedent），无法从语篇里找到它的回指

第十二章 指代范畴的语法化之二：共时系统内的变异及其语法化倾向

（anaphoric reference）对象。无法被确认为互参代词（coreferential pronoun）。

2）不指称谈话情景中的某个实体。

3）具有弱化的语音形态：

他（实有所代）：只有在宾位有可能轻声，其他位置上不轻声。

他（实无所代）：强制性轻声，附着于其后的音节。

这（实有所指）：读 zhè／zhèi。

这（实无所指）：读轻声 zhe，不能读 zhè／zhèi。
"他""这"同作为指称标记，其后的句首成分有以下特点：

相同处：1）其后的成分有可能是 NP，也有可能是 VP。

2）无论其后的成分是 NP 还是 VP，一般为上文中已被确立了的（established）。

不同处：1）"他"后的 NP 为特指（specific）成分。

2）"这"后的 NP 为类指（generic，也称作通指）成分。

12.2 指示域的扩展和转移

12.2.1 由指示演化为时态成分

"这儿""那儿"本来是用在空间关系范畴的，"这儿"指称较近的处所，"那儿"指称较远的处所。指称处所的"这儿""那儿"对应书面语里的"这里""那里"。而"这儿""那儿"在口语里有一些用法是不能用"这里""那里"对应的,从指示空间范畴转作指示时间范畴。比如"这儿"可以指示这个较近的时间点,"那儿"可以指称比较久远的时间点,例如:

(18) 我告诉你唐先生,打那儿起,我可不再白送你茶喝!
(19) 我三岁那年得了一场大病,差点儿没死了,由那儿,算是落下这病根儿了。

近年来,北京话里"这儿""那儿"衍生出了表时态的用法,"这儿"表示进行,"那儿"表示某种状态在时间上的持续。例如:

(20) "我们这儿研究工作呢。别老净把我们往坏处想。"
"是是,没说你们干别的,就知道你们是在工作。"

后一句用的表示进行的"在"正是前一句"这儿"表示进行意义的证明。

(21) 没吃感冒通啊,也不知道怎么就那儿犯困。

介词"在"后头可以带表示时间的成分和表示处所的成分,《现代汉语八百词》就已经注意到,"'在那里、在这里'等的处所意义有时很不明显,主要表示'正在进行'"。这类情形在北京口语里说"这儿""那儿",而不用介词"在(跟、挨)"。

第十二章 指代范畴的语法化之二：共时系统内的变异及其语法化倾向

例如：

（22）她这儿唠唠叨叨，谁见着谁烦。
（23）他一人儿那儿反省呢，反省一天也反省不出个什么来。

"在（跟、挨）"在北京话里主要是表示处所意义，表示时间意义的用法是相当文的，除非特别强调，如（20），一般不用。比如口语里不说"他们在唱歌"而说"他们唱歌呢"。所以，像《现代汉语八百词》里所说的这种介词结构实际上容易产生指称处所理解的可能，北京话里不用介词可以算是消除歧解的手段。

"这儿""那儿"由只表示空间关系扩展到表时间关系是沿着两个方向发展的。第一个方向是指示时间点，如例（18）（19），这种用法在老派北京话里已经有了，这类"这儿""那儿"用在外位结构当中，远离句子的核心动词，虽然在指示域上发生变化，但至今没有变为一个语法成分。"这儿""那儿"发展的第二个方向是表示进行和持续，如例（20）至（23）。这类用法尽管产生较晚，却比第一类用于句首的"这儿""那儿"虚化得更彻底，不再用作指示，而变为一个表示时态意义的成分。"这儿""那儿"由指代功能扩展到时态功能，意味着部分指代词从章法功能向句法功能的扩展。

造成"这儿""那儿"演变为具有时态意义成分的动因是它在句子里的位置，紧贴句子主要动词的位置比其他位置上更容易演变成为具有语法意义的成分。例如在句首位置的"这儿""那儿"

就没有表示时间意义的用法。

（24）这儿能睡五个人。
（25）那儿你就别管了，全交给我吧。

这类情形在汉语虚词的发展中不乏其例。比如"在"就经历了由动作动词到表示处所的介词，再到表示进行的时态成分的过程。"将"由动作动词虚化为表示工具的介词，又发展成为表示将来时的时态成分。

12.2.2 指示域的扩展

"这"的基本用法是指示较近的事物，"那"的基本用法是指示较远的事物。而在口语里"这"和"那"的功能都已经不再局限于指示或替代（参看11.1）。表现在以下几个方面：

（一）"这"和"那"都有表示程度的用法。例如：

（26）也怪，315一建立，事儿这多，净咱学雷锋了，原来好像没这么多节目。
（27）你那会儿一天给她打好几次电话，一打就聊个没完，那腻！

吕叔湘先生在《近代汉语指代词》里说，指示性状的程度"通常用这么和那么，但间或也有就用这和那的，往往有夸张的语气。

第十二章　指代范畴的语法化之二：共时系统内的变异及其语法化倾向

这样用的时候，这多于那"。举的例子有"叫的桂姨那甜""他这懒懒的也不止今日了""亏你活了这大年纪""怎么睡的这死呀"等。这几个例子似乎都可以替换成"这么"，指示的意味还是比较强的。而像例（26）和（27）里的"这"和"那"都不能替换成"这么""那么"，几乎是一个纯粹的表示程度的副词。

（28）瞧人家发财，这眼红的，恨不得把人给吃了。
（29）那亲戚多的，简直就记不住谁是谁。

以至于用在名形兼类词前的时候能使这个词呈现出性质意义。例如：

（30）明明儿吵架哭了，大妈一进来，又装没事人。都不知道你什么时候擦的眼泪，那熟练那专业。

在语音上，这类表示程度的"这""那"和具有指代作用的"这""那"是有区别的，表示程度的只能说 zhèi / nà，而且要重读，不能说成 zhei / nei 而做指代词用的"这""那"一般说 zhèi / nèi。

（二）"这"在口语里由当前指的指事、指物而引申出指时间的用法，多指"现在"。这类"这"一般说成 zhè，而不说 zhèi。例如：

（31）这都几点了，还不起床。

（32）这都下班了，你让我找谁去呀。

（33）这都什么年代了，您给人家忆苦思甜谁听呀。

（34）这都 80 年代了，怎么还来父母包办那一套。

12.3 非指代化发展的诱因

12.3.1 语法化过程

我们知道，指代词实际是一个功能类。它与动词、名词、形容词这些有实在词汇意义不同，它反映的是一种篇章关系，其所指实体只能在篇章中得到确认。但是指代词又与典型的虚词不同，典型的虚词，如介词、连词、语气词，它们即使在篇章中也没有相应的所指实体，只有句法上的作用或篇章功能。因此，动态地看，指代词的虚实程度是最容易变化的。实词虚化是我们熟知的，例如汉语里大量的介词是从有实在意义的动词演化而来的，由实义词变为功能词；虚词变成更虚的成分，比如词缀和曲折形态，也是语法化。这一方面是词汇意义的衰减，是我们传统所说的虚化；同时也带来了新的语法范畴和语法成分的产生，因此我们倾向于使用语法化这个术语。指代词内部不同小类之间的虚实程度不同（比如指代程度的"这么、那么、怎么"比指代人、物的"你、我、他/它"要虚），同一个词所表现出的不同用法，也表明它正处在语法化的动态过程中。具体的表现就是，同一个词，它有比较实一点的实有所指的用法，

第十二章　指代范畴的语法化之二：共时系统内的变异及其语法化倾向

也有虚的实无所指的用法。

实际的用例中，有些则既可以理解为实有所指，也可以理解为实无所指。例如：

（35）我中学是教会学校。那个时候啊，学英文哪，那都是在高小就是外国人教，就跟现在似的，他1这外国人，他2不会、不会这个中文，他3就是说，他4就自己自然而然地就会了。

其中他1实无所指，他2回指外国人，他3作实无所指的可能性较大，也可以理解为指外国人，他4理解作指外国人的可能性较大，也可作实无所指理解。

在同一个人的谈话中指代词的用法就可以是多种多样的，下面是从我们的语料里检出的例子，比较"他"的用法。

（36）我们那时候儿学校可够乱的，正好赶上乱的那阵儿。你这教员差不多谁也不爱管，他1也没法儿管好像。
　　（他1：教员）
（37）你经常踢球吗？
　　以前好，上学时候喜欢，上学时候，全让这给耽误了，要不然的话，……后尾儿上班儿以后吧，就没这时间了，……我们单位没这个条件，因为他1地方比较小，工作时间，……他2这关键是工厂忙，关键就是

这个，你得生产出东西来。（他₁：工厂 / 0；他₂：0）

（38）那你们要是从学校跑出来是到天坛吗？

咳，哪儿都去，抱个球踢球去了，哪儿没准儿。他₁因为，他₂那阵儿，他₃上课一般的也不讲，讲不了什么课。你懂不懂，老师给你说几句，你一人儿就做自习，净上这自习课了，……（他₁: 0; 他₂: 0; 他₃: 0）

在80年代记录的20世纪初出生的北京人的言谈里，就已经有大量的非实指用法的"他"，但是再往早推，就很难见到了。比如，清末民初北京白话小说《小额》就没有发现这样的用例。

《近代汉语指代词》里描述的"他"的用法与我们看到的现代北京话"他"的用法的比较：从来源上说"他"指物的用法比指人的用法后起。"他"指物差不多全是回指性的，当前指用"这（个）"或"那（个）"。指事的"他"从来不用作主语，那是"这""那"的事儿。

这种"一解→歧解→一解"是成分虚化大多要经历的过程。

从成分的意义上看，虚化的成分在意义上都经历了"具体→抽象"的过程。比如在口语里，"那"可以表示推衍关系，或引进表后果的小句，在句与句之间起连接作用，与书面语里的"那么"相当。例如：

（39）怎么，你不去了？那我也不去了。

（40）"天气预报说这场雨得下一个三四天呢。"

第十二章 指代范畴的语法化之二：共时系统内的变异及其语法化倾向

"那咱们管片儿的危房可得多留点儿神，千万别出事。"

这类"那"显然是由句首用作复指的代词"那"虚化而来的。一个最明显的对比是，句首用作复指的"这"的功能仅仅发展为可以复指上文全句（只限于复指某一成分），但是没有进而成为连词。

（41）"一个机器人，你也打主意，真让人看不上。"
"这你真把我想俗了。"

口语里为了区别代词的"那"和连词的"那"，凡是连词"那"一般说成 nà，而不说 nèi。

12.3.2 虚化程度及认知上的依据

通过上面的讨论我们看到，三身指代词不仅从原有的实有所指的用法里衍生出了虚指用法，还衍生出了实无所指的用法。在这个虚化过程中"我"最为保守，基本上没有超出指人的范畴。"你""他"由于产生了实无所指的用法，它们的关涉对象从原来指人的范畴扩展到了与人无关的范畴。其中"你"仅仅与名词事项相关，而"他"既可以与名词事项相关，也可以与一个命题相关。因此，从三身代词由实到虚的演化程度可以归结为：

我＞你＞他

说话人自己是最为核心的指人成分，离自我中心越远，虚化程度越高，指人程度渐低，意义也越空灵。

与三身代词相应的是指示代词内部发展的不平衡。"这儿""那儿"原本都是指代处所的，此后产生了指某一时间点的用法，进而衍生了表示持续的时态意义。语义范畴从三维空间扩展到一维的时间。

"这""那"虽然都产生了指示程度的用法，但在其他方面也表现出发展的不同步。"这"由指事的用法衍生出了引导话题的用法，成为指称标志。但从认知域上说，它仍是在与名词有关的范畴之内。而"那"却可以表示推衍关系，有了连词用法，从原来的仅与名词有关发展到与分句有关，由物质空间扩展到逻辑空间。虽然"这""那"都有在句首复指前文的功能,但"这"没有产生连词用法。如果将"这""那"的虚化程度做个比较的话，"那"的虚化程度要高于"这"。即：

这＞那

无论是三身指代词还是指示代词，它们的虚化程度的高低与它们在生命度等级序列中的地位都有一致关系。Comrie 和 Foley & Valin 等人通过对多种语言的对比研究，从人的认知角度对名词性成分的生命度等级做了如下概括，名词性成分的生命度等级由高到低表现为：

说话人／受话人＞第三人称代词＞指人专有名词＞指

第十二章　指代范畴的语法化之二：共时系统内的变异及其语法化倾向

人一般名词＞其他有生名词＞非生物名词
　近指代词＞远指代词

我们看到，易于产生虚化变异的成分是那些生命度较低的成分，反过来说，一个成分的生命度越高就越保守。

但是在细节上稍有不同。汉语里，第一、二人称代词同为言谈的参与者，它们的这一共性不那么明显，三身代词之间，言谈的参与者与非参与者的对比不显著。而更多地表现为以自我为中心，逐层离散的格局。

12.4　结语

本章讨论了口语指代系统内的种种变异虚化现象，需要指出的是，北京话里这些还不太为人注意的现象背后蕴涵的一些实质性规律是具有普遍意义的，是与语言内部发展的一般规律相吻合的。比如"这"，它本来是用于名物范畴的成分，北京话里把它加在动词性成分上，使这个动词性成分具有指称意义，这种手段在其他方言里也可以看到。例如，广东开平话里要使一个谓词性成分具有指称意义，一个重要手段就是在谓词性成分上加一个本应属于名物范畴的量词"个"（参看余蔼芹 1995）。如果拿北京话里的这类"这"的用法跟英语里的 this / the 做个对照，也可以看出其中的相似之处。英语里的定冠词 the 是由指代词 this 虚化而来的。this 是用来限定名词的，从

this 虚化而来的 the 的核心用法也是放在名词的前面。而在现代英语里，the 除了这一核心用法以外，还有一种用法，就是把 the 放在形容词前，使谓词性成分具有指称性，指某一类人（The extremely old need a greet deal of attention.）。英语里由 the+adj. 构成类指而不指某一个具体的个体的用法，与北京话弱读的"这"加谓词构成的类指用法采用的是同一途径。不同仅在于，英语里由 the+adj. 构成的类指是语义转指的手段（the extremely old "老人"指作为一类人的群体，不指某一个人），北京话里由弱读的"这"构成的类指是语义上自指的手段（"这拍领导可有讲究"里"拍领导"是泛指这一类行为）。再比如"这儿、那儿"，原本是表示处所的指代词，老派的北京话里已经有了表示时点的意义，在新派北京话里则有了表示持续的时态意义。在共时系统中，三种意义并存。从表示处所到表示时点是概念的转移；从表示一个具体的时间点到表示动作的进行或状态的持续，是概念意义的虚化。这种由处所概念范畴向时间概念范畴的转移的现象在很多语言里都有表现。比如英语里 at 既可以用作表示处所（at home），又可以用来表示时间（at 12 o'clock）。而 there- 字首既有"彼地"的意思，又有"那时"的意思（thereat 在那地方／在那个时候；thereaway 在那个区域／在那个时间）。汉语共时系统里"在"有表示存在的实义动词的用法（东西还在），也有意义较虚的表示处所的用法（在床上看书）和表示持续的更虚的用法（人民在遭受磨难）。这种共时系统中表现出来的差异正是历时演变的写照。在这样的背景下来看北京口语里

第十二章　指代范畴的语法化之二：共时系统内的变异及其语法化倾向

处所成分"这儿、那儿"的种种用法，我们对其中的共时差异的理解就会具有一个历史的眼光。

　　指代词是一个功能类，功能上的多样化已经有足够的理由把它们分立成两个或更多的同形词。但我们这里并不想讨论词的分合问题，而是尝试用动态的、历时的眼光去看待分析共时系统中的变异，研究变异不仅仅满足于对现象的刻画和描写，更应进一步探究变异产生的原因和途径以及认知上的依据，以使用法研究在具体描写之上更具有前瞻性。本章描述的有些变异用法尽管还仅仅是口语语体中特有的现象（比如"这儿""那儿"表持续的语法意义），有的属于篇章语用手段而不是强制性的句法规则（如"他""这"作为指称标记引出话题成分），但是，发现并研究这些现象的价值在于，它们既属于现实，又属于未来。因为现实的语法规则无不产生于历史上的语用规则，而今天的章法有可能就是明天的句法。

第四部分

词类功能与句法功能研究

第十三章　有指与无指：
　　　　　　领属结构的分析

13.1　关于领属性定语

现代汉语里由"N_1+ 的 +N_2"构成的偏正结构，其间的语义关系是什么样的，各家说法大同小异。比如朱德熙（1982）归纳出 N_1 对于 N_2 的意义类别主要有：表领属（我们的学校|孩子的衣服），表质料（木头的房子|塑料的口袋），表时间（昨天的报），表处所（北京的天气），表性质（珂罗版的书|电子管的收音机|黄头发的孩子），表同位（我的眼镜）。另外还有三类"准定语"：（A）张三的原告,李四的被告,（B）他的篮球打得好,（C）我来帮你的忙。朱先生对这三类的解释是："这些定语都是由指人的名词或人称代词组成的,按说应该表示领属关系,可是（A）（B）（C）里头的'我的''你的''他的'都不表示领属关系。"

这种分类有一定的随意性，正如赵元任（1968）所说："这些分项既不能包举一切，也不是互相排斥〔即，有交叉〕。"朱先生本人在另一篇著作（1980）里也曾指出"小熊猫的杯子|大地主的父亲|诗人的风度"等结构是有歧义的，即都可

以有领属意义的一种理解,也可以有领属意义以外的其他意义的理解。

吕叔湘(1976)的分类较为概括,并总结出不同语义类别在句法上的不同变换形式,令人信服。吕先生的分类是:

1. 领属性的:中国人民的志气,相对应的是"有"字句:中国人民有志气;

2. 描写性的:竹壳的热水瓶 | 十二岁的孩子,相对应的是名词谓语句或"是……句":这孩子十二岁 | 热水瓶是竹壳的;

3. 同位性的:学习雷锋的好榜样 | 人民战士的光荣称号 | 我的小组长当了半年了,对应的是"是"字句:雷锋是好榜样。

可以看出,学者们在处理典型的领属性定语和描写性定语时,观点是大致相同的,而对朱先生称为"准定语"及吕先生称为"同位性定语"的那些例子,都不当作典型的领属成分看待,只承认其结构形式是表示领属关系的,实际语义却不表示领属。[①] 这个现象值得探讨,因为它不仅仅是个如何归类的问题,它涉及对汉语中领属意义的理解问题。我们觉得,至少有以下两方面的问题值得研究:一是,这些意义特别的"N_1 的 N_2"结构里是否具有领属意义?如果有,该怎样理解和分析其语义构成?二是,既然"他的篮球""鲁迅的书"这样的结构在不同的语境里可以有不同的理解,那么该如何对"N_1 的 N_2"结构的不同语义做出语用角度的解释?

13.2 "我来帮你的忙"

这一节我们讨论"我来帮你的忙"一类的例子。先举些例子看：

（1）小心别吃了他的亏。
（2）我可没心肠儿捣他的乱去。
（3）你那些狐朋狗友告我的状了？
（4）你们是在盯我的梢儿。
（5）去吧，别扫大家的兴。
（6）好好儿的吃起不相干的人的醋来了。

这些例子共同的结构形式是"V+N_1+ 的 +N_2"，其中 V 和 N_2 原是动宾式的复合词，这里分裂成两个成分，语义上 N_1 是 V+N_2 的受事。

这种结构里的"N_1 的 N_2"不易按一般领属结构解释，困难有两个：一是语法上的困难，不成词的 N_2 难以解释成句法成分；二是语义上的困难，N_2 的意义不易说明。

这两点都不是不能解决的。从语法上说，这些例子里的 N_2 在词汇平面上不成词，但在句法平面上却无妨是个句法成分，这就是吕叔湘先生曾论述过的"临时单音词"现象，静态地看，它往往是黏着语素，放在一定的句法结构里，却是个独立的句法单位。因此我们有理由把 N_2 当作一个自足的成分看待，也就有理由把"N_1 的 N_2"当作一个偏正结构看成 V 的宾语,而不把 N_1 看作插入成分。

从语义上说,N_2 既是一个独立的句法成分,也就应该有独立的语义负载。我们是这样理解"VN_1 的 N_2"里的语义分配的:$V+N_2$ 原是一个复合词,其中语素 V 的意义在句子里仍由动词 V 来负担,N_2 作为宾语的核心部分,就应该有一定的事物义,N_1 是 N_2 的领有者,"N_1 的 N_2"是 V 的受事。

关于 N_2 的事物义,我们理解为它在这个句法结构里所负担的一种抽象的属性义,即 V 所关联的一种抽象的事物(也可以是属性或状态)。如"吃他的亏","亏"即"亏折","捣他的乱","乱"即"秩序","帮你的忙","忙"即"忙乱的局面","告我的状","状"即"状况","盯我的梢儿","梢"即"踪迹","吃他的醋","醋"即"嫉妒的情绪",等等。至于"生他的气""挑恭维话的茬儿""顺你的眼""扫大家的兴"等等,其中的 N_2 的意义更容易理解。[②]

解决了这两个问题,本节所论"N_1 的 N_1"认定为领属结构恐怕是不成问题了。

13.3 "他的老师当得好"

下面我们着重探讨"他的篮球打得好|他的老师当得好"一类格式。这一节先考察其结构形式及语义构成条件,下一节再对其中的领属意义进行探讨。

第十三章　有指与无指：领属结构的分析

13.3.1　许多有关论述都已指出，这种形式为"N_1 的 N_2 VP"的格式，其语义相当于"N_1 VN_2 VP"，即"他的篮球打得好"="他打篮球打得好"，"他的老师当得好"="他当老师当得好"，但这只是全句意义上的相当，并不代表句中语义分配的完全对应，也不代表结构上的相当。从结构上看，"他打篮球打得好"应该切分成"他 | 打篮球打得好"，而"他的篮球打得好"却不能切分成"他 | 的篮球打得好"。在"他打篮球打得好"里，"打得好"是对"打篮球"的说明，二者互为直接成分，而在"他的篮球打得好"里，"打得好"是对"他的篮球"的说明，二者互为直接成分，至于"他的篮球"语义上是否等同于"他打篮球"，那是另外一个问题。因为有"我考我的学，他打他的球""他当他的老师，我跑我的买卖"这样的说法可以证明"他的篮球"可以作为一个独立的句法单位。这种结构分析的结果为我们进一步分析"N_1 的 N_2"内部语义构成提供了基础。

13.3.2　"N_1 的 N_2 VP"是一种独特的结构形式，但其构成的确有一个语义上的先决条件，即 V 与 N_2 之间有动宾语义关系。这里我们要考察的是，是不是所有的动宾组合都可以转换成这种说法。

首先我们发现，必须是具有支配关系的动宾组合才有可能转换。所谓支配关系，是指宾语跟动词的意义密不可分，它直接参与动词所指的动作、过程或状态并受动词的支配和制约，一般来说，宾语是可以从动词的含义推导出来的；而那些宾语和动词没有直接关系的情况则为非支配关系,③非支配关系的宾语类型汉语里常见的有数量宾语、间接宾语、处所宾语和时间宾语等,这样的动宾组合都不能转换成"N_1 的 N_2 VP"的说法,如:

(7) 等了三天仍然没回音→*他的三天等下来,仍然没回音
(8) 跑了两趟还是没有进展→*他的两趟跑回来还是没有进展
(9) 他住南城住了二十多年了→*他的南城住了二十多年了
(10) 他休星期天休腻了→*他的星期天休腻了

但是这几种宾语还有不同,数量宾语任何情况下都不能跟领属成分组合,而处所和时间宾语则可以在前边加上领有形式充当宾语(虽然不做主语):

(11) 他住他的南城,我住我的北城,谁也碍不着谁。
(12) 想改休星期六没批准,他只好接着休他的星期天。

这说明,这种由动宾组合转换来的领属结构做主语比做宾语更受限制。

有支配关系的动宾组合,转换成领属结构比较容易,但仍表现出做宾语比做主语更自由的倾向:

(13) 他吃他的饭(受事) 他的饭吃了两个钟头

第十三章 有指与无指：领属结构的分析

（14）他看他的小说（受事）他的小说看不完
（15）他擦他的桌子（受事）他的桌子擦完了
（16）他喝他的大碗（工具）*他的大碗喝不够
（17）他唱他的青衣（方式）他的青衣唱得有味儿
（18）他画他的工笔（方式）他的工笔画得最好
（19）他盖他的房子（结果）他的房子盖了半年

事实上，每个"N_1 的 N_2"结构都是有歧义的，至少包含有一般的领属意义和特殊的领属意义（即在"N_1 的 N_2 VP"里 VN_2 有支配关系者），产生歧义的原因我们将在 13.5 探讨。需要指出的是，当宾语为施事的动宾组合转换成"N_1 的 N_2 VP"时，歧义事实上合而为一了：

（20）他前年死了父亲→他的父亲前年死了
（21）他家里早早儿就来了客人→他家里的客人来得早
（22）他坏了两颗牙→他的两颗牙坏了／他的牙坏了两颗

13.3.3 动宾组合具有支配关系的，也并非都能转换成"N_1 的 N_2 VP"的说法，还有其他语义因素的制约。

我们发现，在常见的"N_1 的 N_2 VP"格式里有很大一部分是 V 和 N_2 之间有表称关系的，但是不是所有（或大部分）表称宾语都能换说呢？看下面的例子：

(23) 他的老师当得好 ?他的学生当得好
(24) 他的司令干了快两年了 ?他的士兵干（当）了两年了
(25) 他的主持人做得很出色 ?他的来宾做得很出色
(26) 他的播音员当得很称职 ?他的听众当得很称职

这里反映出一种倾向，即表称成分代表相对少数，或比较个别的身份时，容易造成这种说法，相对多数的一般身份则不太容易有这种说法，而采取其他说法，如：

(27) 新兵来队，应趁其立足未稳，一家伙控制住他，把所有情况都搞清楚，等他兵当油了，你就镇不住他了。（朱苏进《炮群》）

究其原因，还在于"N_1 的 N_2"格式的基本语义是表领属，即 N_1 领有 N_2。一般来说，"老师、司令、主持人、播音员"是相对于"学生、士兵、来宾、听众"的上级身份，前者是领有者，后者是被领有者，因此"他的学生""他的听众"占优势的语义理解是"学生、听众"为被领有者，而不是"他当学生""他当听众"；[④]相反地，"他的老师""他的主持人"等则理解为表称意义的可能性相对大些。越是不易于理解成被领有者的，越容易进入这种格式，如"他的主持人、播音员、司仪、原告、裁判员"等等。

13.4　广义的领属意义

需要做出解释的是,"N_1 的 N_2 VP"里 N_1 和 N_2 之间的语义关系是不是领属性的,前人对此的态度是否定的,[⑤]那么,不是领属意义又是什么意义呢？无法说明。

我们把典型的领属意义称为 A 义,把另一种意义称为 B 义,"N_1 的 N_2"在不同的语境里表现出不同的意义:

A 义:他的老师教得好　他的老师=教他课的老师
　　　他的篮球比我的好　他的篮球=他所有的篮球
B 义:他的老师当得好　他的老师=他当老师
　　　他的篮球打得好　他的篮球=他打篮球

13.3.1 的结构分析结果表明,B 义的"N_1 的 N_2"是被 VP 陈述的成分,作为偏正结构核心的 N_2 的名词性是显而易见的,[⑥]这还可以从"老师当得好""篮球打得好"一类说法里得到证明。N_2 前边的"N_1 的"显然不是描写性定语,说成同位性的也不好理解,[⑦]只能解释为领属性的。

这种领属意义与 A 义里所体现出的不同。A 义里的 N_2 指的是具体的人或事物,B 义里的 N_2 不指具体的人或事物,只表示该名词的抽象意义。"老师、司令、主持人、播音员"只代表一种身份,"他的老师"只表示"他"具有"老师"这样一种身份,是 N_1 对身份的领有;"他的篮球打得好","篮球"只是"打"

这一行为所联系的事物，"篮球"并不一定是"他"个人的财产，却必须是"打篮球"这一行为里具有的，因此，也应该理解为"他"对"篮球"的广义的领有，"他的歌唱得好""他的电视看上没够"都可以这样理解。

13.5 无指性解释

我们说"他的老师当得好""他的篮球打得好"里"N_1的N_2"仍然表示领属意义，但应该做较为宽泛的理解，这就牵涉到该如何认识领属意义的问题。

领属意义可以做狭义的理解，也可以有广义的理解。对领属意义最严格的定义如 Taylor（1989，见廖秋忠 1991b），他描写出典型的领属意义的八种基本特征：①领有者是个特指的人；②被领有者是某个/群特指的具体东西；③领有关系是排他的；④领有者有权使用被领有者的东西；其他人只有在得到领有者的允许后才能使用它；⑤领有者对被领有者的权利是通过交易、赠予或继承而得来的，这个权利一直延续到下次交易、赠予或继承行为为止；⑥领有者对被领有者负有责任；⑦领有者对被领有者行使权力时，两者不需在空间上邻近；⑧领有关系是长期的，以年月来计而不以分秒来计。

这些特征典型地反映了人类语言领属结构的认知基础，Taylor 的这八条特征为我们认识汉语里狭义和广义的领属结构提供了一个全面的参照。

第十三章 有指与无指：领属结构的分析

对领属意义做宽泛理解可以宽泛到什么程度呢？我们所见到的著述里，廖秋忠（1986a）所论甚详，他说：

> 汉语语流中两个名词性成分，A 和 B 有时存在着这样的语义关系：B 或为 A 的一个部件／部分、一个方面／属性，或为与 A 经常共现的实体、状态或事件，A 为 B 提供了进一步分解 A 或联想到 B 的认知框架。

这个解释里，被领有者可以具体到部件，也可以抽象到属性，廖先生的这种规定是出于篇章角度的考虑。本文所分析的"他的篮球打得好"等句式里的特殊领属意义是语境造成的，尤其是"他的小说看不完"这样的歧义结构，更要依靠篇章语境来辨识，因此，我们对领属结构的语义理解必须从语用角度出发。

篇章分析中的一对指称概念——有指（referential）和无指（nonreferential）是我们认识狭义／广义领属意义以及分化"N_1 的 N_2 VP"结构歧义的一把钥匙。无指名词性成分只表示该名词的抽象属性，而不指称语境中具有这种属性的具体的人或事物，我们无法把该名词同语境中某个具体的人或事物等同起来，反之就是有指的。简而言之，无指指的是词的内涵，有指指的是词的外延。[8]

辨认一个名词性成分有指还是无指最重要的是靠语境，而不是靠词汇形式，[9]有指成分和无指成分可以用完全相同的词汇形式来表现，看下面这个例子：

(28) 爸，您这会说这话，当初是谁最反对我姐夫当我姐夫来着？（王海鸰、王朔《爱你没商量》）

如果我们更换其中个别词语的话：

(29) 是谁最反对我姐夫当兵来着？
(30) 是谁最反对高强当我姐夫来着？

就可以清楚地看出第一个"我姐夫"是有指的，第二个是无指的。第一个"我姐夫"在说话人心目中就是那个已经做了他姐姐的丈夫的那个人，第二个"我姐夫"仅仅指的是他姐姐的丈夫这个身份。再看下面这个例子：

(31) 不是我说你方波，难怪周华跟你生气。你这个未婚夫当得也太不称职了，一件首饰也不给周华买，那么漂亮一脖子，冬天夏天都光秃秃的。（同上）

如果离开上下文语境，"你这个未婚夫当得也太不称职了"这句话是有歧义的：如果听话人是个男的，说话人说的"未婚夫"就是无指的（身份义）；如果听话人是个女的，说话人说的"未婚夫"就是有指的（指一个具体的人）。

由此可以看出，区分"有指/无指"这两种意义的语境至少有三种：一是上下文语境，如"他的老师当得好/他的老师

第十三章 有指与无指：领属结构的分析

教得好"是为下文语境"当得好／教得好"提供了辨识依据；第二种是说话现场语境，如例（31），有指还是无指取决于听话人的身份；第三种是听说双方共有的背景知识，如例（28）是因为听说双方都明白"我姐夫"的所指对象。

我们认为，语境因素所区分出的不同语义是词语的语用义，一个静态的词语（如：老师，篮球）或静态的结构（如：他的老师，他的篮球）不具备有指／无指这样的意义区别。本文开头引述朱德熙先生对"准定语"的解释，说这种结构"按说应该表示领属关系，……可是……都不表示领属关系"。本文试图说明，朱先生所一贯主张的"弄清楚语法形式和语法意义之间的对应关系"[⑩]并不因领属结构的不同意义而遇到困难，有指／无指是语用意义，领有／从属是语法意义，领属结构表示的语法意义就是领属关系，不管所领有的是具体的事物还是抽象的属性。领属意义是领属结构作为一个静态单位所固有的，而静态单位放到动态的使用环境中所产生的语用意义是临时的，决定于说话人的说话意图和听说双方的认知背景，语用意义未必都有形式上的验证。

附 注

① 赵元任（1968）、吕叔湘（1965a）也有相同观点的论述。

② 这并不是说 N_2 的语素义里就包含这样的意义，我们只是强调 N_2 的临时单音词属性，形式上的临时词，意义上也有相对应的临时结

构意义。

③ 见廖秋忠（1984a）。

④ 前面所举部分受事宾语和工具宾语的例子（他的桌子，他的大碗）也同样因为以理解为狭义领有为优势语义而难于成立。

⑤ 如吕叔湘（1965a）、赵元任（1968）、朱德熙（1982）、萧国政（1986）都认为不表示领属意义。

⑥ 萧国政（1986）认为 N_2 具有动性。

⑦ 解释成同位关系在 N_2 为表称时讲得通、而 N_2 为受事（如：篮球）时就不能说 N_1 和 N_2 是同位性关系了。

⑧ 见陈平（1987b）和廖秋忠（1986a）。

⑨ 陈平（1987b）列出了无指成分的一些词汇表现形式，并认为专有名词和"这／那＋量词＋名词"不能表示无指成分，这恐怕不是绝对的，如"赵燕侠的阿庆嫂比这强"（见吕叔湘1965a）"你这个未婚夫当得也太不称职了"（见本章例31）都是无指的形式。此外，陈文还认为无指成分一般不能做主语，本文的大量例证可以看作是无指主语的代表类型。

⑩ 朱德熙（1985）。

第十四章　空间和时间：词类的认知基础与功能游移

14.1　从名词活用现象说起

跟其他语言一样，汉语里的名词和动词是两个最基本的词类，二者在功能分布上有一系列明显的对立。名词一般不能用在动词经常出现的语法位置上，反之亦然。凡不符合这一情况的，人们习惯称之为"词类活用"。古汉语的词类活用现象自陈承泽以降论者颇多，现代汉语的也有一些这方面的描写（均见参考文献）。我们认为，词类活用是人类语言中一种带有普遍意义的现象，透过活用现象的分析，可以揭示词类范畴的认知基础。"词类活用"，这一名目的界限显然不太容易把握，也就是说"临时活用→常见活用→兼类→同形词"这个过程显然是连续的而不是离散的，如蔡镜浩（1985）就曾讨论过上古汉语的衣、冠、雨、枕、妻事实上都有两个读音，应看作是不同的词，而肘（《左传·成公二年》：从左右，皆肘之）、手（《公羊传·庄公十三年》：曹子手剑而从之）、刃（《史记》：左右欲刃相如）等词才是真正的词类活用；其实现代汉语里哪些是活用，哪些是兼类，也不太容易分清。我们先看下面几个例子：

（1）有事你就言语一声。

（2）先把饮料给冰上。

（3）怎么不说话，都哑巴啦？

（4）你越劝，娘不越伤心吗？哑巴着点儿，过了这一阵就好了。（引自吕1989）

（5）咱们不能主观主义／自由主义／官僚主义。

（6）岁数了，不是说着玩的。（老舍《骆驼祥子》）

（7）对，是这意思。让他们影绰着，我这儿灯打给谁，谁就给我活起来。唱呵，跳呵都看他。唱完，灯灭，你再给我剪影着。（王朔《懵然无知》）

（8）搭理他呢，让他自己嘴上快感去。（王朔《永失我爱》）

以上说法可接受程度明显不同，其中（1）（2）《现代汉语词典》都为名词用法和动词用法分别立了义项，（3）（4）《现代汉语词典（补编）》补充了动词用法；（5）~（8）词典里未标动词用法；从语感上的可接受程度来说，（1）（2）（3）（5）最高，（4）（6）略低，（7）（8）最低。类同于（1）~（4）的词还有：窖、酱、浆、杠、火、猫、势利眼等；类同于（5）（6）的如：近视眼、运气、运动、民主、铁等。如何看待这些现象呢？吕叔湘先生解释说："上面讲的跟古汉语里的词类活用是不是一回事呢？我觉得不一样。古汉语里的词类活用似乎是文章家的一种修辞手法，口语里未必常用，……现代则相反，正经文字里很少见，口语里相当常见，有的是出于无知，更多的是带点俏皮。"从上面举例可以看出，一些临时的活用一旦用得较为经常，就少有俏皮或修辞色彩，有了分化成两个词的倾向。所以，不同名词活用的可接受程度各异，可以看成是这种活用的固定化进程各不相同。在我们看来，这都是名词功能游移（functional shifting）现象的不同程度的反映，因此本章讨论的现象既有临时用法，也包括长期活用形成的兼类现象；既包括名词用如动词（含及物和不及物），也包括名词用如形容词（含非谓形容词）。不管这些名词活用的临时性或固定性处在何种程度，都共同反映了一个事实，那就是：汉语里有相当一部分名词其体词性身份往往是可以有所松动的，这就是我们说的功能上的游移性。我们感兴趣的问题是，是不是所有名词在一定条件下都可能产生游移？有没有任何条件下都不会游移的名词？决定名词功能游移的更本质动因是什么？

14.2　名词活用自由度所涉及的功能因素

功能语法的一些概念或许对我们认识名词活用现象有所帮助，其中生命度、典型性和无指性是比较重要的几个方面。

14.2.1　生命度解释

生命度（animacy）顾名思义是从生物学的角度对名词性成分进行的分类，它的基本等级序列是：人类＞动物＞无生命物。

然而随着类型学研究的不断深入，生命度已经成为一个广泛适用的纯语言学概念，许多语言现象的背后都可以看到生命度的作用。如很多语言里存在代词因生命度不同而不同形的现象；有些语言里同一语义角色由于生命度的不同而有不同的词形格，如某些澳大利亚语言里独立的宾格只适用于人称代词或有生名词；有些语言里高生命度的词语有数的区别，而低生命度的没有数的区别，就连汉语里也有"们"只倾向于加在有生名词后的规律；还有很多语言里名词生命度高的与动词有数的一致关系，而低生命度的没有，等等（见 Comrie 1981）。作为语言学概念的生命度等级序列可以表述为：

说者／听者＞第三人称代词＞指人专有名词＞指人普通名词＞其他有生名词＞无生名词

有许多关于词类活用的描写可以说明生命度的作用，如王克仲（1989）指出："据调查，古汉语的实词都可以活用，只是有的常见有的不常见而已。譬如代词的活用就较为少见。"再如蔡镜浩（1985）对《诗经》《左传》《论语》《孟子》几部书做的统计，"雨"当名词用跟当动词用的次数比是 34：31，几乎是对半开，而"妻"的名动次数比是 91：26，动不足名的三分之一，何况"妻"在上古汉语里已有公认的动词义项。可以看出生命度低的名词"雨"活用为动词要易于生命度高的名词"妻"。[①]

第十四章 空间和时间：词类的认知基础与功能游移

生命度高的名词往往是名词这个类别里比较稳定的成员，这个道理不难理解。但生命度的解释是有局限的，14.2.3 我们将指出一些高生命度词的活用现象。

14.2.2 典型性解释

可以假设名词活用自由度各异是名词这个类别内部典型性差异的表现。也就是说，名词内部的典型成员在功能上应该表现出较强的稳定性，非典型成员功能上就会表现出一定的游移性。Taylor（1989）一书专门讨论了各种语法范畴的典型性问题，他参考了 Ross 与 Langacker 等人的说法，把名词的典型特征依次归纳为：

> 离散的，有形的，占有三维空间的实体＞非空间领域的实体＞集体实体＞抽象实体

据此我们不难推断，那些容易产生游移现象的名词应该是远离核心的边缘成员，而核心成员不应发生游移。这个说法对于抽象名词的活用现象有很强的解释力。在我们搜集到的例子里，抽象名词活用的最为多见，从可接受程度来看也比具体名词的活用略为自然。

有些抽象名词带有明显的性质意义，原因是抽象名词并非人们对有形实体认识的结果，而往往是反映了人们关于抽象事物的概括，其内涵的实体意义和性质意义没有明确的界限。从

表达的角度看，说话人常常不是着眼于一个抽象名词的全部含义，而是只取其某种性质意义拿来使用的，典型的例子就是"不科学""不道德""很民主""挺技术"一类说法。我们说抽象名词不是名词里的典型成员，是从语义角度着眼的；同时，句法形式上也可以找到相应的表现：典型的名词都可以受量词修饰，尤其是个体量词和集合量词，而抽象名词只能受"种、类、点儿、些"等量词修饰。

抽象名词活用的例子不必多举。以下这种抽出具体名词中的一个语素当抽象名词用，再当动词/形容词用的例子，很能说明我们上面指出的从实体意义到性质意义的过程：

（9）什么全齐了，比香港人还"港"哪！（引自吕1989）
（10）要讲洋，咱都洋！你东洋，我西洋！看谁洋得过谁！（同上）
（11）长江尚且后浪要推前浪，何况尔等？大千世界，各领风骚，今后真要看你们骚了。（王朔《你不是一个俗人》）

14.2.3 无指性解释

不管是指人名词还是指物名词，具体名词还是抽象名词，都是从名词自身的基本意义划分的。这一小节我们引入一个新的概念——无指名词。无指是相对于有指而言的，有指和无指的区分需要从具体的谈话环境中去分辨。当一个名词的表现对

第十四章　空间和时间：词类的认知基础与功能游移

象是话语中的某个实体，说话人不仅看重该词的内涵，更看重其外延的时候，这个名词就是有指成分；如果说话人仅使用内涵义，而不顾及外延的时候，该名词就是无指成分。无指成分一般表示一种性质或一种身份，例如"他想媳妇都想疯了"这句话可以有两种理解："他"指未婚者时"媳妇"仅指"女性配偶"这样一种概念，并不指称哪个具体的人，就是无指用法；而"他"指已婚者时"媳妇"指的是实实在在的一个人，是有指用法。

　　值得注意的事实是，不管是高生命度名词还是低生命度名词，具体名词还是抽象名词，它们活用动词/形容词时用的都是以它们的无指意义实现的，最能说明问题的就是那些高生命度的具体名词的活用例子，先看两个古汉语的例子：

（12）公若曰："尔欲吴王我乎？"（《左传·定公十年》）
（13）国宝曰："将曹爽我乎？"（《资治通鉴·晋纪·安
　　　帝隆安元年》）

　　这是较为少见的专有名词体现出动词功能的例子，意思是"像对待吴王/曹爽那样对待"。专有名词在这里已经游离了原所代表的那个人，而仅指和人物相关的某种事件。现代汉语里也有这样的用法，如：

（14）他比南霸天还南霸天呢。
（15）真够雷锋的哎！（电视剧《渴望》第一集）

一旦专有名词被说话人赋予了类意义，其功能游移就变得容易些了。古汉语里多有亲属名词当动词用的，如：

（16）侯年宁能父我邪！（《汉书·萧望之传》）
（17）请勾践女女于王，大夫女女于大夫，士女女于士。（《国语·越语上》）
（18）时迈其邦，昊天其子之。（《诗经·周颂·时迈》）

现代汉语里常见的亲属名词活用的例子是"哥们儿""孙子"等；再如常用的"哑巴""聋子"等词，虽然都是从指人名词而来，但都因衍生出了性质意义才可以动用的。我们于是可以理解为什么名词的某些核心成员也有活用现象，原因就在于它们在一定场合中获得了无指意义。如以上指人名词活用的例子其实都是无指用法，常说的"春天了""大姑娘了""岁数了""茄子了"等，也都不是指称某个具体的"春天""姑娘""岁数"和"茄子"，而是指这些名词所代表的那一类事物及其最突出的性质。可以说，从有指意义衍生出无指意义是名词活用的先决条件。

14.3 名词活用的功能解释

14.3.1 名词功能的基本属性

以上的讨论已经勾画出了名词活用自由度的基本轮廓，概言之名词稳定性的优势序列是：

第十四章 空间和时间：词类的认知基础与功能游移

　　高生命度名词＞低生命度名词
　　具体名词＞抽象名词
　　有指名词＞无指名词

　　这几组序列反映了名词功能中什么样的基本属性呢？陈平（1988）指出："就最典型的事物而言，它们一般都占据一定的空间，随具体事物类型的不同而表现出大小、多少、高低、厚薄、聚散、离合等等特征。行为动作则与此不同。它们最显著的特点表现在时间方面。"他进而指出，名词的语法特征往往跟空间特征有关，动词的语法特征往往跟时间特征有关。14.2.2 所述名词的典型性特征也显示了空间属性在名词意义中的基本性。抽象名词本不是具备太多典型性的成员，它们的空间特征相对较弱，无指名词如上所述不具外延性，也完全不带有空间特征。这种种表现直接导出了我们从最根本的意义上去理解名词的活用现象，即，名词表现其基本的空间意义时，其功能必定是稳定的；当它丧失了明显的空间意义甚至具有了一定的时间意义时，就有可能发生功能游移现象。这就是名词可能活用以及活用自由度各异的根本原因。以下我们将从句法功能的表现给予证明。

14.3.2　名—动间的功能联系

　　不管从历史来源看还是从共时的功能分布看，我们都有理由认为名词和动词是两个最基本的词类。其他词类大多是从这两个词类里分化出来的，共时的功能表现也可以看出介于两者之间，我们选取跟名词活用有关的几个常用词类图示如下：

名词　非谓形容词　形容词　不及物动词　及物动词
·————·————·————·————·

在这个图里相邻的词类间有较多的功能共性，不相邻的有明显的差异性。从语法意义上说，靠左端者空间性特征最强，靠右端者时间性特征最强，中间的几个点是二者间的过渡段。空间特点典型的形式表现是可以用名量词来修饰，表明了事物在空间上的可计数性；时间特点典型的形式表现是可以带时体助词，表明了动作在时间上的可延续性。除活用现象以外，左端的名词通常不能带时体助词，右端的动词通常不能受名量词修饰，可以说是泾渭分明；处于中间的非谓形容词和性质形容词则较多地表现出与左邻右舍的相关性。[②]

14.3.2.1　关于非谓形容词

非谓形容词在观察名词功能游移问题方面有重要价值。非谓形容词中相当大的一部分明显是从名词转化而来，例如吕叔湘、饶长溶（1981）曾指出如下事实：

理性（名）—感性（非谓）　毒性（名）—烈性（非谓）

酸性（名）—中性（非谓）　家务（名）—医务（非谓）

战前（名）—史前（非谓）　金黄色（名）—黄色（非谓）

第十四章　空间和时间：词类的认知基础与功能游移

而"意外""国际""专业""高度"等词本身就兼有名词和非谓形容词两重身份，表明名词功能游移固定化而形成了一部分非谓形容词。

从句法功能上说，非谓形容词的谓词性最弱，而跟名词相近之处颇多；[③]而从语法意义上说，其空间意义已明显弱化，同时也没有表现出多少时间意义。把名词当非谓形容词用比较自由，也比较自然，可以说非谓形容词是名词功能游移的一个突破口。

14.3.2.2　关于形容词

为简明起见，这里仅讨论形容词中的典型成员——性质形容词，而暂不涉及状态形容词。

形容词跟名词相通之处可以从两方面说明：从意义上说，它往往表示一种性质，这种性质意义已很接近抽象名词的意义；从形式表现上说，我们注意到，形容词常常表现出一些近似于名词的功能，例如形容词前加数量词是比较常见的：

（19）吃一个够　喝一个足　玩它个痛快　弄一个明白

虽然这种形容词前的数量词跟名词前的数量词不完全一样。

形容词跟动词相通之处也可以从两方面说明：从意义上说，它往往表示一种变化，这种变化意义已带有明显的时间意义；从形式表现上说，形容词后面带"了"等时体成分的情况是十分常见的，例如：

（20）白了 绿了 糊涂了 高了 便宜了 热闹起来 红火下去

形容词还有一些更接近动词的性质，如后带补语或带宾语，例如：（引自张国宪1993）

（21）姐姐大我三岁 辛苦您了 队长阴沉着脸 我不稀罕你的礼物

14.3.3 通过以上分析，我们可以更细致地描写出名词活用的几种主要表现形式，即：

1）用作非谓形容词；
2）用作形容词，前加"很""太""特"等程度副词；
3）用作不及物动词，前加"没""不"，后加"了""起来"等时体成分；
4）用作及物动词，后带宾语。

这几种功能可以看作典型名词跟典型动词之间的过渡等级，自1）至4），是一个名词性减弱、动词性增强的过程。换句话说，是个空间性减弱、时间性增强的过程。我们可以据此归纳出汉语名词功能弱化的等级排列，即：

1）＞2）＞3）＞4）

靠近左方者功能游移较为自由，可接受程度也较高，右方的则一般低于左方的。

14.4 从词类活用看体词的谓词化方向和谓词的体词化方向

14.4.1 体词的谓词化方向

如果我们把功能游移的概念扩展到"名词＞非谓形容词＞形容词＞不及物动词＞及物动词"这个系列的任何一个环节上，即，认为等级链上的任何一点都有可能有其他点上的灵活用法，则至少可以做出这样的假设：凡位于左方者活用作其右任何项目的，必然符合名词功能游移的倾向性规律，以下举些例子逐项考察：（其中前加＋的引自吕叔湘1989）

（22）名词用作非谓形容词：义务劳动　专业水平　学院风格　嘉宾主持　友情出演

（23）名词用作形容词：假装特学问　做派那叫款　话说得有点痞　怎那么事儿呀

（24）名词用作不及物动词：还权威着呢　＋来！咱们民主民主　这回可真坛子胡同了　褶子了

（25）名词用作及物动词：＋结论不出我什么东西来　他爱醋谁醋谁，也醋不着我呀

（26）非谓形容词用作形容词：这个问题问得太初级

了　不能太主观　打扮得挺新潮
（27）非谓形容词用作不及物动词：+你党员还没正式吧
（28）非谓形容词用作及物动词：+也该优先他们 +这回他把我编外了
（29）形容词用作不及物动词：别肉麻了 +这够你脏半年的了　干脆明出来让大家看看
（30）形容词用作及物动词：我们怎么黑着你了　差点让人给花了
（31）不及物动词用作及物动词：你别恶心我啊　快别这儿烦我了　等着你瓶他呢

　　从举例中可以看出：第一，在等级链上自左向右的功能游移都有实际用例；第二，相邻项目之间功能游移较为自然，距离越远越不自然。这个现象可以看作名词功能游移概念的扩展，更为重要的意义在于，它显示了共时平面上体词向谓词转化的方向。

14.4.2　谓词的体词化方向

　　紧接着的问题是，有没有跟上文相应的自右向左的游移规律呢？我们不妨做个逐项测试：

（32）及物动词用作不及物动词：我跟他们掰了　碰巧儿抄上了

（33）及物动词用作形容词：他们家现在特别趁 也不嫌赶得慌 这顿饭吃超了 别太投入了

（34）及物动词用作非谓形容词：（未见）

（35）及物动词用作名词：（未见）

（36）不及物动词用作形容词：最近小说不怎么走 那人长得忒咧（liě）了

（37）不及物动词用作非谓形容词：（未见）

（38）不及物动词用作名词：（未见）

（39）形容词用作非谓形容词：（未见）

（40）形容词用作名词：（未见）

（41）非谓形容词用作名词：（未见）

这个结果告诉我们一个事实，就是谓词间的游移比较自由，而谓词向体词游移却不那么容易。这就揭示了一个规律：现代汉语共时系统里词法平面上谓词的体词化已经几乎没有非形式化的能产途径了。[④]

14.5 词类功能游移和词类句法功能

词类功能游移的思想是基于这样一种认识，典型的词类有其基本的意义和形式表现，如：名词：空间性：前加名量词，动词：时间性：后加时体成分，凡是偏离基本用法的，都可以看作功能游移。我们的语法研究中很少注意典型成分和非典型成分的区别,也很少注意基本用法和偏移用法的区别。事实上,汉语里一些词类虽然可以充当不同句法成分,但几种功能之间未必是等量齐观的。朱德熙(1985)里说:"在印欧语里,词类和句法成分之间有一种简单的一一对应关系。汉语词类和句法成分的关系是错综复杂的。"朱先生对这种错综关系的描述中涉及名词和动词的性质有:名词可以做主宾语和定语,动词可以做主宾语和谓语。我们关心的问题是,名词做定语时和它做主宾语时是否还完全一样?动词做主宾语时和它做谓语时是否还完全一样?在本文里我们确认了前加名量词是名词的典型特征,后加"了"等时体成分是动词的典型特征,我们不妨用这两个特征测试一下离开主宾语位置的名词和离开谓语位置的动词。

先看定语位置上的名词。"木头房子""塑料口袋""粮食产量"不能说成"一根木头房子""一块塑料口袋""一囤粮食产量",可见定语位置上的名词已不具备空间上的可计数性,只是表现出其内涵意义,而不表现外延意义。即如"中国历史""欧洲球队"这样有明确外延的名词做定语时,也仅体现内涵意义。可以说,做定语的名词已基本等同于非谓形容词的功能了。

主宾语位置上的动词具有指称性已是公认的事实,不需多说。张伯江在《"N 的 V"结构的构成》(《中国语文》1993 年第 4 期)一文中考察了一个常做主宾语的名词性短语里动词的时间意义弱化的过程,可以证明这一点。另外,朱德熙先生所说的名动词,如"调查""研究""合作"等,也是部分地丧失了动词功能而获得了某些名词功能。比如说在"进行调查""做研究"里,"调查""研究"身上都不能再加时体成分，却可以说"进行一项调查""做一个研究"，从意义和形式两方面都可以看到时间性的减弱和空间性的增强。名动词现象从另一个角度看，可以说是动词做定语的功能偏移表现；此外，一部分动词还可以做补语，更多地丧失了动词本身的特征，刘丹青（1994b）有详尽讨论。这样，我们的考察就包括了名词和动词所能占据的所有句法位置。

刘丹青（1994b）一文里是这样描述汉语词类的系统性结构的："我们有名动形这三大类词，它们是多功能的，但名词和谓词分别主要占据主宾语和谓语这几个主干成分的位置。我们有区别词、副词、唯补词这三个词类，它们是单一功能的，分别占据定、状、补这三个附加成分的位置。由此可见，汉语的词类和句子成分虽然不是简单地一一对应的，但毕竟存在着一定程度的对应。"现在我们从基本功能和功能游移的角度来认识这个问题，就可以明白，典型词类实现基本功能时，跟句法成分是对应的；而偏离基本功能时，总要丧失一些特点，并非"没有改变性质"（朱德熙1985，第5页）。

14.6 结语

汉语研究中对一些与句法变化直接相关的语义等级研究一向重视不够，本章试图从词类活用这个很小的问题入手做一些尝试，发现了过去我们习焉不察的种种词类性质的本质属性，从而为这些个别的语法性质表现找到了逻辑上的联系。这种研究对于普通语言学来说，可以有效地观察和归纳语言共性；对于汉语研究来说，也许更重要的意义在于可以深刻地揭示语言变化（包括历时的演变和共时的变异）中的动因和趋向，从而把个别的研究纳入更广泛的研究视界里。

附　注

①　王克仲（1989）里有这样一个例子："孟孙氏特觉，人哭亦哭，是自其所以乃。且也相与吾之耳矣，庸讵知吾所谓吾之乎？"（《庄子·大宗师》）王依陈鼓应说把"相与吾之"解为"互相称说这是我"。这个例子也可以讨论，一般认为上古汉语"吾"不做宾格，可见其生命度略低于"我"，故有此活用法。关于宾格跟高生命度的关系，看 Comrie（1981）。

②　这个图示跟 Ross（1972）的 verb / noun continuum 思路相近，参看陈宁萍（1987）关于动词名化和张国宪（1993）关于形容词与动/名功能联系的讨论。Ross 给出的英语动/名连续统模式是：动词＞现在分词＞完成式形式＞被动式形式＞形容词＞介词＞形容词性的名词＞名词；陈宁萍并没有给出汉语的动/名连续统模式；张国宪根据他对动/形单双音节功能差异的研究给出的汉语动/名连续统模式是：单音节动词＞单音节形容词＞双音节形容词＞双音节动词＞名词。

③　朱德熙（1982）把区别词划归体词里面。

④　所谓形式化的体词化，指的是加后缀"子""儿""头"或后一

第十四章 空间和时间：词类的认知基础与功能游移

音节轻读等手段。

从实质上讲，非名词成分的名词化，唯一的途径就是句法成分的提取（见朱德熙 1983）。虽然我们一时还难以用历史材料证明"领导""教授""警卫""调度"是从提取形式"领导者""教授者""警卫员""调度员"省略中心语而来的，但近几十年来产生的新词"教练""裁判""指导"却明确是由"教练员""裁判员""指导员"省略而成，并非动词素"裁""判""指""导"等组合成名词。所以，说现代汉语里动词性成分"校对""出纳""炒肉丝""煎鸡蛋"是不要任何形式标记而直接实现名词化的，缺乏理据。同样，所谓非谓形容词向名词游移（李宇明 1996），也同样是提取形式省略中心语的结果：存活期＜存活期款，做空头＜做空头买卖，呈中性＜呈中性反应。

第十五章　性质形容词的范围和层次

15.1　形容词性质的诸方面

本章讨论限于一般所谓性质形容词和非谓形容词，不涉及状态形容词。

汉语里有没有形容词？有的话范围有多大？怎么确定？都是有争议的问题，为了回答这些问题，有必要研究一下形容词身份没有争议的那些语言里形容词的基本性质和确定形容词的标准。

表明形容词身份的应该有三项内容，一是基本语义；二是句法功能，即在句子里做什么成分；三是形式特征，包括形态变化和组合特征。

从基本语义看，古今中外都有用意义定义形容词的，如叶斯泊森说形容词"表示物质的特性"，王力说形容词"表示事物的德性"，黎锦熙说形容词"用来区别事物之形态、性质、数量、地位的"等等。概念定义的缺点是众所周知的，功能角度的定义显然有效得多。

第十五章 性质形容词的范围和层次

跨语言的研究表明，形容词经常充当的句子成分主要是定语和谓语，最重要的功能是做定语。有人认为，做名词的修饰语是形容词的一个普遍特征，做谓语则不能当作一个普遍特征，如下事实似乎说明了这一点：有的语言里形容词可以比较自由地做谓语（如汉语），而有的语言需要借助于系动词（如英语），有的语言里形容词则根本不能做谓语（如赫华语）。我们认为，这里似乎表明这么一种倾向：形容词可以自由地做定语的语言里，形容词和名词有较多纠葛（见叶斯泊森的讨论）；形容词可以自由地做谓语的语言里，形容词和动词有较多纠葛（如汉语的情况）。二者比较，显然后者更为严重，因为在前一种情况里，至少还有 kind 和 kindness，wise 和 wisdom 这种区别，而后者则往往没有。因此我们有理由认为做定语（而不是做谓语）是形容词的基本功能。

形容词的形式特征在不同语言中普遍存在的是程度等级的表示法。很多语言里形容词有原级、比较级和最高级的形态标志，也有很多语言里有被程度副词修饰的特征，如英语的 very,too,so,rather 等，汉语的"很、最、挺、十分、非常"等。靠形式特征来判别形容词是最为有效的办法，汉语恰恰没有这个，在以往的汉语形容词研究中，各家范围大同小异，而所用标准却令人惊讶：有的只用广义的形式特征，有的甚至几乎是用的概念特征。以下详细讨论这些标准。

15.2 汉语形容词的范围

15.2.1 有没有形式标志

受程度副词修饰是汉语形容词唯一一个有形的特征,用它划定形容词的范围行不行呢?显然,一大批能受程度副词修饰的成分被分析为动词或动词性短语,于是有人补充了一条:后面还不能带宾语。这样虽排除了各种短语形式,但依此划出的"形容词"范畴,除了能受程度副词修饰和后面不能带宾语这规定性的两条以外,还有什么共同特征呢?比如说,我们看看这类"形容词"都能充当什么句法成分,答案则有主语、定语、谓语、宾语、状语、补语等几乎所有句子成分,这样宽泛的功能当然是难以令人接受的。事实上,若像这样把两条标准随意放在一起划出一个词类,则汉语里哪个下位的小类(如动词的次类)都有理由成为独立的词类了。如果我们全面地罗列出程度副词所能修饰的成分,可以看出那并不是一个词类的范围,而是一种谓语成分的范围。

重要的是,我们划出的类别必须是综合反映了意义、功能和形式的结果,虽然不能要求三者完全对应,但必须使三者之间有某种可解释的内在联系。上述标准看不出这种联系。

就汉语的具体情况而言,没有可靠的形态标志,程度副词又不能作为形式标准,就只有概念意义跟句法功能两项了。凭意义划分词类被认为是不可靠的,正如吕叔湘先生所说:"传统语法在一定程度上利用意义,可是对于如何利用,又如何控制,没有很好的论述,这是它在理论方面的弱点。"现代语言学的发展,使我们有了把握语义的一套可操作的方法,以下 15.2.3 将做讨论。现在先讨论句法功能。

15.2.2　如何看待句法功能

如何看待句法功能这一条的价值,首要问题就在于在汉语里要不要坚持"做定语是形容词的基本功能"这一条上。

由于汉语里"形容词"做定语并不自由,所以好多论著里都无法把做定语当作它的首要功能,往往把做谓语当作首要功能。但这种做定语并不自由而做谓语相当自由的一个词类,跟不及物动词有什么本质区别呢?以下我们依次讨论"形容词"做谓语和做定语这两项功能。

15.2.2.1　关于谓语功能

McCawley(1992)提出五条用以区别动词和形容词的普遍特征:

1)动词可以直接跟宾语组合,但形容词通常不能,只能靠介词引出名词宾语。

2)动词可以接受三个论元成分;形容词最多只能有两个论元成分,且通常只带一个。

3)形容词可以直接修饰名词,而动词要靠某种形式变化才行,如用分词形式,像 sleeping child(正在睡觉的孩子)。

4)无论在形态和语序上,程度成分和比较成分跟形容词结合比跟动词结合都更直接。

5）形容词做谓语时通常要靠一个系词连接，而动词不必。

MaCawley用这五条逐一测试了汉语里所谓的"形容词"，得出了汉语里并没有一个独立的形容词类的结论，认为所谓的形容词都不过是动词而已。

Schachter（1985）指出，虽然所有语言都能区分出名词和动词这两个开放的词类，但并不是所有的语言都能进一步从二者里分出第三个开放的词类——形容词来。有开放的形容词类的语言形容词都有一致的形态表现。没有开放的形容词类的语言又分为两类，一种是有一个封闭的形容词类，另一种是根本谈不上封闭还是开放，完全没有一个明确的形容词类。后者根据表示形容词意义手段的不同又分为两种：一种形容词意义基本靠名词表达，叫形—名语言；一种基本上靠动词表达，叫形—动语言。汉语被认为属于典型的形—动语言。

上面两种意见由于以跨语言的比较做基础，其推理基本上还是令人信服的。事实上，我国的语法学者也早就提出了汉语里形—动一家的看法，如赵元任（1968）就是把形容词当作动词的一个次类。但我们的逻辑却似乎存在一些问题：我们好像是先认定汉语里有一些跟英语形容词意义相当的词是形容词，再去观察其句法功能，于是得出形容词都能做谓语的结论。朱德熙先生曾指出，划分词类的唯一标准是句法功能，甚至形态语言里也是这样。以上讨论使我们明白了形容词的基本句法功能是做定语，那么我们不妨看看用作定语这个标准划出的结果跟通常认可的形容词范围是否一致。

15.2.2.2 关于定语功能

如果根据做定语是否自由来界定形容词的话,则"大方""畅通""单纯""孤独"等相当一大批词就没有资格算作形容词了。那么排除了它们以后,"形容词"类里还剩下哪些成员呢?可以比较清楚地看出,这些成员主要是两类:一是"大""小""黑""白""老""少""好""坏""快""慢""高""低""硬""软"等表示基本的度量、色彩、年纪、价值、方位、速度、属性等意义的一组词,以单音节的为主;另一类是"初级""袖珍""微型""额外"等所谓"非谓形容词"。这两组词共同的特点一是都能自由地做定语,二是语义上都表示属性意义。它们都典型地具备形容词的语法特征。

McCawley曾对第一组词的形容词身份表示怀疑,他认为这些词做定语并不自由,他说:"如果'好人'是一个短语组合,它的组成部分就应该像在其他场合一样允许有其扩展方式,'好'就应该像在其他场合一样能带有它的程度表达方式和比较表达方式。但所有这样的形式却都是不合语法的:

a.*他是一个很好人。　　c.*他是一个比你好人。
b.*他是一个不好人。　　d.*他是我的最好朋友。

如果要证实'好人'是短语组合而不是复合词,就必须证明它有很强的能产性。以下例子随着中心语长度的增长,整个表达式的可接受性有所减弱:

a. 一杯好酒　　　　b. 一个好杯子
　一杯好啤酒　　　　?一个好玻璃杯
　?一杯好葡萄酒　　??一个好玻璃杯子
　??一杯好绍兴黄酒

如果跟'好'结合的那个成分的语音形式或形态形式是决定语义讲得通的组合能否接受的主要因素的话，就表明制约这种组合方式的规则是构词规则而不是句法规则，那么也就是说'好人'实际上是个复合词而不是短语。"

难道受语音规则制约的就一定是构词问题吗？试对比下面一组例子：

吃饭
吃米饭
吃大米饭
?吃中午剩的饭~（把）中午剩的饭吃了
??吃中午从饭馆带回来的剩饭~（把）中午从饭馆带回来的剩饭吃了

我们并不因此而认为"吃"不是一个独立的词，因为我们从不否认汉语句法结构中存在不同程度的语音制约。同样，"好"在定语位置上能不能有程度和比较表达方式也部分地取决于音节制约，以下是些中心语为双音节名词的例子：

较好状态　最好证据　不好身体　挺好一个孩子

事实上，在满足了音节制约条件的前提下，"好""坏""大""小""黑""白"等词的组合能力还是相当强的。这就从语法角度证明了这些词作为形容词的合法性。

第二组就是所谓"非谓形容词"，在我们看来，这些词能不能"谓"倒不是重要的，关键在于它们以做定语为主要功能（其实是唯一功能），且意义上总是表属性的，可以说是合格的形容词。曾有学者指出这些词不能受程度副词修饰，似乎不太够"形容词"资格，其实正如我们前边说过的，受程度副词修饰算不上汉语形容词的类特征，仅仅是一种谓语标志。非谓形容词不能受程度副词修饰，正是其"非谓"特点的写照。

15.2.3　如何认识语义性质？

我们常说语义在确定词类问题上没有作为依据的资格，那是因为词类的语义范畴中的非典型成员其身份常有游移性。近年来，认知语言学的发展已经证明，意义可以作为划分词类的基础，人类语言中共有的一些意义范畴必然在各种语言中都有所反映。拿形容词最基本的语义特征来说，几乎所有语言里都有表示度量、色彩、年纪和价值意义的形容词。尼日利亚的伊博语里只有八个形容词，大概是迄今所知的形容词最少的语言，这八个形容词就是"大""小""黑（暗）""白（明）""新""老""好""坏"。具有封闭的形容词类的语言里形容词大多是分布在这几个语义区域内。具有开放的形容词类的语言也把这些意义范畴赋予形容词的基本成员,如 Dixon(1991)把英语形容词的语义类型归纳为如下十类:

1) 度量: big,great,short,thin,round,narrow,deep.
2) 物质属性: hard,strong,clean,cool,heavy,sweet,fresh,cheap;
   含身体的: well,sick,ill,dead;absent.
3) 速度: quick,fast,rapid,slow,sudden.
4) 年纪: new,old,young,modern.
5) 色彩: white,black,red,crimson,mottled,golden.
6) 价值: (a) good,bad,lovely,atrocious;(b) odd,strange,curious; necessary,crucial;important;lucky.
7) 难度: easy,difficult,tough,hard,simple.
8) 限制: a. 确定: definite,probable,true;
   b. 可能: possible,impossible;
   c. 经常: usual,normal,common;
   d. 或然: likely,certain;
   e. 确信: sure;
   f. 正误: correct,right,wrong,appropriate,sensible.
9) 人的好恶: a. 喜欢: fond;
   b. 怨尤: angry,jealous,mad,sad;
   c. 高兴: anxious,keen,happy,thankful,careful, sorry,glad;proud,ashamed,afraid;
   d. 估量: certain,sure,unsure,curious;

e. 意愿：eager,ready,prepared,willing;

f. 德性：clever,stupid;lucky;kind,creel;generous.

10）异同：like,unlike;similar,different.

他指出其中度量、物质属性、速度、年纪、难度和限制等是基本的形容词。从这种跨语言的比较中我们认识到，形容词所表示的基本语义范畴是人类认知的共性，汉语里"大""小""轻""重""快""慢""新""旧""好""坏"等词不仅有悠长的历史，而且在任何一个时代里都是表达人们评价、态度的基本词汇。所以，不管从句法功能（自由地做定语，有替换能力）上看，还是从意义范畴上看，汉语里的这一组词都应该认为是合格的形容词。

15.2.4 总结以上所论，我们不能同意 McCawley 关于汉语中没有独立的形容词类的说法，也不赞同把汉语完全归到"形—动语言"里。用以上讨论的标准，我们可以大致勾画出汉语形容词的范围：本质属性词，以单音节的为主，能自由地做定语，也能做谓语；附加属性词，以多音节的为主，只能做定语，不能做谓语。可以看出，这个范围最明显的特点是排除了一些过去常被认为是典型的形容词的词，因为它们不能自由地做定语，应该算作不及物动词里的一类。①我们对郑怀德、孟庆海编《形容词用法词典》的前半部进行了一个粗略的统计，这些词计有：安静、安宁、安稳、安心、暗淡、肮脏、昂贵、昂扬、懊丧、霸道、饱满、悲伤、卑贱、奔放、逼真、憋闷、别扭、不错、残暴、残酷、仓促、草率、敞亮、畅通、潮湿、沉寂、沉着、诚实、诚挚、吃香、迟钝、迟缓、充分、充沛、充实、充足、传神、垂危、淳朴、纯粹、纯洁、纯净、纯真、纯正、慈爱、慈祥、匆忙、从容、粗糙、粗大、粗鲁、粗壮、大方、单薄、单纯、单调、单一、淡薄、得体、低劣、地道、动听、动摇、端正、短促、短暂、扼要、发达、烦闷、烦琐、繁茂、方便、放肆、肥大、愤慨、愤怒、肤浅、浮躁、富饶、干脆、干燥、高傲、高贵、耿直、工整、公正、孤独、孤立、古板、古老、固执、光滑、光明、广大、广泛、瑰丽、过分、过瘾、害羞、寒心、含糊、含蓄、豪放、豪爽、好看、好受、好听、浩大、好强、好胜、合算、和蔼、和气、黑暗等。

15.3 汉语形容词的层次

15.3.1 时间层次

进一步的问题是，为什么用上述标准划出的形容词类明显地分为两个阵营？只要看看所有这些词项的历史就可以获得解释。

本质属性词都是古已有之，在汉语历史上曾经有很广泛的成员构成和很自由的组合能力，到了现代汉语里，由于双音节化趋势的制约，其成员的多寡和组合能力都有所萎缩，但几个基本的语义区域内的成员仍然有较强的活力。可以说，这组形容词处在较早的时间层次上。

单音词受的限制越来越多，很快就出现了一批专职做定语、表属性意义的附加属性词来适应双音化要求,吕叔湘先生说"它正在发展、演变或者形成的过程之中,……十之八九都是最近三五十年里才出现的","这样的词不仅是大量的存在,而且是不断产生,其增值率仅次于名词"。因此可以认为,附加属性词跟本质属性词处在不同的时间层次上。

处在较早时间层次上的形容词有功能萎缩的倾向,处在较晚时间层次上的形容词有功能进一步发展的倾向,吕叔湘先生曾指出:"非谓形容词很容易转变成一般形容词。比如主观、客观、具体、抽象这些词原来都是非谓形容词,现在已经变成一般形容词了,例如'不要那么主观,要客观些','这样的说法太抽象,不好懂,能不能讲得具体些?'"这种现象其实就是属性词衍生出了不及物动词的用法(参看本书第十四章的讨论)。它们如此容易生出做谓语的用法,说明它们的形容词功能正呈现进一步发展的趋势。

15.3.2 意义层次

形容词按语义类别划分有没有意义层次呢?陆俭明(1994)发现"小白花""大黄狗"能说,而"白小花""黄大狗"不能说,并说"我们推测形容词同类连用也是有规律的,只是我们目前还未研究发现而已"。陆先生的推测是很有道理的,我们认为这种连用规律可能就跟形容词的意义层次有关。陆丙甫(1993)曾经指出,黏合式分类性定语的顺序排列原则是:越是反映事物稳定的内在本质的定语越靠近核心。把这个原则具体用来考察本质属性词的排列顺序，我们可以看出这样的排序规律：

德性＞价值＞真假＞新旧＞属性＞度量＞色彩

表德性的词例如：笨　馋　冲　蠢　刁　毒　黑　狠　横　倔
　　　　　　　　懒　精　灵　猛　勤　傻　凶　严

表价值的词例如：差　丑　臭　次　怪　好　坏　俊　美　旺
　　　　　　　　香　艳　糟

表真假的词例如：错　对　反　假　真　正

表新旧的词例如：旧　老　晚　新　早

表属性的词例如：潮　沉　脆　淡　钝　干　光　滑　紧　乱
　　　　　　　　麻　嫩　晴　热　软　涩　生　湿　松　酥
　　　　　　　　烫　甜　歪　弯　斜　硬　匀　脏　壮

表度量的词例如：矮　薄　扁　长　粗　大　低　陡　短　肥
　　　　　　　　高　厚　近　宽　密　胖　浅　轻　深　瘦
　　　　　　　　稀　细　小　远　窄　重

表色彩的词例如：暗　黑　红　蓝　亮　绿　紫

越靠前的越带有强烈的主观色彩，越靠后的越少有主观色彩，而往往是物体本身的客观属性，两个以上连用时，应该遵从陆丙甫所说的那条规律。

附加属性词连用的排序规律，马庆株（1995）有详细的考察，可参看。

15.4　形容词标记

我们说"大方""畅通""单纯""孤独"等词不是形容

第十五章　性质形容词的范围和层次

词，似乎不太符合一般语感，这语感恐怕就是出于它们的性质意义。的确，它们做谓语的机会并不比做定语的机会多——虽然不是直接做定语，而是借助于"的"字。这就引出了一个如何分析"的"字性质的问题。我们认为把定语位置上的"的"字看成形容词词尾为好。这就如同英语里的 -al: nation → national；-able: change → changeable；-ent: differ → different；-ed: disappoint → disappointed；-ful: hope → hopeful；-ic: poet → poetic；-ing: interest → interesting 等现象一样，是一种把名词和动词当作形容词用的能产的构词手段。[2]这样，15.2.4所列举的那些词为什么做定语比做谓语为常而做定语只有加了"的"才能成立这个似乎有点矛盾的现象就获得了解释。"举止大方→大方的举止""道路畅通→畅通的道路""头脑单纯→单纯的头脑""晚年孤独→孤独的晚年"都不过是动词分别做谓语和做定语而已。[3]以下两个例子也许更能说明问题，因为有些语法书已经把"头疼""吃醋"算作动—形兼类词了：

他头疼→很 / 特别 / 有点头疼→头疼的事儿
他吃醋了→挺 / 有点吃醋→吃醋的人 / 滋味儿

"的"字作为形容词词尾标记，既可以加在名词后边（这本小说的作者 / 下个月的某一天），又可以加在动词后边（辅导新生的老师 / 调查研究的过程），还可以加在形容词后边（最远的地方 / 辩证的方法 / 心爱的口琴）。我们经常看见英汉词典里形容词的汉译是用"……的"就是这个道理。

附 注

① 本质属性词并不全是单音节的,如"安全""疯狂""公平""共同""固定""好奇"等,而被我们划归不及物动词的也不全是双音节的,如"惨""差""乏""浮"等。这里的确存在界线不好掌握的问题。

② 朱德熙先生根据独用的"X的"为名词性而把定语位置上的"X的"也分析为名词性的,从而得出汉语偏正结构都是同位性的推论。这和一般人的语感不太相合。问题恐怕在于两种"X的"的同一性值得怀疑,杨成凯(1990)对此曾有讨论。如果把定语位置上的"X的"中的"的"分析为形容词性词尾,从系统看也许更讲得通。

③ 还可以考察做表语的情况:举止是大方的,道路是畅通的,头脑是单纯的,晚年是孤独的。

附录：

汉语词类归属的理据
James D. McCawley

0. 引言

本文将从理据上讨论汉语里几种有争议的词的类属问题。在讨论中，我将针对通常为词类归属提供的理由提出若干评论，主要是些否定性的意见，同时说明，在很多情形下，那些词类归属的事实依据与其结论之间并没有必然的联系。

1. "助动词"是不是动词？

我将首先讨论 Li 和 Thompson（1981:173—5）关于汉语里种种一般认为是助动词的词不是动词的说法（Li 和 Thompson 似乎认为助动词属于另一词类，但他们没有明确这么说）。首先我注意到一个事实，这也是所有汉语语法学者之间不多的共识之一，那就是，汉语动词跟所有语言一样，在次类里有明显的区别：有的根本不能带任何补足成分，有的能带一个名词短语，有的能带两个名词短语，有的能带一个动词短语，有的能带一个句子，等等。如果我们说一个汉语助动词是动词,就不该指望它具有所有动词的句法表现,因为在那些毫无争议地被划定为动词的异质词项中,没有哪一项具有所有其他词项的句法表现。合理的期望应该是,它在结合能力上跟某类动词有相同的句法表现。这样,决定汉语助动词是不是动词,就不应该跟普遍的动词进行对比,而应跟动词的次类里直接可比的一类相比,也就是像"打算"这样的能带一个表层动词短语补足成分的动词。

从 Li 和 Thompson 想要说明助动词不像主要动词的七个方面来看,助动词的表现都跟"打算"一类动词相像。我将列举 Li 和 Thompson 证明助动词不是动词的依据,使用他们自己的例句,有的做了些改动,以避免在可接受性上产生争议,还增加一些例子,以证明"打算"有相同的句法表现。

(Ⅰ)"助动词必须跟一个动词共现":

(1) a.*他能。
　　 b.*他打算。

Li 和 Thompson 说例(1a)"是不完全的,只有在上下文中能看出后面跟有一个表示他能干什么的动词[原文如此,疑是动词短语]时才能这么说"。按这个标准,"打算"比"能"更不像个动词,因为在以下同样的语境中"能"后面允许补足成分不出现而"打算"后面却不允许:

附录：汉语词类归属的理据

（2）a. 问：他能不能跳舞？答：他能。
　　　b. 问：他打算不打算去日本？答：*他打算。

（Ⅱ）"助动词不能带时体标记"：

（3）a. 他能 *-了 / *-过 / *-着跳舞。
　　　b. 他打算 *-了 / ?-过 / ?-着去日本。
　　　b'. 他需要 *-了 / ??-过 / *-着买菜。

可以看出，事实上用"打算"的说法里有两个形式比相应的用"能"的形式更具可接受性，但是换了"需要"那样也带动词短语补足成分的动词，在可接受程度上大致近乎"能"。因为人所共知，即便是那些公认的动词彼此之间在能不能加时体标记这一点上也是各不相同的（见 Tai 1982），能不能加时体标记只能用在确定动词身份的测试上：如果一个词可以加体标记，它就是动词，但是一个不能加体标记的词不一定就不是动词。

（Ⅲ）"助动词不能受'很'或'更'一类强调成分修饰"：

（4）a. 他 *很 / *更能唱歌。
　　　b. 他 *很 / *更打算去日本。

因为多数动词都不能跟"很"或"更"结合，这一项算不上是对动词身份的测试，而且在其他文献里（包括 Li 和 Thompson

自己的书)都是把它当作形容词而不是动词的测试标准的。并且，正如蒋自新和 Cretchen Lai 所提醒我的，(4a)用"很"的那个例子实际上是能成立的；而无疑是动词的"打算"在这项测试面前还不如所谓的不是动词的"能"。

（Ⅳ）"助动词不能实现名词化"：

（5）a.*他是能的。
b.*他是打算的。

因为 Li 和 Thompson 的例子省掉了"能"后的补足成分，所以这仅等于是重复了第一个观点而已。如果没有这样的省略，"能"的名词化小句是相当可接受的，在可接受性上跟"打算"的名词化小句没有大的不同：

（6）a.?他是能跳舞的。
b.他是打算去日本的。

（Ⅴ）"助动词不能出现在主语前面"：

（7）a.*能两个人跳舞。
b.*打算两个人去日本。

不管是主要动词还是助动词，后面有一个补语性动词短语时，都不允许主语放在动词之后。

（Ⅵ）"助动词不能带直接宾语"：

（8）a.*他能那件事。
　　 b.*他打算那件事。

能带补语性动词短语的各种动词之间的不同还决定于其后位置上能不能出现一个语义上适合的名词性成分；"能"跟"打算"一样，不允许有这种选择。

（Ⅶ）"助动词后的动词性补足成分永远不可能有一个跟助动词自身的主语不同指称的主语"：

（9）a. 我能（*他）洗澡。
　　 b. 我打算（*他）去日本。

即使是英语里那些公认的带一个表层的补语性动词短语的动词，补语性动词短语往往也不能有一个显性的主语，因为动词不是有提升主语（如 seem）就是有强制性的等名消除（如 try）。从这点看，"能"的表现跟那些公认的动词是一样的。

从上述问题的讨论中我们应汲取的教训是，在讨论词类归属问题的时候，不仅要看到某一词类所有成员共有的性质，还必须正视这个词类内部的差异，就动词这个类而言，必须正视不同的动词纳入不同的次类这一显然普遍存在的异质性；只有注意到这种异质性,才能在一个已知词类里选择一个合适的次类,对那些在类属上有争议的词进行有意义的比较。

2. "副动词"是动词还是介词?

汉语里种种被称作副动词的词属于什么词类的问题,可以说是相当混乱的。这一是因为早期学者理所当然地假定这些词全都属于同一个词类(我将讨论这个问题,以说明这种假设不仅是没有道理的而且也是错误的),二是把这个问题跟另外一个问题——副动词是谓语的中心还是修饰语的中心——混淆起来。有些讨论自认为与此相关,但事实上和这两个问题中的任何一个都不相关。例如,许多作者(如 Ross1991)提供了一些副动词在正反问句"A 不 A"中做 A 的例子,试图说明他们是动词并且是谓语部分的中心:

(10) a. 你到底给不给他写信?
b. 你到底向不向他借钱?

但是,正像 Huang(1991)用例证充分说明的,正反问句这个术语包括两个显著不同的句法结构体:一个我把它称为"重叠是非问句",表现为谓语短语起首成分的复现(如 11a);另一个我称为"选择是非问句",跟选择问句一样具有一对并列结构,其第二个连接成分受省略通则的制约而不出现(如 11b):

附录：汉语词类归属的理据

（11）a. 你喜不喜欢这本书？（重叠是非问）
　　　b. 你喜欢这本书不喜欢？（选择是非问）

像例（10）那样用以辨识副动词性质的例子无疑属于重叠是非问句；如果 Huang 的分析是正确的，那么出现在该种问句中的复现现象并不足以表明重现项目的词类，而仅仅是由于它位于谓语短语的起首位置。跟（10）相当的选择句式事实上是不合语法的：

（12）a. *你到底给他写信不给？
　　　b. *到底向他借钱不向？

因为给定的选择问句的可接受性依赖于它们表现为省略的可接受性，那么例（12）的不可接受性就间接地跟以下两方面相关，一是"给"和"向"的词类，二是它们作为谓语短语中心的身份，——假如具体的词类归属和中心身份对省略的可接受性确有影响的话。一个非常粗略的关于相关成分省略的规则是把一个谓语短语简化为其中心的规则；根据这个粗略的规则，例（12）的不可接受性仅仅可以作为"给"和"向"不是它们各自谓语短语中心的证据，而丝毫不能说明它们的类属。

　　另一类事实有时也常被作为确定某些词为动词的理由，那就是看能否作为句尾带"吗"的是非问句的简答形式。如果我对 Huang（1991）关于选择问句的理解和阐释不错的话，那么问句简答的省略规则应该跟选择问句里的省略规则是一样的,这样,一个词能做简答便不能证明其为动词,而仅可以证明它是问句谓语短语的中心。有一个可以做问句简答形式的词给人们带来了一些困惑,但我自认为我的推测可以解决这一难题。这个词就是"在"。在一些包含"在"的"吗"问句里,肯定的简答式不仅可以而且只能是"在",而另一些同样问句里肯定简答式不是"在"而是跟"在"字短语相结合的那个动词性成分的中心:

(13) a. 问:张三在那个旅馆里住吗? 答:在 / *住。
b. 问:你在那个旅馆里住过吗? 答:住过 / *在。

我推测,决定(13a)和(13b)不同的因素在于(13b)里的"在"字短语不是动词的修饰成分就是补足成分,无论如何不在谓语中心之内;反之,(13a)里"在"字短语具有表示处所和作为进行体标记的双重功能,"在"作为体标记角色当然成为谓语短语的中心,因而最适合于用作简答的只能是它而不能是跟它结合的动词。

许多语言学者在描写汉语时都在能否确认介词的成立问题上踯躅不定,多半是由于所谓介词绝大多数都是起源于动词并且有不少至今还可以用作主要动词。然而我仍然愿意指出汉语已经形成了一个明显区别于动词的词类,应该明确地称之为介词,我将利用建立在词类共性基础上的测试词类的标准来证实我的看法，这些词类共性我认为是已经得到证实的。我将集中在表面成分结构和从属关系都相似的那些句子上进行讨论，以便使句中那个被测试成分的词性是造成句法差异的唯一因素。我将专门考察动词短语前有一个修饰性短语的句子，如以下的例（14），（14a）是一个由公认的动词分词形式做修饰语的例子，（14b）是一个可视作介词短语而不能算作动词短语的成分做修饰语的例子，（14c）是一个不同的分析者有不同看法的修饰语的例子：

（14）a. 张三［v'穿着大衣］上了街。
　　　b. 我家［p'离公园］很远。
　　　c. 张三［？跟李四］说话。

如果问我动词跟介词跨语言的系统性区别是什么，我的回答至少包括以下五点：

Ⅰ. 介词通常就跟一个名词性成分结合，而跟动词结合的名词短语的数目可以是 0,1,2。

Ⅱ. 介词短语的典型用法是做修饰语，动词短语的典型用法是做谓语（即，跟名词性成分结合成句子）。

Ⅲ. 介词受随伴移位规则的制约，动词则不受其制约。

Ⅳ. 动词的宾语往往可以被外移或删除，介词宾语却不太允许自由地外移或删除（被外移或删除的自由度在不同语言里表现各异，英语里这一点就不很自由）。

Ⅴ. 介词比动词更易于允许其宾语统辖较高层次的成分，如以下二例的可接受性不同：

（15）a. John made a different point with each example.
（约翰就各例说明一个观点。）
a'.?? John made a different point using each example.
（约翰利用各例说明一个观点。）

从语义上看, a different point（一个观点）在 each example（各例）的辖域之内，然而这个解释很难用于说明（15a'），其可接受度也很低。

普遍特征（Ⅰ~Ⅱ）对确定（14c）那样句子的句法范畴没有任何帮助，因为这类句子如果用（Ⅰ~Ⅱ）来衡量，相关的那个短语是修饰语，宾语数不多也不少，似可归入介词短语，但归入动词短语也是可以的。普遍特征（Ⅲ）大体上能用于测试汉语里的动／介类属问题，但把它作为一项测试标准首先需要辨清随伴移位的实例，而汉语里缺少公认为随伴移位实例的种种外移手段（如 WH- 移位），即，一个特殊类型的成分（比如一个疑问代词）移位，把它作为自己的宾语的介词也伴随着移位。汉语里某些介词短语占据话题位置的例子里可能牵涉到随伴移位，但在这种例子里也很难甚至是不可能得到可靠的论据以证明是介词的宾语话题化而不是整个介词短语话题化了。

剩下的两条普遍特征对于汉语中把介词与动词区分开来是

极其有用的测试标准。汉语里至少有一种外移手段,即话题化,如(16a),至少有一种删除手段,那就是关系代词删除,如(16a')。由于在大多数语言(我相信包括汉语)里,动词允许外移或删除宾语,而介词不允许外移或删除其宾语。因此这两条可以用来区分动词和介词。

(16) a. 张三[我没批评〇]。
　　　a'. [他昨天批评〇]的人
　　　b. 那件大衣,他[v'穿着〇]上过街。
　　　b'. 他[v'穿着〇]上过街的那件大衣
　　　c.？那个乐曲,他听着〇做过饭。
　　　c'.？他听着〇做过饭的那个乐曲
　　　d.*那个公园,我家[p'离〇]很远。
　　　d'.*我家离〇很远的公园
　　　e.*那栋房子,他[p'从〇]跑出来了。
　　　e'.*他从〇跑出来的房子

对于公认的动词来说,外移(如例16b,c)和删除(如例16b',c')对句子的可接受性几乎没有什么影响。相反,对那些可以叫作介词的词来说,其宾语的外移和删除(如例16d,d',e,e')使例子完全不能接受。鉴此,外移和删除这两条还可以用在"跟"这类副动词的归属争议问题上:凡允许其宾语外移和删除的时候,就表现为动词,凡不允许其宾语外移和删除的时候，就表现为介词。下面的例（17）显示了对有争议的词"跟"运用这种测试的结果：

（17）a. *李四，张三［跟○］去看过电影。
　　　a'. *张三跟○去看过电影的朋友
　　　b. ?李四，张三［跟着○］去看过电影。

可以看出，"跟"的表现像介词而"跟着"的表现近乎动词。从历史上说，"跟"是个动词，"跟着"是它的现在分词形式。从（17）得出的可接受性判断暗示着"跟着"还保留着它历史上的动词属性，而（17）所表现出的"跟"的用法已应该重新分析为介词了。"沿"和"沿着"也基本上可以同样地说明：

（18）a. *那条海岸，潜水艇［沿○］走过。
　　　a'. *潜水艇沿○走过的海岸
　　　b. 那条海岸，潜水艇［沿着○］走过。

普遍特征（V）也是一个对确定类属非常有用的标准，因为一个修饰成分中的宾语如能充当"浮标"量词"都"的先行成分，那么这个修饰成分是介词短语而不是动词短语，由此可以把介词短语跟动词短语区分开来。

附录：汉语词类归属的理据

（19）a. 他［v,穿着那三件大衣］(*都)上过街。
    b. 我家［p'离那三个公园］(都)不远。

似动词的（19a）跟"跟着"表现一样，似介词的（19b）跟"跟"表现一样，证实了我们在分析例（17）时提出的词类归属，虽然在这一点上"沿"和"沿着"没有表现出这种重要的区别：

（20）a. 我［p'跟他们］(都)去看过电影。
    a'. 我［v'跟着他们］(*都)去看过电影。
    b. 他沿这条街(?都)走了一遍。
    b'. 他沿着这条街(?都)走了一遍。

这里有一点需要指出，作为词类判断标准的动词词尾标记往往决定着一个词的词性。这些做词尾标记的语素只附着在动词上，也就是说，任何一个词出现在"X着"或"X了"这种形式里，那么X就可以确定地称为动词。但是恐怕不能由此随意推出X在其他用法时也是动词或"X了""X着"组合也是动词的结论。一个形式的某种用法可以重新分析而其他用法不一定受影响，就像英语介词for用在for-to补语里时就应该重新分析为标补成分而不再看作介词。同样，像动词词尾"着"这样的形式在一定上下文中也不免要重新分析出一个新的类属来（参看Kajita 1977），这就如同英语里的concerning和regarding显然是动词的分词形式，但当它们用作about意思时就被重新分析为介词；从随伴移位可以看出其介词性质，而不同于动词：

（21）a. the persons [concerning_p whom] he made inquiries ○
　　　a'. *the teachers [concerning_v whom] John's problems have been ○ recently
　　　b. a person [regarding_p whom] I have mixed feelings
　　　b'. *a person [regarding_v whom as an idiot] more and more people have been ○

虽然"跟着"和"沿着"还保留着它们的动词身份，有些"着"形式却已获得了介词身份：

（22）a. *那条船，他们 [往○] 放过枪。
　　　a'. 他们往○放过枪的船
　　　a". 他们往那三条船都放了枪。
　　　b.??? 那条船，他们 [往着○] 放过枪。
　　　b'.??? 他们往着○放过枪的船
　　　b".(?) 他们往着那三条船都放了枪。

我推测，这里修饰语里的"往着"恐怕是介词，尽管"着"尾标明了它过去的动词身份。至少还有一个包含动词形态标记的形式也是介词，那就是带完成体标记"了"的"为了"：

附录：汉语词类归属的理据

（23）我为了那些人（都）做出过牺牲。

这些测试可以支持我们把若干有争议的词归入介词类：

（24）a.*那个橘子他把○剥了皮。
　　　a'.*［他把○剥了皮］的橘子
　　　a".他把那三个橘子都剥了皮。
　　　b.*那个土匪，我被偷了钱。
　　　b'.*［我被○偷了钱］的那个土匪
　　　b".李四被那些人都请吃过饭。
　　　c.*张三，李四比○高。
　　　c'.*［李四比○高］的人
　　　c".李四比他的哥哥都高。

有一大类句子一眼望去容易误解为"被"的宾语并非像（24b'）那样不能删去，那就是（25）那种"简约被动式"，我所说的不能删去的"被"的宾语在这里恰恰被删去了。

（25）我被偷了钱。

我认为像（25）这样的句子里，被动标记"被"不是一个独立的词而是复合动词的一部分。为证明这种句子的确是"被"跟动词的复合而不能随意省去"被"的宾语，我注意到当"被"

和动词之间有某种插入成分时,所谓"被"字宾语的省略是不可能的。(26b)这种例子很有意思,下面另外再谈。

(26)a. 我被他从身上偷了手表。
　　a'.*我被从身上偷了手表。
　　b. 他被残忍地杀了。

同样,当总括副词"都"以主语为先行词时,"都"既可以出现在一个完全的"被"字短语前,也可以居于其后,但对一个光杆的不带宾语的"被"字来说,却只能居其前,不能在其后,也恰好表明不带宾语的"被"不是一个独立的词而是复合动词的一个组成部分:

(27)a. 那些人都被李四请来了。
　　a'. 那些人被李四都请来了。
　　b. 那些人都被请来了。
　　b'.*那些人被都请来了。

同样还需指出的是像"送给""付给"这样的组合也是复合动词,例如(28a)不把"给他"分析为一个介词短语,而是分析为复合动词"付给"带了两个宾语,完成体词尾"了"的位置清晰地表明了这一点:

(28) a. 我付给他二百元。
　　　b. 我付给了他二百元。
　　　b'.*我付了给他二百元。

不是所有的这些复合词都允许外移第一个宾语，但是像（29a）这样的例子可以外移，原因在于它并非是介词"给"的宾语而是复合动词"付给"的宾语：

(29) a. [我付给○二百元] 的人
　　　a'. 那个人，我付给○二百元。

那么，像（26b）那样"被"字没有表面宾语，让人第一感觉似乎是否定了"被"是复合动词一部分说法的例子，该怎么看待呢？我把那个拆开了"被"和动词的成分推断为"动词修饰语"，这是对照于动词短语修饰语、句子修饰语和动词补足语而言的（如例26a'）。根据我关于修饰语的基本假设，修饰语跟被修饰成分的组合与被修饰成分应属同类，也就是说，动词修饰语加上一个动词就相当于一个动词（而不是一个动词短语），如果"残忍地"是一个动词修饰语，那么"残忍地杀"就是一个动词（30a），可以跟"被"字组合成复合词。反之，其他类型的表达式（如30b）根本不是跟动词组合成句法结构的，更谈不上整体作为一个动词了，故而不适合跟"被"字组合成复合词：

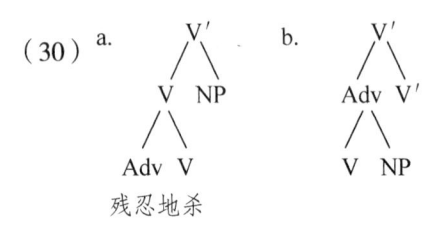

（30） a.
```
      V'
     / \
    V   NP
   / \
  Adv  V
  残忍地 杀
```
b.
```
      V'
     / \
   Adv  V'
       / \
      V   NP
```

动词修饰语是一种可以插在无宾"被"字和动词之间的东西，这和无宾"被"字是复合动词的第一个语素的假设并不冲突。

3. 汉语里两类可以算作后置词的词

以上讨论中我们用几条假设的普遍特征得出了介词这么一个类，这个类应既包括前置（介）词，也包括后置（介）词。这就出现了一个问题，是否那些常被人们划归后置词的词也同样具有我所指出的汉语介词的那些性质呢？除了那个无所不在的，其身份很难被吸收到任何类别里去的"的"字外，有两类似乎可以叫作后置词的语素可以讨论，一是"以前"和"以后"，一是方位词"—上""—下""—里"。这两类以往都被认为是名词而非动词。

"以前"明显地具有我上面讲的介词性质：

（31）a.*那场球赛，他∅以前买了啤酒。

b.*［他∅以前买了啤酒］的那场球赛
c.他那三场球赛以前都买了啤酒。

这些事实说明"以前"符合介词用法，然而为了排除它是名词的可能，我还需要找出一些它表现不像名词的事实。在"都"字的用法上，名词事实上跟介词没有什么区别，至少当我们把一个领格修饰语放在名词上的时候，跟动词/介词的宾语表现是相似的，因为像（31c）那样例子里的"以前"换成一个相对应的名词是可以接受的：

（32）他三个人的书都看过。

至此我还难以对"以前"的词性在名词与介词之间做出抉择。

方位词在这些测试面前的表现同样是既适于解释成介词又适于解释成名词。我首先注意到，"都"和它先行成分的关系不仅可以越过一个介词短语或名词短语而且能越过两个，就是说，作为"都"的先行成分的名词短语不仅可以是一个介词的宾语，而且还能是一个做介词宾语的介词短语里的宾语，或者是介词宾语内的一个领属语：

（33）a. 在九龙车站比在其他车站都舒服。
　　　b. 他的书比其他作者的书都有意思。

例（34）表明作为介词宾语的"名词+方位词"组合可以充当"都"的先行成分，但是这个事实同样适用于说明方位词是介词或是名词，即，如果方位词是介词，（34）就类同于（33a），如果方位词是名词，（34）就类同于（33b）：

(34) a. 张三在那三家铺子里都买过东西。
　　 b. 张三从那三家铺子里都偷了东西。

我曾经在其他文章（McCawley 1989:26）里用 Chu（1983）的例子讨论过方位词其实是名词，理由是凡是名词性成分适用的表达式里方位词都可以出现在同样的位置而介词往往不行，例如做"把"字的宾语和做"被"字结构的主语：

(35) a. 孩子们把（*在）家里弄得很好看。
　　 b. 家里被孩子们弄得乱七八糟。

但是，这样解决方位词的类属争论跟以上提出的介词普遍特征的标准并不相关，因此对这里的讨论没有什么意义。

例（35）为什么用"在"不能说，可以用 Li（1990：30）提出的"介词短语不能出现在'语义格'（Case）位置"的概括来解释，她曾用下面这样的例子说明这个观点：

(36) a. 我们选（*在）公园里作为野餐地点。

b.（*在）星空下是睡觉的好地方。
　　c. 他从（*在）门的后边来。

虽然例（33a）那样的例子说明事实并不总像 Li 的概括所说的那样，介词的宾语位置有时并不排斥介词短语，汉语里名词短语和介词短语在句法框架中的互补分布比英语分明得多。此外，Li 的概括还涉及一条区分名词短语和介词短语的普遍特征，可以把（35a）归入此类，那就是，名词短语总是典型地占据论元位置，介词短语总是典型地占据修饰语位置。不同的语言里名词短语和介词短语在多大程度上能允许占据非典型位置各有不同，例如，英语在有限范围的句子里允许介词短语做主语，比如例（36b）译成英文是：Under the stars is a good place to sleep. Jaworska（1986）对这种可能性有详细讨论。在像汉语这样的语言里，介词短语只在极有限的范围内能做介词的宾语，即，"比"允许一个介词短语在特殊情况下做其宾语，因此可以把能做介词的宾语这个事实作为把某些组合归属为名词短语而不是介词短语的依据。

　　再回到"以前"等词的问题上来，它们在类似于（35）的句子中同样是可接受的，"晚饭以后"表现得更像名词短语而不像介词短语，因而"以后"是名词而不是介词：

（37）a. 张三把晚饭以后看作最好的休息时间。
　　 b. 晚饭以后被张三看作最好的休息时间。

4. 汉语里有形容词吗？

汉语里是否有形容词这样一个范畴的问题同样是很有争议的。为大多数人接受的观点大概就是 Li 和 Thompson（1981）提出的叫作"形容词性的动词"，从而确认有相当于形容词的这么一个类，但认为是动词的一个次类。下面我将给出一系列关于形容词和动词范畴的普遍特征，以便在任何一种已知语言里为判定一类词是形容词还是动词提供理据：

Ⅰ. 动词可以直接跟宾语组合，但形容词通常不能，只能靠介词引出名词宾语。

Ⅱ. 动词可以接受三个论元成分；形容词最多只能有两个论元成分，且通常只带一个。

Ⅲ. 形容词可以直接修饰名词，而动词要靠某种形式变化才行，如用分词形式，像 sleeping child（正在睡觉的孩子）。

Ⅳ. 无论在形态和语序上，程度成分和比较成分跟形容词结合比跟动词结合都更直接：

(38) a. John is fonder of Mary than of Ann.
（约翰喜欢玛丽甚于喜欢安娜。）
a'. John likes Mary more than Ann.（同上）
b. John is very fond of Mary.（约翰非常喜欢玛丽。）
b'. John likes Mary very much.（同上）
（fond 是形容词，like 是动词）

Ⅴ.形容词做谓语时通常要靠一个系词连接,而动词不必。

让我们来看看这些公认的普遍特征有哪些能在汉语里确认出形容词这一类来。普遍特征（Ⅰ）反映在英语里表现在像 like（动）/ fond（形），fear（动）/ afraid（形）这样成对的近义词上,其中的形容词总是要在其宾语前加上介词的：

（39）a. John likes Mary.（约翰喜欢玛丽。）
　　a'. John is fond of Mary.（同上）
　　b. John fears snakes.（约翰怕蛇。）
　　b'. John is afraid of snakes.（同上）

如果汉语里也有近似的成对的事实,就可以确定一个区分动词和形容词的可靠基础,也就是说,如果一个其他方面表现像形容词的词带宾语时是带介词的,而其不像形容词的同义词不带介词,这样就可以进一步确认前者为形容词,后者为动词。但是,要想用这个标准得出某种结果的话,一则必须有那样成对的词存在,二则必须有某种独立的形容词判断标准。我知道汉语里并没有这样清晰的成对的词的实例,尽管蒋自新指出"不满"的两种用法有可能构成这样的一对：

（40）a. 张三不满李四。
　　　a'. 张三对李四不满。

普遍特征（Ⅱ）是在业已建立了两个范畴并且明了它们论元个数的系统区分的前提下提供的一个判断标准。但是，目前状态下这一条毫无意义，因为我们并不具备那样的两个现成范畴。

普遍特征（Ⅲ）在区分形容词和动词方面可能是非常有效的一条，Li 和 Thompson（1981）也的确是用它来讨论以下例子里"好"的形容词性质的：

（41）他是一个好人。

值得注意的是，如果"好人"是一个短语组合，它的组成部分就应该像在其他场合一样允许有其扩展方式，"好"就应该像在其他场合一样能带有它的程度表达方式和比较表达方式。但所有这样的形式却都是不合语法的：

（42）a.* 他是一个很好人。
　　　b.* 他是一个不好人。
　　　c.* 他是一个比你好人。
　　　d.* 他是我的最好朋友。

这些例子都不能说，证明"好人"不是一个句法结构体，其组成部分通常可以任意扩展，而是一种必须适合于形态和／或音位模型的近乎复合词的形式。

附录：汉语词类归属的理据

　　如果要证实"好人"是短语组合而不是复合词就必须证明它有很强的能产性。以下"好X"中X可以替换成不同类型成分的事实似乎表明"好X"中第二个成分不是很受限制：

（43）一个好大学　　一把好二胡　　一块好肉

但是蒋自新注意到随着第二个成分长度的增长，整个表达式的可接受性就有所减弱：

（44）a. 一杯好酒　　　　　b. 一个好杯子
　　　　一杯好啤酒　　　　　?一个好玻璃杯
　　　　?一杯好葡萄酒　　　　??一个好玻璃杯子
　　　　??一杯好绍兴黄酒

如果跟"好"结合的那个成分的语音形式或形态形式是决定语义讲得通的组合能否接受的主要因素的话，就表明制约这种组合方式的规则是构词规则而不是句法规则，那么也就是说"好人"实际上是个复合词而不是短语。

　　普遍特征（Ⅳ）是根据与程度成分和比较成分结合的"紧密度"来区分形容词和动词的。但我知道汉语里不同的谓语成分跟程度、比较成分结合的时候并没有什么区别。特别是，尽管谓语成分直接带着宾语（不用介词），程度和比较成分还是能直接放在谓语前面：

(45)a. 我很喜欢张三。　　b. 我比李四喜欢张三。

这意味着这些成分用普遍特征（Ⅰ）来衡量像是动词；用普遍特征（Ⅳ）衡量时它又显示出很强的跟程度、比较成分的结合能力，因此又很像形容词。

最后，那些通常对译成西方语言中的形容词的成分做谓语时是不需要系词的：只有名词性成分做谓语时才需要带系词。显然，没有一条普遍特征能够确认汉语中存在一个确实体现形容词特点的词类。据此，我得出了一个初步的结论，汉语里可以说根本没有形容词这样的范畴，也谈不上有 Li 和 Thompson 称为"形容词性的动词"那样的动词次类：那些各种各样的公认为形容词的东西并没有什么特殊的类身份，全都是动词而已。

5. 尚需探讨的问题

以上四个词类范畴的讨论还远不能说穷尽了汉语里有待解决的词的归类问题的全部，在这些范围内至少还有以下一些词的归属问题需要探讨，如，各种并列连词问题（作为并列连词的"跟"与"和"是否同时也是介词？而"或者"与"还是"却除了连词之外没有介词的功能？），那个无所不在的"的"字问题（直觉上看它像个后置词，但它能归属于我们上面确认的介词吗？），各种数量组合问题（像 Li1990 那样把"三次""三年"

等归入名词短语或名词吗？），以及各种从属连词问题（可以归入介词吗？如"要是""虽然"等，不仅可以出现在分句的开头还可以出现在中间，该如何处理？）。最后我希望能把本文的这种词类处理方法发展得更全面，为把上述这些词以及汉语里所有有待定类的词都归入一定的词类而提供一个原则性的基础。

参考文献

CHU, Chauncey 1983 A *Reference Grammar of Mandarin Chinese for Speakers of English.*New York: Lang.

HUANG, C.-T.James 1991 Modularity and explanation: The case of Chinese A not-A questions.In Georgopoulos, Carol and Roherta Ishihara（eds.）*Interdisciplinary Approaches to Language*: *Essays in Honor of S.-Y. Kuroda.*Dordrecht:Kluwer.185–214.

JAWORSKA, Ewa 1986 Prepositional phrases as subjects and objects. *Journal of Linguistics* 22:355–74.

LI, Charles, and Sandra A.Thompson 1981 *Mandarin Chinese*：*A Functional Reference Grammar.*Berkeley and Los Angeles: University of California Press.

LI, Yen-hui Audrey 1990 *Order and Constituency in Mandarin Chinese.* Dordrecht：Reidel.

McCAWLEY, James D.1989 Notes on Li and Thompson's Mandarin Chinese. *Journal of the Chinese Language Teachers'Association* .24:19–42.

ROSS, Claudia 1991 Coverbs and category distinctions in Mandarin Chinese. *Journal of Chinese Linguistics* 19:79–115.

TAI, James 1982 Relevant categorial distinctions in Chinese.Papers from the 18th Regional Meeting, Chicago Linguistic Society.495–506.

附 记

原文题为 Justifying part-of-speech assignments in Mandarin Chinese，载 *Journal of Chinese Linguistics*，Vol.20, No.2, 1992. 本文从词类普遍特征和典型特征的角度来考察汉语中有争议的词类归属问题，有一定参考价值，译文删去了原文的附注和部分参考文献。文稿译成后经沈家煊先生细加校订，谨致谢意。

参 考 文 献

蔡镜浩 1985 关于名词活用作动词,《语言教学与研究》第 4 期。

蔡镜浩 1990 重谈语助词"看"的起源,《中国语文》第 1 期。

曹逢甫 1987 再论话题和"连……都/也"结构,见戴浩一、薛凤生主编(1989)。

陈承泽 1922 国文法草创,商务印书馆 1982 年重印。

陈法今 1991 福建惠安话的动态助词"者、睇、咧",《中国语文》第 5 期。

陈慧英 1982 广州方言的一些动词,《中国语文》第 1 期。

陈建民 1986《现代汉语句型论》,语文出版社。

陈宁萍 1987 现代汉语名词类的扩大,《中国语文》第 5 期。

陈 平 1987a 描写与解释:论西方现代语言学研究的目的与方法,《外语教学与研究》第 1 期,又见陈平(1991)。

陈 平 1987b 释汉语中与名词性成分相关的四组概念,《中国语文》第 2 期,又见陈平(1991)。

陈 平 1987c《话语分析手册》(第二卷):《话语的各个方面》述评,《国外语言学》第 2 期,又见陈平(1991)。

陈 平 1987d 话语分析说略,《语言教学与研究》第 3 期,又见陈平

（1991）。

陈　平 1987e 汉语零形回指的话语分析，《中国语文》第 5 期，又见陈平（1991）。

陈　平 1988 论现代汉语时间系统的三元结构，《中国语文》第 6 期，又见陈平（1991）。

陈　平 1991《现代语言学研究——理论·方法与事实》，重庆出版社。

陈　平 1994 试论汉语中三种句子成分与语义成分的配位原则，《中国语文》第 3 期。

陈信春 1982 同复合趋向补语并见的宾语的位置，《中国语文通讯》第 5 期。

崔希亮 1993 汉语"连"字句的语用分析，《中国语文》第 2 期。

戴浩一　薛凤生主编 1989《功能主义与汉语语法》（中译本），北京语言学院出版社，1994。

丁声树等 1961《现代汉语语法讲话》，商务印书馆。

范方莲 1964 试论所谓"动词重叠"，《中国语文》第 4 期。

范继淹 1963 动词和趋向性后置成分的结构分析，《中国语文》第 2 期。

范继淹 1984 多项 NP 句，《中国语文》第 1 期。

范继淹 1985 汉语句段结构，《中国语文》第 1 期。

胡明扬 1981 北京话的语气助词和叹词，《中国语文》第 5-6 期。

胡明扬 1992《海盐方言志》，浙江人民出版社。

胡明扬 1993 语体和语法，《汉语学习》第 2 期。

胡裕树 1982 试论汉语句首的名词性成分，《语言教学与研究》第 4 期。

胡壮麟主编 1990《语言系统与功能》，北京大学出版社。

黄国营 1982 "的"字的句法、语义功能，《语言研究》第 1 期。

竟　成 1985 现代汉语里的名作动用,《语言教学与研究》第 1 期。

劳　宁 1962 语助词"看"的形成时代,《中国语文》第 6 期。

李临定 1986《现代汉语句型》,商务印书馆。

李人鉴 1964 关于动词重叠,《中国语文》第 4 期。

李　荣 1993 两对例子,在庆祝吕叔湘先生九十华诞学术会上的发言。

李兴亚 1980 宾语和数量补语的次序,《中国语文》第 3 期。

李兴亚 1989 试说动态助词"了"的自由隐现,《中国语文》第 5 期。

李宇明 1996 非谓形容词的词类地位,《中国语文》第 1 期。

廖秋忠 1983 现代汉语篇章中空间和时间的参考点,《中国语文》第 4 期,又见廖秋忠(1992b)。

廖秋忠 1984a 现代汉语中动词的支配成分的省略,《中国语文》第 4 期,又见廖秋忠(1992b)。

廖秋忠 1984b《语言的共性与类型》述评,《国外语言学》第 4 期,又见廖秋忠(1992b)。

廖秋忠 1986a 篇章中的框—棂关系与所指的确定,《语法研究和探索》(三),北京大学出版社,又见廖秋忠(1992b)。

廖秋忠 1986b 现代汉语篇章中指同的表达,《中国语文》第 2 期,又见廖秋忠(1992b)。

廖秋忠 1986c 现代汉语篇章中的连接成分,《中国语文》第 6 期,又见廖秋忠(1992b)。

廖秋忠 1988 篇章中的论证结构,《语言教学与研究》第 1 期,又见廖秋忠(1992b)。

廖秋忠 1991a 也谈形式主义与功能主义,《国外语言学》第 2 期,又见廖秋忠（1992b）。

廖秋忠 1991b 《语言的范畴化：语言学理论中的典型》评介，《国外语言学》第 4 期，又见廖秋忠（1992b）。

廖秋忠 1991c 篇章与语用和句法研究，《语言教学与研究》第 4 期，又见廖秋忠（1992b）。

廖秋忠 1992a 现代汉语并列名词性成分的顺序，《中国语文》第 3 期，又见廖秋忠（1992b）。

廖秋忠 1992b《廖秋忠文集》，北京语言学院出版社。

刘丹青 1986 苏州方言重叠式研究，《语言研究》第 1 期。

刘丹青 1994a《南京方言词典》引论，《方言》第 2 期。

刘丹青 1994b "唯补词"初探，《汉语学习》第 3 期。

刘　坚 1992《训世评话》中所见明代前期汉语的一些特点，《中国语文》第 4 期。

刘宁生 1995 汉语偏正结构的认知基础及其在语序类型学上的意义，《中国语文》第 2 期。

刘世儒 1959a 汉语动量词的起源，《中国语文》第 6 期。

刘世儒 1959b 论魏晋南北朝的量词，《中国语文》第 11 期。

刘勋宁 1988 现代汉语词尾"了"的语法意义，《中国语文》第 5 期。

刘勋宁 1995 清涧话的"V 瞧"（未刊）。

刘月华 1983 动词重叠的表达功能及可重叠动词的范围，《中国语文》第 1 期。

刘月华 1988 趋向补语的语法意义，《语法研究和探索》（四），北京大学出版社。

刘月华　潘文娱　故　铧 1983《实用现代汉语语法》，外语教学与研究出版社。

陆丙甫 1993《核心推导语法》，上海教育出版社。

陆俭明 1959 现代汉语中一个新的语助词"看"，《现代汉语虚词散论》，北京大学出版社，1985。

陆俭明 1980 汉语口语句法里的易位现象，《中国语文》第 3 期。

陆俭明 1984 关于现代汉语里的疑问语气词，《中国语文》第 5 期。

陆俭明 1985 关于"去 +VP"和"VP+ 去"句式，《语言教学与研究》第 4 期。

陆俭明 1986 周遍性主语句及其他，《中国语文》第 3 期。

陆俭明 1988 现代汉语中数量词的作用，《语法研究和探索》（四），北京大学出版社。

陆俭明 1994 同类词连用规则刍议，《中国语文》第 5 期。

吕叔湘 1944 与动词后得与不有关之词序问题，见吕叔湘（1990c）。

吕叔湘 1946 从主语、宾语的分别谈国语句子的分析，见吕叔湘（1990c）。

吕叔湘 1948 "把"字用法的研究，见吕叔湘（1990c）。

吕叔湘 1956《中国文法要略》（修订本），见吕叔湘（1990b）。

吕叔湘 1965a "他的老师教得好"和"他的老师当得好"，《中国语文》第 4 期，又见吕叔湘（1993）。

吕叔湘 1965b 被字句、把字句动词带宾语，《中国语文》第 4 期，又见吕叔湘（1990c）。

吕叔湘 1976《现代汉语语法提纲》，《吕叔湘全集》第十三卷，辽宁教育出版社，2002。

吕叔湘 1977 通过对比研究语法，《语言教学与研究》第 2 期，又见吕叔湘（1992b）。

吕叔湘 1979《汉语语法分析问题》，商务印书馆，又见吕叔湘（1990c）。

吕叔湘 1980 临时单音词，《中国语文》第 5 期，又见吕叔湘（1993）。

吕叔湘（主编）1980《现代汉语八百词》，商务印书馆。

吕叔湘 1981 / 1983 An Intermediate English Grammar（《中级英语语法》），北京出版社。

吕叔湘 1984 "能"和"一得一"，《中国语文》第 2 期，又见吕叔湘（1993）。

吕叔湘 1985a 动趋式＋宾语的语序，《中国语文》第 3 期，又见吕叔湘（1993）。

吕叔湘 1985b 疑问·否定·肯定，《中国语文》第 4 期，又见吕叔湘（1992a）。

吕叔湘 1985c《近代汉语指代词》，江蓝生补，学林出版社，又见吕叔湘（1992a）。

吕叔湘 1989 未晚斋语文漫谈·词类活用，《中国语文》第 5 期，又见吕叔湘（1993）。

吕叔湘 1990a 指示代词的二分法和三分法，《中国语文》第 6 期，又见吕叔湘（1992a）。

吕叔湘 1990b《吕叔湘文集》（第一卷），商务印书馆。

吕叔湘 1990c《吕叔湘文集》（第二卷），商务印书馆。

吕叔湘 1992a《吕叔湘文集》（第三卷），商务印书馆。

吕叔湘 1992b《吕叔湘文集》（第四卷），商务印书馆。

吕叔湘 1993《吕叔湘文集》（第五卷），商务印书馆。

吕叔湘　饶长溶 1981 试论非谓形容词，《中国语文》第 2 期，又见吕叔湘（1990c）。

参考文献

马庆株 1983 现代汉语的双宾语构造,《语言学论丛》(第十辑),商务印书馆,又见马庆株(1992)。

马庆株 1984 动词后面时量成分与名词的先后次序,《语言学论丛》(第十三辑),商务印书馆,又见马庆株(1992)。

马庆株 1987 名词性宾语的类别,《汉语学习》第 5 期,又见马庆株(1992)。

马庆株 1992《汉语动词和动词性结构》,北京语言学院出版社。

马庆株 1995 多重定名结构中形容词的类别和次序,《中国语文》第 5 期。

马 真 1985 把字句补议,《现代汉语虚词散论》,北京大学出版社。

孟 琮 1982 口语里的一种重复——兼谈"易位",《中国语文》第 3 期。

孟 琮 郑怀德 孟庆海 蔡文兰 1987《动词用法词典》,上海辞书出版社。

屈承熹 1983《历史语法学理论与汉语历史语法》,朱文俊译,北京语言学院出版社,1993。

饶长溶 1963 主谓句主语前的成分,《中国语文》第 3 期。

饶长溶 1984 动宾组合带宾语,《中国语文》第 6 期。

邵敬敏 1989 语气词"呢"在疑问句中的作用,《中国语文》第 3 期。

沈家煊 1989 不加说明的话题——从"对答"看"话题—说明",《中国语文》第 5 期。

沈家煊 1994 "语法化"研究综观,《外语教学与研究》第 4 期。

沈家煊 1995 "有界"与"无界",《中国语文》第 5 期。

沈 阳 1994《现代汉语空语类研究》,山东教育出版社。

石毓智 1995 时间的一维性对介词衍生的影响,《中国语文》第 1 期。

史有为 1995 主语后停顿与话题,《中国语言学报》第 5 期。

叔　湘 1984 "谁是张老三？" = "张老三是谁？"《中国语文》第 4 期。

宋玉柱 1981 "把"字句、"对"字句、"连"字句的对比研究，《现代汉语语法论集》，天津人民出版社。

孙朝奋 1994《虚化论》评介，《国外语言学》第 4 期。

太田辰夫 1958《中国语历史文法》，蒋绍愚、徐昌华译，北京大学出版社，1987。

太田辰夫 1988《中国语史通考》(《汉语史通考》)，江蓝生、白维国译，重庆出版社，1991。

汤廷池 1981《国语语法研究论集》，(台湾)学生书局。

王克仲 1989《古汉语词类活用》，湖南人民出版社。

王　力 1985《中国现代语法》(1944 年初版)，商务印书馆。

吴福祥 1994 尝试态助词"看"的历史考察，第六届近代汉语学术研讨会论文。

萧国政 1986 隐蔽性施事定语，《语文研究》第 4 期。

心　叔 1962 关于语助词"看"的形成，《中国语文》第 8-9 期。

邢福义 1984 说"NP 了"句式，《语文研究》第 3 期，又见《邢福义自选集》，河南教育出版社，1993。

邢向东 1993 神木话的"尝试补语"和"短时补语"，《中国语文》第 2 期。

徐　丹 1989 北京口语中非指人的"他(它)"，《方言》第 1 期。

徐　杰　李英哲 1993 焦点和两个非线性语法范畴："否定""疑问"，《中国语文》第 2 期。

徐赳赳 1990 叙述文中"他"的话语分析，《中国语文》第 5 期。

徐　枢 1985a 谈谈句群，《语文论集》(一)，外语教学与研究出版社。

徐　枢 1985b《宾语和补语》，黑龙江人民出版社。

杨成凯 1990 Emic / Etic 分析和语言单位的同一性，《现代语言学》，延边大学出版社。

杨成凯 1992 广义谓词性宾语的类型研究，《中国语文》第 1 期。

杨成凯 1995 高谓语"是"的语序及篇章功能研究，《语法研究和探索》（七），商务印书馆。

余霭芹 1995 广东开平方言的"的"字结构，《中国语文》第 4 期。

袁　宾 1992《近代汉语概论》，上海教育出版社。

袁毓林 1992 现代汉语名词的配价研究，《中国社会科学》第 3 期。

袁毓林 1994 一价名词的认知研究，《中国语文》第 4 期。

袁毓林 1995 词类范畴的家族相似性，《中国社会科学》第 1 期。

詹人凤 1995《红楼梦》中宾语在"动＋趋$_1$＋趋$_2$"结构中的位置及其他，《中国语言学报》第 6 期。

张国宪 1993 现代汉语形容词的选择性研究，上海师范大学博士学位论文。

张国宪 1995 现代汉语的动态形容词，《中国语文》第 3 期。

张炼强 1982 人称代词的变换，《中国语文》第 3 期。

张　相 1953《诗词曲语辞汇释》，中华书局。

赵元任 1968 *A Grammar of Spoken Chinese*，吕叔湘译：《汉语口语语法》，商务印书馆，1979。

郑怀德　孟庆海 1991《形容词用法词典》，湖南出版社。

郑懿德 1983 福州方言单音动词重叠式，《中国语文》第 1 期。

钟兆华 1985 趋向动词"起来"在近代汉语中的发展，《中国语文》第 5 期。

周焕常 1981 汉英处所状语和时间状语对比研究，中国社会科学院研究生院硕士论文。

周小兵 1990 汉语"连"字句,《中国语文》第 4 期。

朱德熙 1980 汉语句法里的歧义现象,《中国语文》第 2 期。

朱德熙 1982《语法讲义》,商务印书馆。

朱德熙 1983 自指和转指,《方言》第 1 期。

朱德熙 1985《语法答问》,商务印书馆。

朱德熙 1987 现代汉语语法研究的对象是什么?《中国语文》第 5 期。

朱德熙 1993 从方言和历史看状态形容词的名词化兼论汉语同位性偏正结构,《方言》第 2 期。

Bolinger, D.1986 *Intonation and Its Parts—Melody in Spoken English*. Edward Arnold (Publishers) Ltd., London.

Brown, G. & G.Yule 1983 *Discourse Analysis*.Cambridge: Cambridge University Press.

Chen, P.1986 Discourse and particle movement in English.*Studies in Language*, 10:1.79-95.

Clark, E.V.& H.H.Clark 1979 When nouns surface as verbs.*Language* 55.4.

Comrie, B.1981 *Language Universals and Linguistic Typology*(《语言共性和语言类型》),沈家煊译,华夏出版社,1989。

Croft, W.1990 *Typology and Universals*.Cambridge University Press.

Dixon, R.M.W.1991 *A New Approach to English Grammar, on Semantic Principles*.Clarendon Press, Oxford.

Foley, W.A. & R.D.Van Valin, Jr.1985 Information packing in the clause.In T.Shopen (ed.) *Language Typology and Syntactic Description*.Vol.1.

参考文献

Fox, B.A.1987 *Discourse Structure and Anaphora, Written and Conversational English*.Cambridge University Press.

Givón T. 1976 Topic pronoun and grammatical agreement.In C.N.Li（ed.）*Subject and Topic*. New York, Academic Press.

Givón T. 1990 *Syntax—A Functional-Typological Introduction*. Vol Ⅱ. John Benjamins Publishing Company, Amsterdam／Philadelphia.

Halliday M.A.K.1985 *An Introduction to Functional Grammar*.Edward Arnold Ltd.

Hashimoto, A.（余霭芹）1971 *Mandarin Syntactic Structure*（《现代汉语句法结构》），宁春岩、侯方译，黑龙江大学出版社。

Heine, B., U.Claudi & F.Hünnemeyer 1991 *Grammaticalization:A Conceptual Framework*.Chicago:The University of Chicago Press.

Jespersen, O.1927 *The Philosophy of Grammar*（《语法哲学》），何勇等译，语文出版社，1988。

Kuno, S.1980 *Functional Syntax*（《功能句法学》），林书武译，《国外语言学》1985年第4期至1986年第1期。

Leech, G.N.1983 *Principles of Pragmatics*，见廖秋忠《语用学的原则》介绍，《国外语言学》1986年第4期。

Levinson, S.C.1983 *Pragmatics*,沈家煊节译,《国外语言学》1986年第1、2、4期；1987年第1、2、3期。

Li, C.N. & S.A.Thompon 1979 Third-person pronouns in zero-anaphora in Chinese discourse.In T.Givón（ed.）*Syntax and Semantics*.Vol.12. New York, Academic Press.

Li, C.N. & S.A.Thompson 1981 *Mandarin Chinese : A Functional Reference Grammar*.Berkeley and Los Angeles:University of California Press.

Light, T.1979 Word order and word order change in Mandarin Chinese. *Journal of Chinese Linguistics*. June.

McCawley, J.D.1992 Justifying part-of-speech assignments in Mandarin Chinese. *Journal of Chinese Linguistics*.Vol.20. No.2.

Packard, J.1986 A left-dislocation analysis of 'afterthought' sentences in Peking Mandarin.*Journal of the Chinese Language Teachers Association*.Vol.21. No.3.

Paris, M.-C. 汉语普通话中的"连……也／都",《国外语言学》1981年第3期。

Quirk, R.et al.1985 *A Comprehensive Grammar of the English Language*. Longman Group.

Rochemont, M. S. 1986 *Focus in Generative Grammar*. John Benjamins Publishing Company, Amsterdam／Philadelphia.

Schachter, P. 1985 Part-of-speech systems. In T. Shopen (ed.) *Language Typology and Syntactic Description*. Vol. 1.

Stockwell R. P. 1977 *Foundations of Syntactic Theory*(《句法理论基础》),吕叔湘、黄国营译,华中工学院出版社,1986。

Sun, C. &. T. Givón 1985 On the so-called SOV word order in Mandarin Chinese:A quantified text study and its implications. *Language*. Vol. 61.

Tai, J. &. W. Z. Hu 1991 Functional motivations for the so-called 'inverted sentences' in Beijing conversational discourse. *Journal of the Chinese Language Teachers Association*. Vol. XXVI. No. 3.

Taylor, J. R. 1989 *Linguistic Categorization : Prototypes in Linguistic Theory*. Clarendon Press, Oxford.

Tsao, F. F. 1979 *A Functional Study of Topic in Chinese : The First Step towards Discourse Analysis*. Student Book Co. Ltd. , Taipei, Taiwan.

Tsao, F. F. 1987a A topic-comment approach to the Ba construction. *Journal of Chinese Linguistics*. January.

Tsao, F. F. 1987b On the so-called 'verb-copinging' construction. *Journal of the Chinese Language Teachers Association* 22.

术语索引[*]

半新半旧的 4.2.3.1

本质属性词 15.2.4，15.3.1

编码 6.5

表称宾语 13.3.3

补语否定式 9.2.3

不定指成分 7.5.2，8.2.1.2

尝试态 10.0

常规焦点 6.1.1

常规句 3.3.1

常规配位 6.3.1

呈现性 6.1.1

承前性 1.3

程度等级（形容词）15.1

抽象名词 14.2.2

词类活用 14.1

次要信息 4.1.2

"从旧到新"原则 7.5.3.2

当前指 11.3.1.1

典型性 14.2.2

定指成分 1.3，7.5.2，8.2.1.2

动词重叠 10.3

动态过程 3.2.6

短时态 10.0

对比话题 5.4.2.2

对比焦点 6.1.1

对比项 6.1.1

对比性 6.1.1

对比重音 4.2.3.2，6.2.1，11.3.2.1

---

[*] 术语后数码为所在章节。

对话语体 3.3.1，4.1.2

多项主位的次序 3.2.5

反问式 9.2.1

反指 12.1.1

泛指 11.3, 11.3.1.2, 11.3.2.2, 12.1. 2

非常规句 3.3.1

非常规配位 6.3.1

非谓形容词 14.3.2.1，15.2.2.2

非支配关系 13.3.2

非指代化 12.1

分裂句 6.2.2.2，6.5

否定预设 9.3.1

附加属性词 15.2.4，15.3.1

功能游移 14.1

后续句 1.2

后照应 11.3.1.1

后置主位 3.3.2.2

互参代词 12.1.3

互指 12.1

话串 4.2.3.2

话对 4.2.3.2，5.5

话轮 5.4

话题成分 11.1.1

话题—说明 3.1.1，4.1.3

话题主位 3.2.4

回指 11.1.1，11.3.1，11.3.2.2，
　　12.1.1

兼类 14.1

简练原则 3.3.1

结动词 7.3，7.4

静态的成品 3.2.6

旧信息 7.5.3，8.2.2

句类特征 3.3.1

句末焦点 6.1.1

句末语气词 4.2.3.2，4.3

句内话题 4.2.3.2

句中语气词 3.2.1，4.0

句重音 4.2.1

可处理原则 3.3.1

空间范畴 12.2.1

空间特征 14.3.1

类指 12.1.3

连动式 10.3

临摹原则 6.5

临时单音词 13.2

零形代词 12.1

领格短语 11.1.2

领属结构 13.2

领属性定语 7.5.2

名词功能弱化 14.3.3

内涵 7.5.1，13.5，14.2.3

内指 11.3.1.1

能愿否定式 9.2.2

篇章成分 3.1.2

篇章单位 1.2

篇章功能 1.3

篇章话题 4.2.3.2

篇章主位 3.2.5

启后性 1.3

前照应 11.3.1.1

清楚原则 3.3.1

情景指 12.1

全新的 4.2.3.1

人际成分 3.1.2

人际主位 3.2.3

生命度 12.3.2，14.2.1

省略 5.5

时间范畴 12.2.1

时间顺序原则 5.2.4

时间特征 14.3.1

实体 7.5.1

实无所指 12.1.1

始发句 1.3

说明性 6.1.1

他称 11.3.1.2

特指 12.1.3

特指问句 6.1.2

体词化 14.4.2

通指成分 1.3，11.1.1，12.1.2

同位性定语 13.1

同指关系 12.1.1.1

外延 7.5.1，13.5，14.2.3

外指 11.3.1.1

未然 8.3.1

谓词化 14.4.1

问答方式 5.4.1

无指成分 1.3，7.5.1，8.2.1.1，11.1.2，13.5，14.2.3

先行词 11.3.1.1，11.3.2.2，12.1

限制性定语 7.5.2

新信息 7.5.3，8.2.2

信息单位 3.1.3

信息度 9.3.3

信息结构 3.1.1，3.1.2

形—动语言 15.2.2.1

形—名语言 15.2.2.1

性质形容词 14.3.2.2，15.1

虚指 12.1.1.1

叙述语体 3.3.1，4.1.2

已然 8.3.1

易位现象 5.1

意念成分 3.1.2

有标志反问式 9.2.5

有指成分 7.5.1，8.2.1，13.5，14.2.3

语法化 7.5.3.2，10.3，12.3.1

语体特征 3.3.1

语体制约 1.1

语序 3.1.1

语言行为 3.2.6

语义强度 6.4，9.1.1

预设 6.1.1，9.3.1

章法 12.2.1，12.4

支配关系 13.3.2

指别性 6.1.1

指称标记 12.1.2

指示域 12.2

重要信息 4.1.2

重音焦点 6.5

主题句 4.2.2，4.2.3.2

主位标志 3.2.1，3.2.6，4.1.3

主位成分 3.2.1

主位结构 3.1.2

主位—述位 3.1.1

主语—谓语 3.1.1，4.1.3

专有名词 14.2.3

专指 11.3，11.3.2

转指 12.4

准定语 13.1

准分裂句 6.3.3

准主位标记 4.2.3

自指 12.4

后　记

1989年前后，我们分别在中国社会科学院和北京大学申请硕士学位，不约而同地选了跟宾语有关的语序问题。初稿写成以后，我们发现思路和方法惊人地一致，于是我们相约共同把宾语的语序问题做下去。有了这个想法，才使我们有了钻研功能语法的动力。

20世纪70年代末80年代初，我们在北京大学汉语专业学习的时候，对汉语语法知识还不甚了了，朱德熙先生和陆俭明先生的语法课给我们以耳目一新的感觉。北大是我们启蒙的地方，不仅传授给我们系统的语法知识，更重要的是使我们得到了从事语言研究的基本训练。后来我们先后到了语言研究所《中国语文》编辑部工作，语言所浓郁的学术气氛给了我们多方面的熏陶。记得当时吕叔湘先生提出以廖秋忠、陈平、沈家煊等先生为主建立理论语言学研究室，倡导学习新的研究方法以促进汉语的研究。我们在各种场合接触到他们的学术思想，很受启发，发现功能主义的观点使我们对过去熟悉的许多语法事实有了新的理解。同时我们又都有利用自己熟悉北京口语的优势进行些系统研究的想法，一边学习，一边研究，写出了一些借鉴功能主义思路的论文。

　　这本书是在 1991 年开始酝酿的。1992 年我们以"当代北京口语句式研究"的课题申请到了国家社会科学青年基金的资助，使我们的工作得以顺利进行，经过了近四年的时间，如期完成了这个计划。其中第一、七、九、十、十三、十四、十五章由张伯江执笔，第四、六、八、十一、十二章由方梅执笔，其余各章均为合作。书中的观点是很不成熟的，内容的安排也不尽合理，我们期待着得到批评和指正。

　　我们从对功能语法一无所知，到能尝试着进行研究，并写出这样一本书来，首先要特别感谢吕叔湘先生对我们的鼓励和肯定；感谢引我们上路并给予我们许多具体指教的徐枢、饶长溶、廖秋忠、陈平、沈家煊等先生。

　　最后，感谢沈家煊先生为本书作序，感谢吴明华先生为本书所付出的劳动。

作　者

1996 年 2 月　北京

补 后 记

《汉语功能语法研究》一书1996年由江西教育出版社出版。合同到期后,商务印书馆决定重新出版此书。

此次重印,我们只在文字上做了个别调整,尽可能更正了上一版中的疏漏。

感谢商务印书馆,感谢责任编辑朱俊玄先生为这次出版工作付出的辛苦。

作 者
2013年8月 北京